打開淺絳彩瓷寶庫的密碼

——陶趣斋解码密令 1-8-10-5-12

Taoquzhai's Password—
Decoding the Treasure-house of Light-color porcelain 1-8-10-5-12

◎程 浩 著
ChengHao

SPM 南方传媒 | 嶺南美術出版社
中国 · 广州

图书在版编目（CIP）数据

打开浅绛彩瓷宝库的密码：陶趣斋解码密令1-8-10-5-12 / 程浩著. —广州：岭南美术出版社，2022.6
ISBN 978-7-5362-7497-6

Ⅰ.①打… Ⅱ.①程… Ⅲ.①彩绘—瓷器（考古）—收藏 Ⅳ.①G262.4

中国版本图书馆CIP数据核字(2022)第096724号

出 版 人：刘子如
责任编辑：周章胜
责任技编：许伟群

打开浅绛彩瓷宝库的密码：陶趣斋解码密令1-8-10-5-12
DAKAI QIANJIANG CAICI BAOKU DE MIMA
TAO QU ZHAI JIEMA MILING1-8-10-5-12

出版、总发行：岭南美术出版社（网址：www.lnysw.net）
（广州市天河区海安路19号14楼 邮编：510627）
经　　销：全国新华书店
印　　刷：雅昌文化（集团）有限公司
版　　次：2022年6月第1版
印　　次：2022年6月第1次印刷
开　　本：787 mm×1092 mm　1/16
印　　张：20
字　　数：386千字
印　　数：1—1000册
ISBN 978-7-5362-7497-6

定　　价：480.00元

内容提要

这是一本关于如何收藏与投资浅绛彩瓷的操作性、实战性和专业性参考书籍，是作者长期的收藏实践总结和解密浅绛彩瓷的心路历程，也是作者继《瓷器上的中国文人书画——陶趣斋藏浅绛彩瓷及相关彩瓷鉴赏》《龙芽齿留香　浅绛画韵长——陶趣斋藏浅绛彩百壶品鉴》两书出版后的又一新作，并组合成作者有关浅绛彩瓷系列图书的三部曲。

全书主要由凡例及说明、自序、概述、藏品分目录及其细目、媒体报道（选登）、后记和图书推荐组成，以如何打开浅绛彩瓷宝库为主线，娓娓道来，叙述详尽，观点新颖，通俗易懂，是一部学术性与普及性、经验性与实战性兼容的浅绛彩瓷之专著，对于陶瓷界、美术界、收藏界有关人士、相关大专院校师生和研究人员，特别是对于初入行的收藏者以及广大"陶瓷丹青"和纸绢书画收藏爱好者可资借鉴、参考和帮助。

作者简介

程浩，原名程宝清，笔名禾青，福建省福州市人，1970年7月毕业于上海海运学院（今上海海事大学），现为中国收藏家协会会员，广东省收藏家协会理事及其古陶瓷、书画和茶文化专业委员会委员，广州市书画艺术鉴赏交流学会副会长。曾任广州市第二届至第六届高级政工师评委会评委，广州地区出版物新闻工作者协会第五届、第六届会长，广州市海珠区收藏家协会副会长，原广州港务局宣传部部长、高级政工师，原大连海运学院（今大连海事大学）航海史特约研究员以及广东省科普作家协会会员等，是一位勤于写作、著述的业余科普作家，小传入编《中国科普作家传略》。

主要著作：

1985年9月，《广州港史（近代部分）》（独立成书，32万字，海洋出版社），曾获1984—1985年度广州地区社会科学优秀研究成果二等奖，为该年度历史类专著的最高奖项，以及被列为1985年度全国历史地理研究成果之一，并荣获全国交通系统“中国水运史丛书”优秀图书一等奖。

1990年2月，《中山舰传奇》（广东旅游出版社）。

1996年2月，《广州港与广州》（广东高等教育出版社）。

2013年8月，《广州港口话沧桑——从海上丝路到亿吨大港》（中国文联出版社）。

2017年3月，《瓷器上的中国文人书画——陶趣斋藏浅绛彩瓷及相关彩瓷鉴赏》（广东岭南美术出版社，同年12月作者获广东省收藏家协会学术成果奖）。

2019年8月，《龙芽齿留香　浅绛画韵长——陶趣斋藏浅绛彩百壶品鉴》（广东岭南美术出版社，2020年1月作者再次获广东省收藏家协会学术成果奖）。

与他人合编书籍一批及在海内外刊物发表各类文章逾千万字。

程浩自1982年起，因致力于中国水运史、海港史的研究工作，与古玩收藏结缘，并“一发不可收”，深深地“坠入了古海”。他收藏的主要是与海上丝绸之路有关的中国古代陶瓷、玉器、书画及其他相关杂项等。进入20世纪90年代以后，则侧重于晚清至民国时期浅绛彩瓷的系列收藏与研究，共收集了浅绛彩瓷600余件（其中浅绛彩壶120多把），并以此为基础资料，开展研究，笔耕不辍，终于将自己多年收藏、学习、研究浅绛彩瓷的心得、体会与感悟，先后写成了两部理论与实践相结合且具个人创见、图文并茂、通俗易懂的《瓷器上的中国文人书画——陶趣斋藏浅绛彩瓷及相关彩瓷鉴赏》和《龙芽齿留香　浅绛画韵长——陶趣斋藏浅绛彩百壶品鉴》，以回馈社会和广大藏友。尤其是《打开浅绛彩瓷宝库的密码——陶趣斋解码密令1-8-10-5-12》的出版，使作者完成了其有关浅绛彩瓷系列图书的三部曲。

在古玩圈内，作者有岭南地区收藏与研究浅绛彩瓷领军人物及学者型、资深浅绛彩瓷收藏家之称。

目录

二、吸人眼球的异型器

三、富丽堂皇的陈设器

(一)瓶类

(二)尊类

(三)花盆类

(四)观赏盘类

四、书香飘逸的文房品

五、秀蕴其中的茶酒具

（七）其他茶酒具

六、堪比丹青的瓷板画

七、相貌威仪的官帽筒

八、难觅其全的组合件

九、人见人爱的小玩意

十、可知兴替的文物瓷

十一、形形色色的日用器

(一)锅类

(二)罐盅类

媒体报道（选登）

后记

图书推荐

凡例及说明

一、本书作者此前已出版关于浅绛彩瓷的姊妹篇专著：《瓷器上的中国文人书画——陶趣斋藏浅绛彩瓷及相关彩瓷鉴赏》，主题是浅绛天地探源，侧重于浅绛彩瓷的历史沿革、发展轨迹、原因剖析、问题探研、赝品甄别等，具有一定的思辨性和学术性；《龙芽齿留香 浅绛画韵长——陶趣斋藏浅绛彩百壶品鉴》，主题是浅绛壶海觅趣，是一本有关作者如何专题收藏、研究和鉴赏浅绛彩壶的经验之谈以及普及酒文化、茶文化收藏知识的读物，并配有作者读壶感悟之诗作，乃侧重于品鉴性和文艺性。而本书《打开浅绛彩瓷宝库的密码——陶趣斋解码密令1-8-10-5-12》，是作者依读者的要求及嘱托，在对前两本书内容（包括藏品）重新做了梳理和差别化处理的基础上，调整并增加了新的内容（包括藏品）、认知和感悟，使之有所侧重，突出了浅绛市场淘宝的主题，是一本关于如何收藏与投资浅绛彩瓷的专业性参考书籍，是作者在这方面长期的收藏实践总结和解密浅绛彩瓷的心路历程，侧重于收藏与投资的操作性和实战性。它是作者继前两书出版后的又一新作，并与其姊妹篇组成有关浅绛彩瓷系列图书的三部曲。

二、本书由凡例及说明、自序、概述、藏品分目录及其细目、媒体报道(选登)、后记和图书推荐组成。

三、本书所收录浅绛彩瓷藏品包括狭义（纯粹）型和广义（复合）型浅绛彩瓷两大类，共207件(套)，其中御窑厂画师作品119件(套)，其他名家及署名作品65件(套)，佚名作品23件(套)；同治年间（1862－1874年）作品12件(套)，光绪至宣统年间（1875－1911年）作品160件(套)，民国至中华人民共和国成立前(1912－1949年)作品35件(套)。入书所有藏品均为作者之私人珍藏。

四、本书编排原则上按藏品自身的分类、名称、用途、特性、珍稀性以及考量藏品工艺美术和文化艺术等综合价值进行归类，共分成十二个专题。因所收入藏品中全美品和名家瓷数量居多，与其他专题（特别是以器型和题材划分的专题）有较大的重复和交叉，故编辑时已将它们各自融入相应的专题，不作单列。每一个专题中的作品则按作者创作时间先后为序（并视排版的实际情况对某些藏品的排序做适当的调整）。尤需说明的是，基于对“收藏浅绛彩瓷玩的就是瓷器上的中国文人书画”的理念和认知，故对一些有伤残或瑕疵的藏品（包括缺盖、小冲、炸底等），若其主件或整器的画面完整或基本完整（可视为书画品相完好或基本完好），则归类于相应的专题，而不悉列入“虽残亦珍的残缺品”之专题。

五、本书对每件藏品一般均设有主、副画面，或展开图及品名、年代、尺寸和点评（含对瓷画作者的简介、作品的赏析、稀缺性以及收藏和投资价值的评估等）。

自序

——物以"知"为贵

◎ 程　浩

我认同"物以稀为贵"，更赞赏"物以'知'为贵"。

马未都先生自2012年以来曾多次在不同的场合讲过"物以'知'为贵"的观点。他在《今相玉》第1729期节目中曾讲述了这样一件趣事：苏富比拍卖了一件文物，以2亿元成交。这件文物于1963年曾在日本东京国立博物馆展览过。如果它没有在展会亮相（因之前缺乏这方面收藏展览的记录），知道的人是少之又少，那么这件文物顶多能在苏富比拍到1亿元；如果不是在知名的拍卖行最多拍到5000万元；如果它在古董店最多也就卖2000万元。同一件文物为什么会有如此大的价格差异呢？马先生认为：信息时代，"物以'知'为贵"。他没有展开论述，也没有作更多的分析、摆更多的理由，但已一语中的！

笔者认为，马先生所云"物以'知'为贵"是建立在物自身珍与稀的基础上。上述这件文物为什么在不同的卖场会有如此大的价格差异呢？首先，当然因它本身就是一件好东西，很珍稀；其次，通过展览，有更多的人知道；再次，办展单位和拍卖行又都很出名；最后，现在是信息社会，消息传播很快、很广，知道的人很多，特别是有实力的买家闻之，趋之若鹜。所以，物何以为贵？珍、稀、知，三者缺一不可，珍是基础，稀是条件，知才是关键。倘若再珍、再稀的东西没人知晓，还不是"禾秆冚珍珠"（粤语，指珍珠被稻草包裹着被人当作稻草），可能都没人要，更遑论其"贵"呢！

物以稀为贵，特别是在古玩界，它已成为人尽皆知、无人不晓的金科玉律。物何以贵？乃因其珍，亦因其稀，更因其为人所知！故珍与稀是客观存在的，是先决条件，它不以人的主观意志为转移。试问没有物之珍、物之稀，何来物之贵？很难想象一件自身不怎么金贵的东西，即使数量再少，能卖得起价钱吗？抑或一件自身较为金贵的东西，因其存量较大，可能也不会卖出你所想象的市场高价位。所以，建立在以珍与稀为先决条件的知，是很重要的，虽然它是后天的感知，是属于意识范畴（物质是第一性，意识是第二性）。可以断言，没有对物的"知"，没有对物的客观、全面且深刻的了解和认知，就没有物之贵！

物何以为贵？最近还有一种说法，即古玩鉴赏家陶勤之先生提出的"物以人贵，平台左右价格"。

笔者认为：这个提法，与物以稀为贵，物以知为贵并不矛盾。因为物何以为贵？关乎持有者——人。物何以为贵？还关乎知有者——还是人。对于同一件器物，其贵贱与否，在不同人的眼里是天差地别的，有人也许会把它当作珍珠，有人则可能把它看成稻草。因为人的身份、地位、知识、财富乃至个性不同，其观察事物的眼光、视角和方式方法不尽相同。那么，所得出的结论也不可能一致，内中的观点有可能相左，甚至完全相左，这是不足为奇的。至于不同的平台是为不同的人搭建的古玩商品交易的场所，当然，平台越大，接纳人的范围越广，参与者的层次越高（包括大行家、大藏家、大富豪），那么，同一器物就有可能有机会拍出或卖出相对的高价甚至天价，这也是毋庸置疑的。一句话，对收藏而言，物、人、知三者是彼此矛盾的，又是相互统一的，只有在它们当中找到平衡点、融合点，物的价值才能真正、真实、真切地体现出来，这就是辩证法！

“物以‘知’为贵”，古人亦明此事理，和氏璧的故事就是一个生动的例证。据《韩非子》记载：有一位叫卞和的楚国人，在楚山中获得一块宝玉原石。他把这块原石献给了厉王。厉王让雕琢玉器的玉师鉴别它，玉师说：“这是石头。”厉王认为卞和在说谎，所以砍去了他的左脚。等到厉王驾崩了，武王即位，卞和又把它献给了武王。武王又让玉师鉴别它，玉师又说：“这是石头。”武王又认为卞和在说谎，又砍去了他的右脚。等到武王驾崩，文王即位，卞和抱住他这块宝玉原石在楚山下痛哭，哭了三天三夜，眼泪哭干了，流出来的都是血。文王听闻，便派人询其原因：“天下受到刖刑（即剁脚刑罚）的人很多，你为什么哭得这么伤心？”卞和答：“我不是为被剁脚伤心，我是为这块宝玉被人当作石头而伤心，为忠贞人被看成说谎者而痛心。”文王于是叫人剖开这块石头，果然得到了宝玉，并嘱其做成玉璧，命名为“和氏璧”。

这块宝玉原石先后被厉王和武王及其御用玉师当成普通的石头，致使卞和蒙受了不白之冤而被剁去了双脚；说明厉王和武王既无知又强暴，御用玉师既无能且无德，而文王处事稳健，不轻信玉师的鉴定结论，而令人剖开石头，终于真相大白——果真是一块好玉！可见文王比厉王和武王都高明，都有知，能“瞻山识璞，临川知珠”。

故事发展到了后来，秦王闻知，欲以十五座城池来交换这块和氏璧。说明秦王比文王更识货，更深知此璧乃“奇货可居”。当然，秦王并非真的甘心拿十五座城池去交换，而是企图设“局”讹这块宝璧（仅此亦可见这块宝璧在他心目中的天价地位），但被蔺相如识穿，而演绎了流芳百世的完璧归赵的历史故事。笔者以为，蔺相如对这块宝璧的认知比秦王还要高，还要深刻，他的认知没有停留在以物易物、等价交换的物质（经济）层面上，而是升华到更高更深的精神层面——国家的脸面和尊严（这是多少座城池也换不来的），所以他宁可欲将自己的脑袋与宝璧一起撞碎在柱子上而令秦王却步，阴谋挫败，终乃完璧归赵。故深知宝璧者乃蔺相如是也！他不惜以自己生命的代价保住了这块宝璧，捍卫和维护了世之瑰宝和国之尊严；他才是最识货！最懂得“物以稀为贵”，才真正是“物以‘知’为贵”的伟大践行者！

在消息闭塞、交通不便的封建社会，古人尚且做到“物以‘知’为贵”，何况今天是信息的时代，信息传播得很快，何物为珍，何物为稀，动动手指头就能在网上查到，信息近乎透明化。就拿浅绛彩瓷来讲，十多年前它尚不为人所知，被当成大路货，受尽冷落，即使在国营文物商店也是被摆在最不显眼的位置。即便它堪如白菜价，光顾者亦寥寥无几。真如珍珠“裹着稻草人不知，深埋淤泥众未识”！

那时候，玩字画的只追求纸本绢本书画，特别是倾心于名家名人之作。因为纸绢书画历来为国人所重，被奉为“国粹”之一及收藏的“宠儿”，这是必需的。而浅绛彩瓷作为瓷器上的中国文人书画及另一种载体（瓷本）表现形式的书画作品和艺术珍宝则被“历史误会”和世俗的偏见所“掩埋”，以及被世人所严重低估，致使它在收藏的历史长河中沉寂了很久很久，迟迟未能“出头”。

那时候，玩瓷器的则只追求唐、宋、元、明、清（康熙、雍正、乾隆三朝）的器物及其官窑器。当然，这类瓷器多为我国陶瓷史上不同时期有代表性的器物、珍品或瑰宝，这样的收藏取向，当然也是必需的。而浅绛彩瓷则没有那么好运，长期受到不公正的对待，被当作工匠画、工艺品，是属于“瓷渐退步，乏善可陈”的民用瓷品和百姓玩物，或被认为是“浅绛无重器，不入皇家门”。其实，这并不是事实。越来越多的史料和收藏发现一再证明，官窑器中也有浅绛彩瓷，甚至一些有书画修养的官员、皇族或士大夫还亲自绘制浅绛彩瓷，并当作朋友间或官场上互相馈赠的高档礼品。更多的“偏见”是认为浅绛彩瓷容易掉色脱彩，“暴筋露骨”，画面模糊，不堪收藏。总之，当初在收藏界浅绛彩瓷是受尽了“冷遇”和“常年被冰冻”，致使长期被排斥在艺术殿堂之外。这也是有失偏颇和公允的。诚然，浅绛彩瓷确有比较容易掉色脱彩的毛病（纸绢书画在收藏和保管方面也有自己的不足和难题），但浅绛彩瓷若收藏和保管得当，品相完好的却也“不‘乏’其物”。

说到陶瓷书画与纸绢书画的收藏与保管问题，很多收藏者特别是书画收藏者可能并不知道过去人们常说的“纸寿千年”，今日看来竟是一种误解或误导。据我国的收藏历史与实践及有关研究发现，在中国书画的三种主要载体——纸、绢及陶瓷中，战国时期帛画流传至今有两三千年了，画面图案依然可辨；宋纸用以书画，可保存一两千年；民国宣纸用以书画，可保存三五百年；而当代工业化生产的宣纸用以书画，只能保存五六十年，超过时限便会自然老化，而致“粉身碎骨”；但流传至今五六千年前的新石器时代陶盆上的画作仍保存完好，图案清晰可见。因此，从收藏和立体观赏的角度，陶瓷书画（特别是优秀作品）应当更优于纸绢书画，更具优良的“长寿基因”，也更加“长寿”。基于此，人们不禁要问，为什么社会上会对陶瓷书画和纸绢书画存有两种截然不同的态度、观点和做法呢？又为什么人们对纸绢书画，特别是对历代传承下来的纸绢书画因时间的“洗礼”而发黄、褪色、模糊，甚至有破损，还是会把它当作宝贝，珍爱有加，特别是对名家名人的作品更是奉为至宝呢？这也是绝对必需的。殊不知，浅绛彩瓷的许多画家、画师，其绘画和书法技艺、艺术功底、文化素养以及资质、资历乃至艺术辈分，比起近现代的许多书画家，甚至是书画大师、名家都毫不逊色。他们中的一些人与近现代的一些书画大师、名家本来即师出同门，是同窗、挚友或同辈，有不少还是其师父、师叔甚至师公、师爷级的辈分，有的还有御窑厂画师（相当于宫廷画师）的“光荣历史”哩！他们当中许多人的作品文化内涵、底蕴、艺术水平等绝不在当今的一些大师、名家之下。故他们的作品普遍被低估甚至被严重低估是极不公平，也是极不公正的。这一被颠倒的“历史”怎能长持下去，怎能不重新颠倒过来呢？好在这些年经美术界、陶瓷界和收藏界的共同努力和不断探研，浅绛彩瓷尤其是其作者及作品在历史、文化、艺术、经济、研究和收藏等方面的地位、内涵和价值，逐渐被发掘出来，为广大收藏者所熟知和认同，并逐渐成为他们所热捧和追逐的收藏标的之一。同时，浅绛彩瓷在美术界和陶瓷界也逐步树立起了自己相应的学术地位，其影响正在日益扩大。这是很值得庆幸和欣慰的。

可以说，浅绛彩瓷这种飞跃式的“华丽转身”，是对其“历史误会”的拨乱反正和“否定之否定”。笔者有幸见证和亲历了这一全过程，并参与其中，先后著述出版了《瓷器上的中国文人书画——陶趣斋藏浅绛彩瓷及相关彩瓷鉴赏》和《龙芽齿留香　浅绛画韵长——陶趣斋藏浅绛彩百壶品鉴》两本书，把自己长期收藏、研究和鉴赏浅绛彩瓷的心得体会和感悟奉献给广大读者，把我知变为他知，把己知变为人知，把小知变为大知，把浅知变为深知，努力当好一名“物以知为贵”的践行者！

曾有读者建议作者可否专门写一本有关如何收藏和投资浅绛彩瓷的书籍。实际上，作者在前两本书中，已有对如何收藏和甄别浅绛彩瓷方面的记述和文字介绍。至于要如何投资浅绛彩瓷？作者不是做买卖、搞投资的，没有这方面的经验。因为作者收藏浅绛彩瓷，从一开始就没抱什么投资的念头，只是认为浅绛彩瓷好玩，它题材广泛，品种繁多；技法多变，无一定式；画风写意，率性而为；亦诗亦画，韵味无穷。浅绛彩瓷画，或雅逸文静，内敛含蓄；或激情豪迈，刚健洒脱……总之，是有内涵，有文气，有品位，给人以无穷的美的艺术享受和正能量。尤其是当初价格便宜，适于工薪阶层收藏。因一种单纯的喜欢，一种发自内心的爱好和追求，越买越欢，越淘越多，也终于积沙成了小小的“塔”。今天浅绛彩瓷价格上去了，升值了，自己在这方面的收藏也因之“水涨船高”，所以这种“歪打正着”和“无心插柳柳成荫”的情况，也只能算是一种机缘巧合或无心之举吧！根本谈不上是什么投资经验或理财秘诀！

这里还须指出，时下有些藏友一谈到古玩投资，就羞于启齿，或脸红和心跳加速，生怕被人误会自己搞收藏“被沾上了铜臭味”，正所谓“谈钱色变”“说利脸红”，这是大可不必的！从古至今，古玩收藏都是作为一种保值升值的理财手段，说得更直白一点，也就是作为一种重要的投资手段，更何况我们现行的是中国特色的社会主义市场经济，国家也是将艺术品（包括古玩）作为文化产业，极力倡导和推行，同时列入了中华民族复兴的文化发展战略的重要内容，并适时制定、放宽艺术品金融政策及不断出台新的相关政策，释放出强烈的市场投资信号！

习近平总书记在党的十九大报告中就曾指出：“文化自信是一个国家、一个民族发展中更基本、更深沉、更持久的力量。”“文化是一个国家、一个民族的灵魂。文化兴国运兴，文化强民族强。没有高度的文化自信，没有文化的繁荣兴盛，就没有中华民族伟大复兴。”

艺术品投资市场是国际公认的三大投资市场之一，其投资价值超过另外两大投资市场，即房地产和股票。据有关调查，中国可以进一步挖掘的艺术品投资市场潜在需求大约人民币6万亿元，艺术市场潜力巨大。

相信，随着我国文化自信的全民大普及和不断升华，随着全国艺术市场的迅猛发展，介入艺术领域的金融机构迅速增加，艺术品金融化、资产化、大众化将成为艺术品发展的主要方向，并将有力地助推我国经济复苏、文化发展和中华民族伟大复兴。

所以，搞收藏大可不必忌讳“投资”二字，更无须回避“钱与利”，只要我们是依法依规地搞收藏，它就是一种合法、正当的投资手段。既然是投资，当然要讲回报，何羞之有！这是一方面；另一方面，艺术品又是中华文明的重要遗产和精神载体，所以搞收藏更要讲精神文明，更要有精神层面的高尚追求。如果唯利是图，一味追求大利快利暴利，不讲职业操守，不顾道德底线，甚至不惜以身试法，掘墓挖坟，制假贩假，欺诈拐骗，也是法理所不容、国人所不齿的。

为了不负众望，作者还是依读者的要求及嘱托，在对前两本书内容(包括藏品)作差别化处理的基础上，着手写作本书，调整并增加了新的内容(包括藏品)、认知和感悟，使其有所侧重，突出了本书浅绛市场淘宝的主题。（《瓷器上的中国文人书画——陶趣斋藏浅绛彩瓷及相关彩瓷鉴赏》主题是浅绛天地探源，《龙芽齿留香 浅绛画韵长——陶趣斋藏浅绛彩百壶品鉴》主题是浅绛壶海觅趣)它是作者继前两本书出版后的又一新作，并与前两本书组成有关浅绛彩瓷图书系列的三部曲。在此，作者祈望本书的出版对读者朋友，特别是对工薪阶层和初入行的收藏者以及广大“陶瓷丹青”和纸绢书画收藏爱好者有所裨益和帮助。

至于本书主旨——如何打开浅绛彩瓷宝库？“物以‘知’为贵”，书中将送给你开库的密码。诗云：“密码隐藏7字数（5组），犹如天公赐银锄；权将银锄当钥匙，巧开浅绛藏宝库！”欲知其详，且看下文分解！

是为序。

2020年4月24日初稿
2021年6月18日定稿
于广州番禺绿茵岛陶趣斋

概　述

从阿里巴巴民间故事说起。

阿里巴巴是《阿里巴巴与四十大盗》故事中的主人翁。这个故事出自脍炙人口的阿拉伯民间故事集《一千零一夜》（《天方夜谭》）。

相传，阿里巴巴出生在古波斯国的一个穷苦家庭，娶的也是穷苦人家的女儿，全部家当除了一间破屋外，就只有三匹毛驴。他是一位心地善良、勤劳勇敢的樵夫，每日起早贪黑，赶着三匹毛驴去伐薪卖柴，以养家糊口。一天，他在上山砍柴的途中，无意发现了一伙强盗的藏宝库并获悉了打开宝库的密码，于是获得了终生受享无穷的财宝。

这个故事充满着传奇色彩，它在启人心智、巧斗强盗的同时，也带给了某些善良的人们对财富的一种不切实际的幻想，希望有朝一日也能像阿里巴巴那样走运，发个“意外横财”。这是不可能的！因为它毕竟只是一个神话故事，离现实生活太过遥远而且虚无缥缈！

然而，在现实生活中到处都有“宝藏”，到处蕴藏着财富和机会，就看你能不能发现？会不会开拓？别无蹊径，就是要靠劳动致富，勤奋致富，知识致富，科学致富！

在收藏领域就有许多宝藏，曾“激发”一批又一批，一群又一群

浅绛彩山水花鸟纹方形小花盆　光绪

的文玩“拓荒者”到处去“寻宝”，时时想“捡漏”——没那么容易！

众所渐知，浅绛彩瓷就是我国艺术品收藏中的一处虽经初步开垦但尚未深拓的宝藏。与阿里巴巴截然不同，它并非强盗的藏宝库，而是我们祖先留下的优秀的民族传统文化中的一朵奇葩和一座富矿。从收藏的角度人人都要珍爱之，敬畏之；人人皆可寻觅之，分享之。但要依法依规地搞收藏，要藏之有理、有利、有节！

要打开这一藏宝库，必须掌握开库的密码，就像阿里巴巴若不掌握“芝麻开门”的密码，就难打开宝库，难入其门。

作者收藏和研究浅绛彩瓷近三十载，著有《瓷器上的中国文人书画——陶趣斋藏浅绛彩瓷及相关彩瓷鉴赏》和《龙芽齿留香　浅绛画韵长——陶趣斋藏浅绛彩百壶品鉴》两本书，并悟出了打开浅绛彩瓷宝库的密码——它就是“1－8－10－5－12”。这7个数字（5组）的密码犹如一把银锄，是挖矿的工具；又像一把钥匙，是开库的密码，现公之于众，望与浅绛彩瓷寻宝者、“拓荒者”以及其他有志于这方面收藏、研究和投资的朋友们分享。

这个密码中的“1”字就是一句话，即“瓷器上的中国文人书画”

这是作者所撰写的第一部有关浅绛彩瓷专著的书名之关键词。它是对浅绛彩瓷概念的最精练、最本质的概括。浅绛彩瓷必须具备这句话中所蕴含的四个要素，即：

①瓷器（指中国画的纸、绢帛和瓷器三大载体之一，即瓷之载体，或曰“瓷本”）；

②中国（指特定的国家——中国，而不是别的什么国家）；

③书画（指瓷本之绘画和书法作品）；

④文人（指瓷本书画作品的文人及其文化艺术属性，而不是工匠及其工艺属性。换言之，指的是瓷器上的文人画及其文人书法，这才是最核心、最本质的要素）。

何谓文人画？泛指中国封建社会中文人、士大夫绘画。它是有别于民间之工匠画、寺院之

浅绛彩花鸟纹棒槌瓶　同治至光绪早期

禅画以及宫廷之院体画而独树一帜、自成一格的绘画体系和形式。它诗书画印齐备，诗情画意兼容；它功夫虽在画内，但其玄妙更在画外，具有很高的文学性、哲学性和抒情性。近代国学、国画大师、陈氏五杰之一的陈衡恪（字师曾）还提出文人画之四要素，即：“第一人品，第二学问，第三才情，第四思想，具此四者，乃能完善。”据考，文人画的鼻祖乃唐代大诗人王维，他最先以诗入画，使“画中有诗，诗中有画”，自此，“托物言志，抒发情怀”的文人画蔚然成风，代代相传。

浅绛彩瓷一定是文人属性的书画，是文人画家或仿效文人画风和画法的瓷画家（作者）在瓷器上所作的书画作品，且其手法是“写”画而不是“描”画，再加上写画时以赭石为主料（后期不讲究以赭色为主），并（或）夹以水绿、草绿、石青、矾红、浅蓝、淡黄、浅紫等颜色，特别是所创作的画具有（或基本具有）文人画“诗、书、画、印、款”等特征。所以，收藏界有不少人把它称为“文人瓷”。笔者认为这种叫法虽无大错，且也很形象，很通俗，也好记，但从学术的角度不是很精准，也不够科学。因为浅绛彩瓷，既是瓷，更是画；其要害不是瓷，而是画（瓷只是载体，画才是主体），是

程松石　浅绛彩花鸟纹圆形瓷板　光绪

文人瓷画，是文人在瓷器上所创作（确准地说是“写”）的画和书法，即“瓷器上的中国文人书画”或可表述为“瓷本书画”或“瓷上丹青”。而“文人瓷”之说很容易被人理解为文人玩的瓷器，当然，浅绛彩瓷是文人玩的瓷器，而文人玩的瓷器绝不只是浅绛彩瓷这一种，譬如文人自制或定制、使用或收藏的单色釉、斗彩、五彩、粉彩等瓷质文房用品、文房清供等都可称为“文人瓷”。若然，“文人瓷”的叫法就与作为文人属性和充满书卷气及文人味的浅绛彩瓷（画）大相径庭、风马牛不相及了！所以，还是称“文人瓷画”“瓷本书画”或“瓷上丹青”为好！

何谓浅绛彩瓷画？质而言之，它是以白胎瓷器（即瓷本）为载体，以赭石为绘瓷主料，夹以水绿、草绿、石青、矾红、浅蓝、淡黄、浅紫等颜色，采用没骨、逸笔、写意、写生或工写相兼等手法（且不用或仅局部以玻璃白粉料打底），结合运用勾、皴、染、点、擦、写而成画，并经低温（约650摄氏度－700摄氏度）烧成的属于个人创作或多人合作的具有文人书画特征的文化艺术品。

一件彩瓷是否属文人瓷画，是否可称得上浅绛彩瓷画，笔者认为，至少要符合或基本符合以下的五个要素：

①要看是否属于创作画：浅绛彩瓷画皆为个人独立创作的艺术品（尽管其水平参差不齐），并非集体分工、流水作业完成的工匠画。

②要看绘画技法：它的手法是写，而不是描，通常采用没骨画法、逸笔画法或工写相兼的画法，且不用玻璃白粉料打底（或仅局部打底）。

③要看颜料：早期以赭石为主料，中后期逐渐引入其他混合颜料（包括洋彩）或在彩中加釉等，故不能仅以赭石做判断、下定论。

④要看作品有否署作者名号：作者一定是文人画家或仿效文人画风和画法的瓷画家（或其他作者）。当然，有些作品由于种种原因，也不署作者姓名。

⑤要看诗书画印是否齐全或基本齐全。

有些作品虽不署作者姓名，但若有以上五点或其中二至四点符合者亦可归类于浅绛彩瓷。正如和田玉有狭义和田玉（指新疆和田、于田和且末所产的毛毡状纤维交织结构的玉）与广义和田玉（指按新国标，包括新疆产地以外凡透闪石成分在百分之九十八以上的玉，皆属和田玉系列）区分一样，浅绛彩瓷也有狭义（纯粹）型与广义（复合）型之区分。

它们之间最大的区别在于绘画技法及所施颜料的不同：狭义（纯粹）型浅绛彩瓷采用的是没骨、写意、写生等画法，且不用或仅局部用玻璃白粉料打底，施的是以赭石为主料和基色的颜料，并辅之以水绿、草绿、石青、矾红、浅蓝、淡黄、浅紫等颜色；广义（复合）型浅绛彩瓷采用的是局部没骨画法，或工写相兼，或与粉彩、墨彩、青绿山水、新粉彩等个性化画法相结合的手法，施的是赭石与粉彩、墨彩、青绿山水、新粉彩等相应的色彩（甚至杂之以油彩、料彩、珐琅彩等，或在彩中加釉）相混搭的颜料，使作品既具浅绛彩瓷画的基本特征与风骨，也有粉彩、墨彩、青绿山水、新粉彩等瓷画的个性化原貌与丰姿。但不管是狭义（纯粹）型浅绛彩瓷还是广义（复合）型浅绛彩瓷一般都会注重对诗书画印的这一作为浅绛彩文人瓷画基本特征的表达。

狭义（纯粹）型浅绛彩瓷多出现于同治和光绪早期、中期或更早，如出现在僧帽式壶、钟形壶、瓷板和瓶尊等器物上的早期浅绛彩瓷画作品；而广义（复合）型浅绛彩瓷多出现于光绪中期、后期和民国时期。

广义（复合）型浅绛彩瓷目前尚不被收藏

界和市场所重视，甚至有些人不认同它属于浅绛彩瓷，这是偏颇之见。殊不知浅绛彩瓷退出历史舞台并不是在某一时间点戛然而止，一隐而去，它是长期渐变和渐退的过程，从狭义（纯粹）型浅绛彩瓷到广义（复合）型浅绛彩瓷的演变和演化，就客观、真实地反映了这个渐变和渐退的全过程。

“天涯何‘期’无芳草”，瓷苑处处有靓瓷！实际上，在广义（复合）型浅绛彩瓷中一样有“宝”可寻，有“漏”可捡，一样也有被“掩埋”、被低估的艺术珍品，是值得我们去寻觅和深掘的。

笔者认为，浅绛彩瓷的收藏与投资应该追求的最高境界是，炉火艺术与绘画艺术的完美结合，工艺美术与文化艺术的高度统一。若二者不能兼顾时，笔者会择画艺而取之，因为收藏浅绛彩瓷从根本上来讲，玩的就是瓷器上的中国文人书画。这并非否认浅绛彩瓷的工艺美术价值，因为若无“工匠精神”和工艺美术“附体”，浅绛彩瓷的文化艺术也将难以登顶。这是玩浅绛彩瓷之灵魂，也是收藏与投资浅绛彩瓷之真谛。此乃笔者长期收藏的心得与感悟，或许也算是一种不自谦的“灼（拙）见”吧！

这个密码中的“8”就是要扫除浅绛彩瓷收藏与投资中的“八大盲点”

当前在浅绛彩瓷收藏与投资的过程中，不少藏友还不同程度地存在着“八大盲点”，即“八重八轻”的收藏倾向或苗头。

①对于纸绢本书画与瓷本书画的认知上——重纸绢本书画而轻瓷本书画。不少藏友以为，纸绢本书画才是当前书画收藏市场的主流和发展方向，其他诸如以陶瓷等材质为本的画种，皆为不入流；并认为瓷本书画易碎，易脱彩，不便保存，其寿命也不及纸绢本长。此观点虽有它的道理，但不全面，偏颇。诚然，纸绢本书画的确是目前收藏市场的主流品种之一，但主流在某种历史条件和社会认知的情况下也有可能弱化或转化。而瓷本书画，特别是浅绛彩瓷画是新发现和新发掘出来的书画创新品种以及“被长期掩埋”“刚刚崭露头角”的艺术珍宝。人们要完全认识它、了解它，还需要有个过程。尤其是不少藏友可能还不知道，纸绢本书画（特别是以当代工业化生产的宣纸所作的书画），在同等保存条件下其寿命远不如瓷本书画。这已被收藏历史、实践及最新的研究发现所反复证明。从目前文玩市场的现状及其发展的趋势来看，瓷本书画，特别是浅绛彩瓷画的收藏前景十分看好，已逐渐地被越来越多的收藏群体和个人所认知和接受，其价格正在稳步攀升，未来价位将继续向纸绢本书画靠拢，甚至并驾齐驱也不是不可能的。

②对于文人瓷与文人画的认知上——重文人瓷而轻文人画。一些浅绛彩瓷藏友过于注重和追求所收藏的是否属于文人玩的瓷器，是否文房用品及其瓷质、器型和精美度如何等。当然作为浅绛彩瓷收藏，这些也是必须考量的。但是，殊不知“收藏浅绛彩瓷玩的就是瓷器上的中国文人书画”，浅绛彩瓷作为文人瓷（画）最重要的标志就是瓷器上的中国文人画，而不是瓷器本身是否属于文房品、文人用瓷。这才是最重要的！离开了文人画去追求文人瓷，舍本求末，甚至本末倒置，还奢谈什么文人瓷呢！

③对于狭义（纯粹）型浅绛彩瓷与广义（复合）型浅绛彩瓷的认知上——重狭义（纯粹）型浅绛彩瓷而轻广义（复合）型浅绛彩瓷。注重和着力于狭义（纯粹）型浅绛彩瓷的收藏，无可非议。许多浅绛彩瓷藏友都知道，狭义（纯粹）型浅绛彩瓷多出现于光绪早期、中期甚至更早，其艺术成就相对较高，精品和珍品也居多。故而，

李崇昭　浅绛彩仕女纹僧帽式壶　同治

收藏以狭义（纯粹）型浅绛彩瓷为主攻目标，其取向是完全正确的。但也不应忽视广义（复合）型浅绛彩瓷的收藏，因广义（复合）型浅绛彩瓷在浅绛彩瓷收藏的总“矿源”中尚属未被开垦的那一块“处女地”和暂未被开挖、经营的“富矿”，其丰富而优质的“矿产”尚不为人知，故有较多、较大的“宝”可寻，较多、较大的“漏”可捡。特别是在当前狭义（纯粹）型浅绛彩瓷收藏“矿源”逐渐“枯竭”的情况下，集中部分财力和精力去寻觅和开挖广义（复合）型浅绛彩瓷的“矿产”是明智的、可取的。

④对于早期浅绛彩瓷与中晚期浅绛彩瓷的认知上——重早期浅绛彩瓷而轻中晚期浅绛彩瓷。如前所述，许多浅绛彩瓷藏友都知道，早期浅绛彩瓷一般都具有如下特性：一是它多作为互相馈赠的礼品，不为图利，只讲礼数，友情为重，故几无商味；二是它多为名家、大家或身份特殊的作者所作，故一般品位较高，文气较浓，多属精品，少有普品；三是它多署有作者和受赠人名款，信息含量较大，意义特殊，堪称孤特品，罕有重复，故至为珍稀。因此，收藏浅绛彩瓷把着力点放在早期器物上无疑是对路的、正确的。但早期浅绛彩瓷存量毕竟是少之又少，要淘到一件真品还真不容易，而中晚期浅绛彩瓷存量相对较大，且也不乏精品和珍品，故对进一步开拓浅绛彩瓷的收藏与投资，大有“用武之地”。

⑤对于有款器物与无款器物的认知上——重有款（即有诗书画印及干支纪年、人名款）器物而轻无款（即无诗书画印及干支纪年、人名款）器物。一般来讲，有诗书画印及干支纪年、人名款的器物，说明这件东西年代清晰，作者确定（伪作除外），加上诗书画印齐全，也蕴藏着大量的历史、文化、艺术等信息，对于判断该作品质量的优劣、品位的高低、价格的贵贱可提供可靠的依据，令收藏者对标的一目了然，心中有数。所以，把它作为收藏与投资的优选，当无疑也。但是，无诗书画印及干支纪年、人名款的作品，并不等于它就不名贵、不珍稀。因为有不少同治和光绪早期、中期甚至更早的浅绛彩瓷作品囿于历史的原因、相袭的行规或客户的要求，往往较少署（甚至完全不署）作者名款和干支纪年款，但若瓷质和画工俱佳者虽无落款（多属特别定制的），其身份应十分金贵，甚至有的本身可能就是官窑或“气死”官窑（马未都语，意思是比“官窑”还“官窑”），所以，若对这部分作品完全冷眼相看，摒除在外，可能就会“走宝”，甚至“走大宝”。

⑥对于知名作者与普通作者的认知上——重名家名人而轻普通作者和佚名作者。对于名家名人的作品，人人喜欢，个个追求，这是不言而喻的；把它们作为收藏的优选或首选，也是天经地义的。但是也不能漠视普通作者和佚名作者。一切应以作品质量的高低为准绳，让作品自身来说话。因为对于有些作者和佚名作者，你觉得他名不见经传（可能是因你的知识面所限），但他真的有可能是未被收藏界认知的高手或实力派作者，只要其作品画工书艺均佳，且具很高或较高观赏价值和艺术品位者，也许他就是“被历史遗忘或失传”的大家、名家的“隐身”。对此，我们也应格外地加以关注，去发掘其深藏的价值。

⑦对于大件头器物与小件头器物的认知上——重大件头器物而轻小件头器物。大件头器物有派头，显气势，便观赏，吸眼球，也往往为官宦或富贵人家所订做，并请画艺、瓷艺较高的名家、名匠亲自打理，故也往往多为上乘之作或精品力作。所以，收藏从大件头器物，特别是从高档、精美的大件头器物入手，有实力的收藏家和有能力的爱好者都会做这样的选择，这也是无可厚非的。但小件头器物，特别是把玩件或小玩意儿，其本身不少即为精品甚至是至珍品、稀罕物。有道是“凡精品都是浓缩的”。所以，我们搞收藏、看实物不应偏颇——大件头器物中有普品，小件头器物中也有精品，而且占比更大。

⑧对于全美品与残缺品的认知上——重全美品而轻残缺品。对于全品相，尤其对完美之精品，当然是收藏界和市场所热捧和追逐的收藏“猎物”。可以说，时下要收到这样完美的精品特别是早期的精品，其概率相当之低，除非你很有经济实力，可以到大拍卖场上去搏一搏，或者在别人愿意割爱的前提下，从“捷足先登”的藏家和有幸拥有者手上高价或天价获得。除此之外，正确地对待和收藏残缺品，不妨也可以

作为一种选项。对于残缺品，我们不能一概而论，不能"有残即弃，凡缺皆舍"。因为残有残的价值，缺有缺的身价。它并不像一些所谓"专家"胡诌的"残缺品的价钱只有原价值的十分之一"。关于这一点，作者在本书的其他章节已做了批驳，这里不再赘述。必须指出，一些虽有残缺或经修补的器物，由于是名家名人之作或虽不是名家名人之作，但作品文化艺术品位较高，存世量稀少的，只要价钱合适，也要毫不犹豫地收入囊中。因为这类残缺品比较特别，虽残犹贵，虽缺亦珍，不仅具有较高的学术研究价值，而且也具有不容小觑的收藏价值。须知全品相中有普品，残缺品中也有精品，尤其是残缺品中的精残品、孤残品更是有漏可捡，甚至有大漏可捡！那么，我们为什么要无端地贬低它，全盘地排斥它呢！

这个密码中的"10"就是浅绛彩瓷"十看甄鉴法"

近年来，由于浅绛彩瓷收藏的不断升温及其价格的日趋攀升，加上一些无良的商家和造假者的乘机鼓捣，尤其是造假者"巧妙"地利用不同时期浅绛彩瓷收藏者中带有倾向性的心理追求，跟"风"造假，如全品相、名家瓷、异型器，甚至连残缺品都有人仿造，总之市场流行什么就仿什么，什么好卖就仿什么，什么值钱就仿什么，致使浅绛彩瓷交易市场乱象横生，假货充斥，鱼龙混杂，屡屡有收藏者中招，特别是初入行者所收的假货，更是惨不忍睹，即使一些经验老到的藏家也难免不踩"地雷"。这不能不引起有关部门和广大收藏者的重视、关注和警惕。

目前，市场上常见的浅绛彩瓷仿品主要有：①新胎新彩；②旧胎新彩（或叫后加彩）；③旧胎旧彩后加款，即原作没有任何款识或仅有书诗画，而作者的名字（包括印章）及纪年款是后加上去的；④旧胎旧彩经局部修复，即作品虽为原作原款，但瓷器上某些残缺或画面局部脱彩是经过精心修整和"复原"的（当然处理得好的，特别是名家名人的作品，还是有相当价值的）。这四种情况中，前三种比较多见，特别是第一种，数量最大，而且仿造的水平越来越高，令初入行者真假难辨；而近年来的新动向是第二种情况直线上升，每每充斥于各地的文玩市场，堂而皇之地摆在古玩商铺的显眼位置上，而且亮出了令人心惊肉跳的高价位。因其是老胎新彩，新彩之画面又精心做旧，几乎可以假乱真，迷惑了不少收藏者，甚至连一些经验老到的藏家有时也难免看花了眼而致走心、走神而中招，而且不少这类伪作已混迹于许多拍卖场（甚至大拍卖场）中，故其杀伤力特别大，务必引起业界，特别是文玩收藏界的高度重视、警惕、防范和整治！

在古玩界人们往往喜欢讲捡漏，热衷捡漏，追逐捡漏。笔者认为，在时下古玩市场要捡到漏没那么容易！能淘到真品（即使是残缺真品，因为连残缺品都有造假）——算捡漏，淘到全品——捡小漏，淘到珍品——捡中漏，淘到孤品——捡大漏！当然，这种非常小概率的捡漏，还得靠你有一双能辨真假的"火眼金睛"。而这双锐眼的锤炼要有个长期历练的过程。因此，我们要把学会甄真辨假作为入行的第一步，要学会掌握真与假的区别，要洞悉假货"伪装"的手段、基本特征以及"百密一疏"的"漏洞"。这里告诉你一个速成、简易的方法——作者根据自己的收藏实践、同行的经验及学术界相关理论研究的成果，兹总结、归纳出以下的"十看甄鉴法"，即：

（1）看器型

或者说看形制。从外形看，一般仿作多为臆造之器，不是比例失调，就是形状怪异，

汪章　浅绛彩人物山水纹方瓶　光绪

缺乏整体艺术美感，怎么看怎么不顺眼。甚至有些器型根本就是“张冠李戴”，即将后期(或后代)才出现的器型安在前期(或前代)器型上，抑或把虽在前期(或前代)出现但已退出历史舞台的器型安在后期(或后代)器型上。所以，你事先要将每个朝代、每个时期各类器型的特征烂熟于心，并经常看实物真品(包括经常有目的地去博物馆参观)，甚至有机会应尽量多上手实物真品，以强化记忆和实物感。还有一种情况，同一件器物上的瓷与画的年代不一致，尤令人“大跌眼镜”。近闻，有一位知名的古玩鉴赏家将一只口沿为酱色的浅绛彩瓷小杯断为乾隆朝浅绛彩瓷。笔者不敢苟同。诚然，晚明或清早期确有某些瓷器口沿呈酱色之特征，并可作为瓷器断代的依据之一。应该说，这位专家将这只小杯断为乾隆之器并无疑异。但不能仅凭这一点而断定这只小杯是乾隆朝浅绛彩瓷。首先，康、雍、乾年间确实出现过早期浅绛彩瓷的雏形器，但是否已诞生真正意义上的浅绛彩瓷，还缺乏有力的实物依据。如果这只小杯真为乾隆朝浅绛彩瓷倒是一件大好事，那就是一项可填补这方面“空白”的重大发现，但遗憾的是依据不足。其次，这只小杯上的画有明确的干支纪年款及作者名款，即明确地告诉我们，它出生于光绪丙申二十二年（1896年），作者小山亦为同朝代的浅绛彩瓷画名家。再次，浅绛彩瓷还有一个不为人知或鲜为人知的“秘密”，即其有些作品是利用前代或前人所遗弃的白胎瓷或有瑕疵的白胎瓷进行书画创作（亦称“巧作”），“化腐朽为神奇”。笔者收藏有一件嘉庆朝白胎瓷灯笼瓶到光绪朝才被用作绘制浅绛彩仕女纹的藏品。所以不能以瓷器（即瓷本）的年代来判断浅绛彩瓷的年代，诚如有画家以宋代的宣纸来作画，你总不能称这件作品是宋代古画吧！

（2）看胎质

瓷器由于采集瓷土在不同的地方、不同的时期，或相同的地方、不同的时期，或提炼和烧造工艺及其精细度的差异，其烧成后的胎质往往也不尽相同。如同治光绪年间大多数瓷器釉面往往会呈“浪荡状”（亦称“波浪釉”现象，因烧造工艺上的缺陷造成釉面大面积如波浪状之不平整，与雍正朝某些瓷器釉面也会出现小面积不平整的“橘皮纹”现象有所差异），而本时期许多官窑瓷器则因选材上乘、陶冶精细及烧造工艺精湛，故而胎质洁白细腻，其表面多无此现象。所以，同治光绪年间若器物釉面平整，瓷质洁白细腻，质地上乘，应该是其“身份高贵”的象征，绝不是普通百姓所用之瓷。又如同治光绪年间江西景德镇生产的瓷器与湖南醴陵、福建德化、广东潮汕和云南建水、玉溪等地生产的瓷器在质地上截然不同，不可同“瓷”而言，我们只能根据不同产地瓷质的特征去判断。

（3）看画工

中国传统山水画可分成水墨、浅绛和重彩（以青绿山水为代表）三种。其中水墨的色彩最单纯，即通过水将墨稀释，形成明暗、深浅、浓淡；浅绛画法是在水墨基础上，以赭石为主料，辅以其他相关色彩，运笔勾勒、皴擦、渲染而成；青绿山水则是传统山水画中色彩最为浓重的一种，它是以石青、石绿等为主色。青绿山水成熟较早，在盛唐时曾一度辉煌，但被成批量搬上瓷器则晚于浅绛彩瓷。特别是在浅绛彩瓷容易褪色掉彩等弱点“暴露”之后，于是瓷界逐渐有人以青绿山水彩料画浅绛，以浅绛画法画青绿山水，并曾一度“放过短暂的光芒”，但也很快跟浅绛彩瓷一样被先后“淡”出瓷界的历史舞台，终乃为新粉彩瓷所取代。

浅绛彩瓷画作者一般都具有较深厚的文化素养和较扎实的绘画基本功，都具有在瓷器上独立作画和创作的能力，特别是大家、名家（包括新锐画家、画师）在长期的艺术实践中往往会形成自己与众不同、别人难以效仿或即使效仿也难以企及的独特的书画艺术风格，正如齐白石画虾、徐悲鸿画马、启功书法这些体现个人艺术巅峰的特长一样，是难以效仿，更遑论仿到百分百的“真”，是绝不可能的。同样的道理，程门写山水、金品卿写花鸟、王少维写人物及其他有鲜明个性的作者之画艺书技，你也是很难学到手、仿到位的。你若真的能达到如此境界的艺术高峰，为什么要去效仿别人呢？何不自立门户、另树风格并不断地去擦亮自己的招牌呢？

无可讳言，仿作一定会留下某些有别于真作的“蛛丝马迹”和破绽，如画风相悖，字迹不符，构图失范，运笔生硬，画作呆板，没有神韵，缺乏灵性，通身匠气，甚至是滞气和死气。

（4）看技法

浅绛彩瓷的画法，不同时期和不同作者，其技法是不尽相同的。而其惯用、共通的一个技法特征，就是采用没骨画法、逸笔画法或以没骨画法为主，工写相兼等手法，其画作多侧重于写意，或写意与写生相兼，或写意与工笔兼容。它的另一个技法特征（也是它与粉彩画法的最大区别），即不用或少用（仅小范围、局部采用）玻璃白粉料打底和渲染，且光绪早期、中期及其前期则侧重用干笔皴擦、重彩点染，故画面浓淡分明，局部有凹凸感，显得清新淡雅，与纸绢上的文人画并无二致。至于光绪后期至民国时期则多采用湿笔而少用干笔，施彩单薄，一般画面无凹凸感，同时对彩料也作了改进，引进新彩或在彩内掺釉，使画面比较鲜艳、亮丽，且不易褪色掉彩。

这里需要特别指出的是，每位作者都有自己的技法特征和惯用手法，抓住这些特征和手法，就可破解每位作者创作的奥秘，并可作为甄别其作品真假的一面“照妖镜”。

（5）看彩料

同治、光绪年间至民国初年，常用钴料、赭石、浅蓝、浅绿、草绿、浅紫、淡黄等彩料（早期的浅绛彩瓷画家还喜欢在画面施以蓝色等颜料），且基本不用玻璃白粉料打底，追求的是清新淡雅，富有文人味。民国时期因受美术界“设色富丽，人物艳丽，服饰华丽”的审美追求的思想影响，并逐渐向青绿山水、新粉彩瓷演化，故所用的彩料一般发色比较亮丽，且不易脱彩。某些瓷画家甚至名家、大家还有自己特别喜好和经常采用的颜料及施彩方式，这也成为他们与众不同的某种技法特征，如程门绘山水时喜作“万绿丛中一点红”，金品卿绘花鸟和人物时爱用绿彩或蓝彩渲染枝叶和人物的衣裳，王少维画人物时也喜欢用浅蓝色或浅黄色来涂抹衣裳或裙子，而“民初四大家”之一的钱仙槎则喜欢用柠檬黄或胭脂红来加强画面的效果等，亦可作为辅助判断是否该作者真品的参考依据之一。

（6）看款识

款识有年（年代和干支纪年）款、底款、

许品衡　浅绛彩花鸟纹镂空帽筒　光绪乙酉十一年（1885年）

名款及题款之分，而年款、底款又有本朝款和寄托款或伪款之别。有年（干支纪年）款或既有年（干支纪年）款又有年代底款的，一般均以年（干支纪年）款的时间为准。无年（干支纪年）款或只有年代底款的要区别对待，若底款为同治或光绪官款的，一般可视为同治或光绪本朝之器；若底款署“官窑内造”的不一定真的就是或全是官窑，但一般可认定是光绪年间至迟是民国初年的东西（伪款除外）；若署年代（如康熙、雍正、乾隆、嘉庆、道光、咸丰、同治、光绪等）底款或其他底款的，则要视其具体器物，要具体情况具体分析判断。而题款的内容往往也是千人千面、无一定式，反映出画作者的文化涵养和艺术功底。

从现已发现并有实证的浅绛彩瓷器物来看，光绪早期，特别是同治年间署干支纪年款的并不多见，至于咸丰年间及更早之前署干支纪年款的更是少之又少（或尚待发现），极为珍罕。这一时期或更早之前，有不少浅绛彩瓷不署任何款识，有的只有底款，有的什么款也没有。若瓷质精细，做工精美，器型硕大或特别，且画工精湛的，往往为官宦和富贵人家或某些高端客户所特别定制，也往往可能是出自制瓷和绘瓷名家或大家之手，具有极高的观赏、研究、收藏和投资价值。

（7）看印章

印章也是构成浅绛彩瓷有别于其他瓷器的

独特而亮丽的一道风景线。

瓷器上用印主要有两种形式：一是将印钤在未干的瓷胎上；二是钤在釉上，所钤位置多在器物的底部。这种钤印方式，乃取法于古代“物勒工名”之传统。瓷器上的印章，特别是民窑瓷器常用的是变体印，其印上的文字是不规范的，或者说只是一种防伪的画（花）押印，没有什么特殊意义，仅是代表某窑口或某窑工的符号，类似今天的个性化签名。至于官窑瓷器印章之文字则相对规范多了，而且是指定专人，专司此事，书写规整，苍劲有力。

而浅绛彩瓷画印章与纸绢书画亦全然不同，它跟其他瓷器印章一样也不是真印钤盖，也是用笔画印。尽管如此，每位浅绛彩瓷画家、画师、作者一般都会效仿文人画家或是自己所喜欢的“雕刻”独特、个性鲜明的多枚“图章”，甚至每当作品完成后用什么“章”，“盖”什么位置，也往往会视作品的内容、题材以及个人的满意度、习惯而采用不同的“印章”及“盖印”方式。当然，这些也不是真印钤盖，而是用笔画上去的，以使其所创作的瓷画与纸绢书画并无二致。

据学者统计，在程门作品中以“臣门”印章作款的有两例（当然，他还有其他多种形式的手写款）；这一印章款方式在金品卿作品中也发现1例，即用“臣诰”（他还用过“金诰”“品卿”“诰”等印章款）；而王少维的印章款则常用“王氏少维”“少维”“吴人”等，尚未发现他用“臣”字款。这些均可作为甄鉴某大家或某作者作品真伪的依据之一。

（8）看包浆

由于不同的瓷器有不同的釉质、釉层和釉面，经过岁月的“洗礼”，其表面往往会呈现各自不同的自然老化之光泽，即不同性状的实光，人们将它称之为包浆，又叫宝光、苏光、蛤蜊光或木讷光等；而将虚光称之为火光或贼光等。

包浆是瓷器岁月的“痕迹”，古玩寿庚的“年轮”。它是瓷器随着年代沉积而自然形成的一种物理现象，不以人的意志为转移。一般传世瓷器五六十年甚至一百年左右才会出现这一奇特的现象，其光泽自然柔和，如宝玉之温润，绝非人工所能伪造的。

因此，学会看包浆，懂得分辨瓷器上的光泽是实光还是虚光，才能甄别其是古瓷、老瓷还是新瓷，是真品、新品还是赝品。造假者可以通过各种手段将釉面虚光弱化，但却造不出包浆。故只要认真观察和体验，就一定会发现造假者所留下的无法逃遁的破绽。

各种瓷器由于其釉面的千差万别，人们用肉眼看包浆往往不准确，容易误判。所以，往往要借助古玩的“照妖镜”，即20倍或以上倍数灯光放大镜，用它对焦观察瓷器釉面时，就会发现聚光部位的某一位置会有一处亮点，再将放大镜调整到亮点、光焦与视线使之三点成一线，然后再慢慢调整三者之间的距离就会发现，“新瓷的釉面犹如一层金属膜，将光线阻止在釉面之上，形成无变化的耀眼强光，或者形成一层绞丝状强光，而若是古瓷，光线就会穿透釉面，形成明暗交织、山峦起伏甚至形成葡萄串珠般的柔光。”（引自《从包浆辨识瓷器》）经过长期实践和体验，你就逐渐学会准确把握釉面包浆的深浅，真正掌握看包浆鉴古瓷和老瓷的本领了。

（9）看霉斑

这是作者从长期的收藏实践中总结出的经验之谈。浅绛彩瓷由于是低温烧成，又是釉上彩，其釉面彩料极易被氧化、剥落，即使保存完好的，亦不能完全避免被空气腐蚀，故借用带灯光的高倍数放大镜观之，也往往会发现在黑色颜料或褐彩处留下稀疏的霉斑或霉点甚至有剥痕。这亦可作为甄别浅绛彩瓷或其他彩瓷老旧程度的参考依据之一。

（10）看手感

在古玩界人们经常可以听到一句话：“玩瓷器要多上手。”为什么要多上手呢？其目的之一就是要多触摸实物，学会体验手感。因为手感不仅可以印证、补充和丰富你读瓷的观感和判断，而且还可以修正、矫正和改变你最初的意见和结论。

体验手感是一个复杂、细致和微妙的过程。有行内人士把它归纳为“九感”，即：①轻重感，②干湿感，③润涩感，④软硬感，⑤温凉感，⑥生熟感，⑦滑滞感，⑧粗细感，⑨凹凸感。总结得很全面，也很精辟。

浅绛彩瓷是一种经低温（650摄氏度—

700摄氏度）烧制而成的釉上彩，触摸和摩挲浅绛彩瓷与触摸和摩挲其他瓷器（包括同为釉上彩的其他瓷器）所体会到的手感不尽相同，而对于浅绛彩瓷的手感在这“九感”中可能轻重感、干湿感、润涩感和滑滞感会明显和强烈一点。

浅绛彩瓷由于所施彩料较薄，且多用干笔皴擦，又是低温烧成，故用手轻轻抚之，会显得浅薄而平滑，不像粉彩用玻璃白粉料打底，施釉厚重，所以，在总体感觉上——它有轻重（厚薄）感中的轻（薄）感，干湿感中的干感，润涩感中的润感和滑滞感中的滑感，尤其是早期的浅绛彩瓷由于瓷画家在绘画勾勒、皴擦的基础上常对某些景物，如山石土坡、树木草丛，喜用重彩点染，故以手抚之，也会局部呈凹凸之感，这些均可作为鉴别浅绛彩瓷画年代早晚的依据之一。

这个密码中的“5”就是五句话，即：要彻悟浅绛彩瓷的五重价值——工艺美术价值、文化艺术价值、史学研究价值、观赏美化价值和市场经济价值

浅绛彩瓷具有多元价值或者说多重价值，最重要的可概括为五重价值，即工艺美术价值、文化艺术价值、史学研究价值、观赏美化价值以及市场经济价值（或称收藏投资价值）。这是不容置疑的，更是不可低估的。

（1）浅绛彩瓷的工艺美术价值

主要体现在器物的工艺美术方面，特别是异型器和方形器上（藏界有“一方顶十圆”的说法，说明它们工艺美术方面的价值很高）。为了增强器物的观赏性、实用性和陈设效果，其订造者或使用人往往都会要求设计别致，好看耐用，真材实料，精雕细琢，画艺要高，书法要美，故专门定制的东西很少会是普品，更不可能是次品或劣品。试问：有谁会真金白银地定制次品或劣品呢？除非其脑袋“进水了！”

但还必须指出，其他非平面的器型，特别是异型器（包括壶具、瓶尊、文房用品等），因其制作工艺复杂，烧造难度更大，要求更高，其本身就具有较高的工艺美术价值，更何况是在其器物上，特别是异型器凸凹不平、高低不一的瓷面上作画比在“平若纸绢”的瓷板上作画难度更大，要求更高，故异型器、方形器往往比瓷板和其他简单器型的作品更具工艺美术与文化艺术的双重价值。

（2）浅绛彩瓷的文化艺术价值

主要体现在作者绘画、书法艺术及其文学（特别是诗文）水平和文化素养上(当然还应包括器身的造型艺术)。浅绛彩绘画乃源于纸绢上传统的水墨绘画方法，以赭石为主料，在勾勒的基础上，施以水绿、草绿、石青、矾红、浅蓝、淡黄、浅紫等颜色，多采用没骨、逸笔、写意、写生或工写相兼的画法，不用或仅局部用玻璃白粉料打底，不作或少作渲染，较少用勾描填色，所施釉彩较为浅薄，故显得柔和、清新、淡雅。

尤值一提的是，它所绘的多为创作画，较少照搬照抄传统题材和范本，且配以诗、书、印、款（名款、年款或底款），所配诗文大都直奔主题，一语中的，故颇具文人画韵味、书卷气以及较高的观赏性和文化艺术性，尤其是名家、名人的精品之作及其传世稀少的孤品罕器，更为名贵。至于书法、文学和诗文方面，当然，作者名气越大，作品质量越高，存世数量越少，其价值也就越大越高。

（3）浅绛彩瓷的史学研究价值

主要体现在瓷器的史学研究方面，它通过器物上的画作、诗文、书法，甚至于其器型所

樵亭氏（王昭明）　浅绛彩刘海戏金蟾纹龟形壶　光绪

谭寅阶　浅绛彩山水人物纹瓜棱形提梁壶（展开图）　同治

喻，留下了大量珍贵而翔实的信息，供后人去寻踪，去探秘，从而找到打开历史“阿里巴巴”神秘大门的“钥匙”。

如拙著《瓷器上的中国文人书画——陶趣斋藏浅绛彩瓷及相关彩瓷鉴赏》入编的李明岚浅绛彩花鸟诗文方形壶，这是他为赠送青年段祺瑞而特别设计、制作的一把高端礼品壶。该壶形状为“天圆地方”（即口圆底方，意喻顶天立地，四平八稳），壶上所绘有特殊含义的花瓶、云梯、书山、果实等（隐喻以书为径，读书做官，平步青云，必得善果）以及诗文“腹稿抽丝捷，心花斗色妍”（字里行间充满夸奖受赠人文思敏捷、才华横溢的溢美之词），使我们从中掌握了大量与段祺瑞相关的宝贵信息和实证史料，对于今天研究段祺瑞其人，特别是其发迹前的历史具有很好的借鉴、参考和帮助。这就是它的史学价值。

（4）浅绛彩瓷的观赏美化价值

观赏，指观看欣赏。精美的浅绛彩瓷一般都具有较高的工艺美术和文化艺术的双重价值，倾心观赏，悉心体会，可陶冶情操，纯洁心灵，身心健康，增强民族自尊心、自信心和自豪感。如对一些小器型的浅绛彩瓷还可直接上手，用以把玩和近距离欣赏，那种轻轻摩挲、柔柔抚摸的感觉，简直令人心旷神怡，烦忧尽释！

美化，指用浅绛彩瓷器物摆设、装饰和点缀办公室、接待场所及家居所带来的精神层面的效果——美化环境，净化灵魂，提升主人的文化涵养和艺术品位。

倘若用一两件高档精美的浅绛彩瓷陈设器，如大瓶或屏式瓷板或对装帽筒等摆放在厅堂，就会令家居显得富丽堂皇；倘若以浅绛彩瓷文具品、小花器装饰书房，就会使书房增添几分文气、内涵和品位；倘若在卧室内摆一两件心仪的小玩意，每晚睡觉前瞧它几眼，相信夜夜都会睡个安稳觉、舒心觉，甚至连做梦都是甜美的；倘若在餐厅摆一两件农家乐、渔家乐或其他喜庆题材的浅绛彩瓷器物，试想在这样文化氛围中用餐，岂不令人胃口大开、饭量倍增？

当然，还可以举更多的例子，这就是浅绛彩瓷的观赏美化价值。

（5）浅绛彩瓷的市场经济价值（或称收藏投资价值）

浅绛彩瓷是中国古瓷中的重要品类之一，亦属于古董或古玩的范畴。

古玩界常言道：“古董无价金有价。”这里所谓的“无价”是指有些古董或古瓷由于它的特殊性、珍贵性和稀缺性，见仁见智，是无法估价的，从某种意义上讲它就是“无价”，即“无价之宝”。但作为流通市场的古董、古瓷又不能没有价，没有价怎么流通呢？决定古董、古瓷价格的因素极其复杂，要给古董、古瓷估价或定价是十分困难的。所以，古玩界有道：你看中某件古董、古瓷并愿意支付给转让者心目中的价款就是价格；你喜欢买，我愿意卖，就是价格；双方互相认可即为成交（若多人喜欢则按出价高者得），也无需报经相关部门审核批准。这，自古以来已成为古玩市场交易约定俗成的“行规”或不成规矩的“规矩”。这，也就是为什么古玩市场“漫天开价，落地还钱”的道理。

那么，决定古瓷的价格主要是由哪些因素构成的呢？除了外在方面，如国家对古玩收藏和交易的政策导向，社会、行内及个人的资金支持，采取何种运作方式等因素外；内在方面，主要包括古瓷的品位、品种、品相、品质（含文化艺术和工艺美术价值等）以及存量、年代等因素。此外，还与买家个人喜爱偏好、文化素养、经济实力、处事风格乃至个人胆识魄力等有关。一只拳头大小的明成化斗彩鸡缸杯为何能以2.8亿元的高价为上海实力派大藏家刘益谦所拍得，而不是其他同样甚至更有实力的买家所拍走（当然没有经济实力者想都不要想），这就是明证。正如有个相声所戏言，古玩竞拍是“有钱、有眼（指有眼光、眼力）和有缘者”之间的博弈结果。自古以来，在不同群体人的眼里，对同一件古董、古瓷是有不同的价值取向和评判标准的。归纳起来主要有“两大价值取向”和“三重评判标准”。

“两大价值取向”，即：①“实”的层面——经济价值（主要通过市场价值来体现，即等值的货币量的多少，或称价格）。②“虚”的层面——文化艺术价值（即对古董和古瓷的审美、历史、文化、艺术和社会价值等的总估值，它是一种个人或群体的主观意见的表达，是难以被完全准确地量化的，故为“虚”）。

“三重评判标准”，即：①官方评判标准（古时是以宫廷皇族的意旨为准绳，现在是以国家及其相关部门的意见为指导）。②专家评判标准（古时是以士大夫、文人为代表，现在是以专家或专业人士为主）。③市场评判标准（主要是以收藏家和投资者为主）。所以说，对古董、古瓷的估价不仅错综复杂，而且相当困难，故而古玩界多固守“宜粗不宜细”（也不可能细）之常规，即古董古董，估估你懂！

我们在给古瓷估价或定价时，除了要遵循上述的标准和做法外，还要牢牢掌握好如下的四条评估原则，即：①不仅要正确评估其古陶瓷自身的价值，而且要正确评估其瓷器上古字画的价值；②不仅要正确评估其工艺美术价值，而且要正确评估其文化艺术价值；③不仅要正确评估其单件的收藏价值，而且要正确评估其成双、成套乃至整个系列的收藏价值；④不仅要正确评估其当前的市场价值，而且要正确评估其未来的趋势价值。

以上这些对古瓷的评判标准、估价原则和传统做法也适用于浅绛彩瓷。在这里，还要特别指出，浅绛彩瓷（特别是名家名人的精品和异型器之作）不仅是浅绛彩瓷中的“天之骄子”，更是我国陶瓷发展史上具有划时代变革意义的可圈可点的瓷器创新品种，同时也是可等同或类比，有些甚至可超越纸绢上中国文人书画的瓷画新品。浅绛彩瓷收藏的真谛就在于它高超的艺术造型及其器物上精湛的中国文人书画。它具有古玩品类中极其罕见的两栖性，即既有古陶瓷的本质，又有古字画的特性；既具古陶瓷的工艺美术价值，又具古字画的文化艺术价值。它是长期被严重低估的文化艺术珍宝和收藏的“潜力股”。近若干年以来，浅绛彩瓷器已逐步“走出了历史的误会，迎来了价值的春天”。尤其是名家名人浅绛彩瓷器，特别是其异型器、壶具、瓶尊、文房用品和瓷板、帽筒等升值得更快更大。由于高、中端的异型器、壶具一般都具有较高的工艺美术和文化艺术的双重价值（尤其是壶具还蕴含着“茶文化”或“酒文化”的概念），因此，尤受藏界和市场的青睐和追逐，其价位稳步攀升。一些珍稀瓷品（特别是名家名人作品、异型壶具），价格直追明清官窑，有的甚至有过之而无不及，即使普品和一些残缺品的价格也在悄然跟进、暗中追涨。总之，浅绛彩瓷异型器、壶具（特别是名家名人、异型及珍稀器）的升值潜力还有极大的想象空间，前景尤其看好。可以预测，它们极有可能成为新一轮浅绛彩瓷交易市场中超越瓷板、陈设观赏性及大器型作品价位而令人眼球发亮的一匹“黑马”；而瓷本之中国文人书画也终将会实现其历史性的价值回归，其价格也终将逐渐向纸绢本之中国文人书画的价格靠拢或并驾齐驱，有的甚至还会超越，最终公正、公平、公允地还其一个历史的本来面目和应有的地位！

这个密码中的“12”就是收藏与投资浅绛彩瓷必须遵循“器艺结合、重在画艺”的12个重点选项

在艺术品收藏的现实生活中，同样对书画作品，人们普遍重纸绢本而轻瓷本。其原因有历史的“误会”，也有对学识的浅知或无知。殊不知，瓷画也是纸绢绘画的另一种表现形式。过去，人们都说“纸寿千年”，但当代工业化生产出来的普通宣纸用以书画，其“寿命”一般只有五六十年；近代以手工生产的宣纸用以书画，最长也不过三五百年便“寿终正寝”；而瓷画若像对待纸绢本书画那样精心呵护、收藏，只要不

打烂或人为磨损，那么保存“永”年、相对“高寿”，也绝非“虚话”。因此，从保存和收藏的角度，瓷本书画特别是优秀浅绛彩瓷画应该比纸绢本书画更具收藏寿命、投资价值和市场潜力。

浅绛彩瓷画是瓷本书画中最重要的创新品种和新锐艺术品之一。它们中有许多是属于可以等同或类比，某些甚至可超越纸绢书画的精品佳作，有的潜在价值甚至堪比清三代官窑瓷器，很值得人们去研究和收藏。那么，我们应该如何去发掘这方面的“金矿”和“宝藏”呢？

笔者认为，收藏与投资浅绛彩瓷必须遵循“器艺结合、重在画艺”的原则。器，是指瓷器本身，其形体、形状和形制如何，漂不漂亮，特不特别，是不是创新品种，是作何用途，是谁制作和供谁使用等。这里面，需要掂量的有工艺美术性、品位及其价值的问题。艺，主要指的是画艺（包括书艺，当然还包括瓷器本身的造型艺术等），即瓷器上的书画作品及瓷器本身的造型艺术如何，具体地说，它画些什么，写些什么，是谁画的，是谁写的，画给谁的，写给谁的，存世量有多大，艺术水平怎么样以及瓷器造型艺术的高低等。这里面，需要掂量的有文化艺术性、品位及其价值的问题。因此，收藏与投资浅绛彩瓷，必须从“器”与“艺”两个方面入手。为此，作者特别梳理出如下12个重点选项：

一、从“器”入手

器，指瓷器本身，特别是其形体。关于器形定价，古玩界有此一说：“一尊二瓶三罐壶，四洗五觚六杯炉，七盘八碟九杂件，十看年代器形如。”（引自“重庆藏友网”）意指瓷器的价格或贵重程度与器形有关，一般是这样排序：一是尊，二是瓶，三是罐与壶，四是洗，五是觚，六是杯与炉，七是盘，八是碟，九是杂件，十是看器物年代、形制特色等。当然，这个归纳还不甚其全，还有所遗漏，如缸、盆、筒、豆、葫芦、供器、祭器等，而且器形还要看其件头大小，是普形器还是异形器，是圆器还是方器等以及纹饰（特别是瓷器上的书画，以及诗书画印款是否齐全）等也都有讲究。古玩界还另有一说：“躺的不如蹲的，蹲的不如站的。”站的是指立件，如瓶、尊、觚、罐等；蹲的指半立半蹲件，如壶炉缸、盆、杯、碗等；躺的指卧件，如盘、碟等。此两说，讲的都是器形对瓷器定价的重要性。但是随着时代的发展、市场的变化、研究的深入、观念的更新，而今依器形定价的行情已全然不是如此，特别是浅绛彩瓷作为古玩的新锐瓷品和当今市场的宠儿，如何依器形定价更非如此。它有自己的定价规律、市场行情以及未来走向。笔者认为，浅绛彩瓷以器形定价必须抓住“造”（谁造的，是官窑还是民窑以及何窑口造等）、“用”（造给谁用，是贵族还是平民以及做什么用，是做日用瓷还是礼品或文房用品等）、“珍”（金贵度，包括设计、瓷质、彩料的金贵度等）、“稀”（稀缺性，尤以孤品和罕器为重等）、“特”（特别器型，如异型器等）、“多”（多概念，如兼有官窑、名家及茶文化、酒文化等概念）6个字进行综合考量。基于此，故应着力关注、重点发掘如下浅绛彩瓷藏品：

李明岚　浅绛彩花鸟诗文方形壶　光绪

（1）孤特品

“物以稀为贵”，这是收藏界的至理古训，也是人们在收藏实践中的探路明灯。孤、稀且特别的东西往往有很特别的故事和文化内涵，其最初的主人或拥有者也一定很特别，非贵即富。其器品通常为宫廷、官宦或富贵人家所订造，并请画艺、瓷艺精湛的名家、名匠亲自打理，故往往多为上乘之作甚至是顶尖之作，再加上独一无二或极其稀罕的因素，更显得其珍贵无比，有些甚至堪称无价之宝。

（2）异型器

异型器，指不同寻常的特别器型，它们中的很多器物可能亦属于孤特品的范畴。如本书收录王昭明的六棱龟背形壶、汪友棠的海棠形壶，程门、俞子明、汪友棠、慕唐的梯形壶（又称秦权壶），许达生的六方连体形壶和半月瓦当形壶，以及子卿的抱月瓶及佚名作者的抱月瓶、双流壶、双流双柄壶等皆属于造型奇特、做工精湛的异型器。异型器，一般来讲，都具有特、珍、稀的属性。特，就是特别，即其器物多属于特别定制、特别设计，除对造型、制作工艺和选料等要求很高、很特别外，对画工的要求也是很高、很特别；珍，就是金贵、珍贵，所以，像上面所列举的只有花重金聘请名家名匠才能打造出来的东西怎能不金贵、不珍贵呢？稀，就是稀罕、稀缺，像那些瓷质靓、制作工艺高、要求特别又属于专门定制的东西，绝不是普通平民百姓所能奢求的，故不可能大批量生产，所以其传世量也一定是少之又少。总而言之，对于异型器也要像对待孤特品一样珍视，一样给力地去“搜”藏。

（3）陈设器

陈设器，往往个头大，有派头，显气势，便观赏，吸眼球。如大瓶、大尊、大缸、大罐、大盆、大盘、大碗或其他观赏性瓷板、瓶（包括壁瓶，特别是方瓶和异型瓶，藏界有“一方顶十圆”的说法）、尊、觚、缸、筒（包括箭筒、帽筒）、花盆、观赏盘等都是颇具收藏价值。浅绛彩瓷板画目前比较受市场追捧，不仅因为它是属于一种比较特殊的陈设器，更因为它比较适合当代人平面欣赏书画的习惯和理念（与欣赏纸绢上的书画最为接近）。这是没有疑异的。但还必须指出，其他非平面的器型，特别是异型器因其制作工艺复杂，烧造难度更大、要求更高，本身就具有较高或很高的工艺美术价值，更何况要在异型器凸凹不平、高低不一的瓷面上作画比在“平若纸绢”的瓷板上作画难度更大、要求更高，故异型器瓷画往往更具有工艺美术与文化艺术的双重价值。

（4）文房品

在古代书斋中，除了笔、墨、纸、砚这四种被称为“文房四宝”的主要文具外，还有一些与之相配套的其他器具，它们也是组成“文具家族”必不可少的一分子。明代屠隆《文具雅编》就记述了40多种文房用品。在明代之后的晚清“文具家族”中逐渐也有了浅绛彩瓷文房用品的一席之地。

浅绛彩瓷文房用品比较常见的有笔筒、笔斗、笔海、笔洗、笔舔（亦作笔掭，用于毛笔蘸墨后把笔尖上的墨抹匀）、瓷砚、墨盒、墨床、墨匣、笔架山、镇纸（又称书镇、纸镇）、臂搁（又称秘阁、搁臂、腕枕）、砚滴、水盂、水注、水丞、印盒（又称印台、印色池）及文房花器等，可谓林林总总，品种繁多。

浅绛彩瓷文房用品多为文人墨客（包括画家、瓷画家）或达官贵人所使用，其本身往往具有浓郁的书卷气、文化底蕴和品位，再加上精美的文人画工及其稀缺性，更使得它成为深受收藏界和市场青睐和追逐的收藏标的。

（5）把玩件

古玩用以把玩，据传始于汉代的帝王将相、达官贵人和文人墨客，并历两千余年而形成了具有中国传统文化特色的“皇家十大把玩件”，即核桃、葫芦、佛珠、菩提手串、翡翠玉石把件、紫砂壶、折扇、烟斗、遛鸟（鸟笼）、鸣虫（蟋蟀缸）。

瓷器（这里主要指能上手的小器型物件）用以把玩，学术界一般认为始于宋代而盛于明清，特别是康雍乾年间。其把玩的方式主要有两种：一是上手盘玩，即触摸式盘玩；二是观赏式把玩，即将其上手近距离观赏（甚至可持放大镜观之），慢慢体察，细细品味。第一种盘玩方式只能限于单色釉、青花瓷和釉下彩瓷（如醴陵釉下彩瓷）等。而浅绛彩瓷属于釉上彩，容易脱彩掉色，故只能采用第二种观赏式把玩，即把可以上手的浅绛彩瓷（尤其是特而精、别而致的小玩意儿）置于手掌上作观赏式把玩。这类把玩件和小玩意儿（又称“袖珍瓷器”），其器型虽小，但五脏俱全，创作施展的难度更大，要求更高，其成品率更低，身价也就更高。它们往往多属昔日有身份、有地位或多少有点文化知识的达官贵人或文人墨客，甚至可能是帝王将相或王孙公子曾经的玩物和“稀罕玩意儿”。它们大都精妙绝伦，人见人爱，有幸上手玩赏细品，怎不令人心旷神怡，倍感享受！

（6）组合件

组合件指成套生产、组合而成的器物，如四屏、六屏或八屏瓷板，三供或五供祭器、九子盘、十二花神杯以及配套成组的文房用品、茶酒具等，亦极具综合观赏、工艺美术性、文化艺术性及研究、收藏和投资价值。浅绛彩瓷这类组合件，特别是品相完好的组合件是十分罕见，极其珍贵，若有幸收之，不可谓不是一种捡漏！

在以上以器型定价的过程中，当然要以全美品为佳和首选。品相好而完整的东西，自然人人喜爱，个个追求。能收藏到全品相的浅绛彩瓷，从理论上讲，当然是最美旳愿望、最佳的选择。但是，经过这么多年有关浅绛彩瓷的宣传、收藏实践以及随着广大藏家、收藏爱好者认知度的不断提高，应该说，要做到这点是相当困难的。因为真正意义的浅绛彩瓷的历史最长也不过百年，其间“黄金期”仅七八十年，本身存量就不大，加上多为生活、文化用品，即使是陈设器或礼品瓷，经过这么多年的岁月洗礼（包括战争、天灾人祸以及保管、使用欠妥等），难免不磕磕碰碰、摔摔打打，其能流传至今的完整器是少之又少，弥足珍贵。有行内人士估计，晚清时期流传至今的狭义（纯粹）型浅绛彩瓷完整器总量大约在万位数。若加上民国时期随“泥沙俱下，良莠不齐”的狭义（纯粹）型和广义（复合）型浅绛彩瓷，恐怕总共也只不过数十万件（上述估计不一定准确）。中国有八九千万人的收藏队伍，要做到人均一件或每十人、每百人一件都是很困难的，只能是极少数藏家和爱好者有幸拥有。

二、从“艺”入手

艺，指画艺，这里所讲的画艺也包括纹饰和书技等。关于纹饰定价，古玩界亦有此一说：“有人有字第一位；画人故事为二类，意精诗文也为二；动物应为第三位；花鸟山村为第四；其他皆为第五位；更看含意和画工，年代器形窑口对。”（引自“重庆藏友网”）意即同样的器形、同等的彩料，画面有人物又有文字，如人物配诗的或人物带有文字介绍的为首类；二类为画人物故事和意精诗文的；三类为画动物，如飞禽走兽；四类为画花鸟山村；其他归于第五类。当然还要看画工以及出自何年代、何窑口、何作者之手，如早期元明的一束莲也为上品，有具体地名的山水画也很珍贵。这些知识要靠平时多学习，多积累，才能提高眼力，才能正确识别。

浅绛彩瓷依画艺定价的排序与此略有差别：通常是画山水的摆在第一（因浅绛山水较其他题材较早出现在瓷器上，早期浅绛山水多为名家、大家所作，其瓷绘艺术最为成熟，对收藏界和美术界的影响也最大，被市场的认知度和价位当然也最高）；第二才是画人物（这点与旧说“纹饰定价”中人物与山水的位次刚好颠倒过来）；第三是画动物；第四是画花鸟；第五乃是画文房清供（博古类）及其他。这是仅就绘画题材而言，而我们现所谓的画艺定价所涵盖的内容要比这更广，如还包括作者的知名度，是大家（大师）、名家（名师）还是普通作者，其价位相差甚远；又如画作自身水平的高低，是随意之作、应酬之作还是精品之作抑或巅峰之作，其价位更是天差地别；甚至同一位作者不同创作阶段的作品（如成长期、成熟期还是高峰期的作品，其价位也是大相径庭的）。

因此，画艺定价：从题材（特别是有故事、有新意、有内涵的题材）上选择，一般来说，山水优于人物，人物优于动物（畜兽），动物（畜兽）优于花鸟（含禽翎），花鸟（含禽翎）优于博古和文房清供或其他，但也不绝对，要具体实物，具体分析，按质评级，择优论价；从使用功能上选择，一般来讲，文化（文房）用品优于日常生活用品，酒文化、茶文化用品优于其他民俗文化用品，送礼用的礼品瓷优于普通自用或民用的瓷器；从画风画法上选择，一般来说，创作画优于工匠画，写意优于写实写生，写实写生优于临摹，动态优于静态，狭义（纯粹）型浅绛画法优于广义（混合）型浅绛画法等。基于此，故应着力关注、重点发掘如下浅绛彩瓷藏品：

（1）名家名人作品

众所周知，名家名人瓷一般都具有很高或较高的观赏、工艺美术和文化艺术乃至历史研究等综合价值，是浅绛彩瓷收藏和投资的首选，其升值空间巨大，前景尤为看好。如本书入编的程门浅绛彩山水人物花鸟纹笔斗（同治至光绪早期）、浅绛彩山水花鸟纹梯形壶（同治）、浅绛彩两岸青山图盖盅（光绪），许品衡浅绛彩花鸟纹镂空帽筒（光绪）和樵亭氏（王昭明）浅绛彩刘海戏金蟾纹龟形壶（光绪）等属于大家和名家作品之列。

浅绛彩瓷名家名人泛指：当今在陶瓷界、美术界和收藏界比较受公认的“浅绛三大家”（即程门、金品卿、王少维）及近年被有关学术团体、文博部门和有关专家所推举的12位名家（即任焕章、俞子明、许品衡、汪友棠、汪介眉、汪章、徐善琴、张子英、程松石、程焕文、程言、

程门 浅绛彩两岸青山图盖盅（展开图） 光绪

喻春）和收藏界有口皆碑的“民初四大家”（即何明谷、仙槎、马庆云、周筱松）、“珠山八友”（实际不止8人，经常参加活动的有徐仲南、邓碧珊、何许人、王琦、汪野亭、毕伯涛、王大凡、田鹤仙、程意亭、刘雨岑等）以及“珠山小八友”（通常指汪小亭、王晓帆、石宇初、陆云山、邓碧荪、魏镛生、徐天梅、李明亮）。除上述名家名人外，还有（排名不分先后）子元、子玉、子林、子珍、子铭、子卿、丁启抡、小方、小山、小轩、小松、小竺、小挺、义发、义和、义茂、义隆、万子铭、万中杰、万云岩、万辅廷、马丰泰、马复兴、王小山、王凤池（丹臣）、王步、王金玉、王岐山、王衍之、王昭明（樵亭氏）、王炳荣、王恩怀、王乾三、王福昌、王震、毛鼎、毛彝、月人、月舫、月樵、少山、少轩、少珊、少卿、方少溪、方廷辉、方家珍、方秀之、叶常春、叶巽斋、许仕登、许达生、许逢生、许凇、任坤山、任炳章、吉人、吉轩、刘子玉、刘芳谷、李生昌、李古董、李友梅、李金章、李瑞山（蕴辉）、李明岚、李海欧、李崇昭、李梦丹、李维瀚、李鼎臣、李筱园、李祥兴、李复茂、李浚茂、汀清、江永源、江永泰、江棲梧、朱少泉、汪永泰、汪芳林、汪佩璋、汪柏森、汪照藜、汪儒生、汪露明、吴少峰、吴子彬、闵丹臣、陆清标、沈焕文、邱坤如、余子和、余远生、余焕文、余福兴、余鸿宾、杨万兴、杨青山、杨恒昇、杨紫卿、张子祥（张熊）、张永茂、张松茂、林乐琴、郑初山、金绍斋、周子善、周小松、周友松、周达和、松斋氏、罗子云、罗仲林、罗旸谷、罗宿氏、罗联壁、陈子常、宝文、洪义顺、郭筱城、胡经生、胡炎、胡郁、胡英章、胡荣发、胡俊卿、胡瀚臣、胡瀚章、敖少泉、袁义兴、袁恒兴、凌云、徐义丰、徐玉书、徐子祥、徐焕文、徐启明、徐仰照、复泰、高心田、高恒生、唐子桢、唐基桐、贾金清、黄小山、黄士陵、黄铭光、章月美、梁肯堂、夏子贤、程士芬、程玉庭（钟山）、程英、程金水、程盈、程素年、程浩如、程继如（彭年）、梅峰樵、梅春茂、锦川、谭寅阶、雷光亭、雷桂泉、潘福泰、潘植南、潘匐宇、顾海林、詹尧臣、蒋玉卿（锡臣）、蒋润之、颜筱云、焦佩兰、慕唐、魏子珍等，这些都是浅绛彩瓷收藏者所耳熟能详的知名瓷画家、瓷画师或名人。

有些作者虽名不见经传，但若器型特别且画工书艺俱佳并具很高或较高观赏价值和艺术品位者，也许他就是“被历史遗忘或失传”的大家名家的“隐身”。对于这类作品，也要格外加以关注，并发掘其深藏不知的价值。

（2）创烧期、成熟期及高峰期作品

浅绛彩瓷是对中国书画入陶瓷的传承、发扬和光大到一定历史时期的产物。

它创烧于清早期的康雍乾年间。现已发现雍正朝浅绛彩官器（藏于北京故宫博物院）和现存于广州市文物总店的雍正朝押花款浅绛彩山水人物纹暗花花口盘，以及乾隆朝浅绛彩高士人物诗文大碗一对（出现于2019年6月7日中贸圣佳“中国古陶瓷与古器物艺术品专场”上），即属于创烧期的作品。今后若能继续发现该时期或更早的浅绛彩瓷实物，将会进一步丰富该时期浅绛彩瓷藏品，并将继续填补其学术研究的空白。

至于浅绛彩瓷成长期（嘉庆道光年间）、成熟期（咸丰年间）和高峰期（同治光绪年间），如本书入编的有确切干支纪年款（咸丰十一年，1861年）的张熊（子祥）浅绛彩深山云暮图帽筒一对及底部为同治官款的佚名浅绛彩花鸟诗文水盂一套（6件）等，即分别属于成熟期和高峰期的作品。由于本时期名家迭出，高手林立，特别是同治和光绪早期浅绛彩瓷画家或画师往往都会出于文化上的共鸣，艺术上的追求，聩赠上的需要，而不惜工本，精心创作，很少会去考虑经济和个人名誉上的得失（早期浅绛彩瓷多不署名可能也有这方面的原因），只是到了后来因社会动乱、生活所迫，才不得不用作谋生手段，以养家糊口。故越往后，社会越动荡，经济利益上的追逐越甚，其文化艺术的水准就越低。正是由于成熟期和高峰期名家迭出，精品纷呈，故其收藏的潜力、空间以及研究、观赏和经济诸方面的价值相对都会比较高。

（3）用于馈赠并书有双款的礼品瓷

凡用于馈赠（特别是既署有作者和受赠人名款，又署有干支纪年款和年代款或地名款，即双款）的礼品瓷，多为专门订造或请名家名人特绘的精品之作，且按旧俗一般馈赠之礼品仅备一份，以显其珍，故有双款的礼品瓷通常可视作孤特品，弥足珍贵。如本书入编的李崇昭于同治甲戌十三年（1874年）创作的浅绛彩仕女纹僧帽式壶，即为一件十分难得的有具体赠予人和受赠人名字，以及有确切同治纪年款的早期浅绛彩瓷仕女纹精品之作，堪称孤特品，且品相完好，极具历史、文化、艺术、研究、观赏收藏和投资价值。

（4）传家（纪念）瓷和文物瓷

凡书有“宜子孙”“宜王侯”“子孙宝用”“子孙永作宝用”等用作传家警示之瓷品，俗称传家（纪念）瓷，一般乃经济殷实人家花重金或其他经济状况尚好人家花大力，请人精心打造和绘制，以给后人留下美好的念想，所以，传家（纪念）瓷具有很特殊的纪念意义，很稀少，也很珍贵。如本书入编的高恒生浅绛彩人物纹六棱琵琶尊一对，其器身上书有“吉祥子孙永用万年宝鼎伯作”等字样，即为高氏创作用以赆赠其侄并嘱子孙永作宝用的传家（纪念）瓷之精品力作，具有极高的工艺美术和文化艺术双重价值以及观赏、研究、收藏和投资价值。

高恒生　浅绛彩人物纹六棱琵琶尊一对　民国

此外，有故事、有事件、有名人题材的瓷品，特别是承载某一重大历史事件和重要人物活动的瓷品则具有重要的历史文物价值和现实教育意义。如本书入编的罗子云浅绛彩山川共秀图执壶，壶底留有“振兴国货，同胞猛醒”八字醒目的题款，承载了那段抵制日货、不忘国耻的刻骨铭心的历史记忆，是对今人进行爱国主义教育的好教材；又如吴子彬浅绛彩山水纹梨形执壶，壶身有“最后胜利”的题款，落款时间“民国三十五年（1946年）十月二十二日”，亦无不透露出抗战胜利这一重大历史事件的特殊含义和鲜明的时代印记，都具有很高或较高的历史文物价值，也是颇值得收藏的。

（5）民国时期有收藏潜质的作品

民国中后期，浅绛彩瓷总体上是处于“走下坡路”阶段。但并不等于所有作品都“江河日下”，都“一文不值”。其间仍不乏出现一些新人新作，特别是“长江后浪推前浪”的后起之秀的优秀作品，如前已述的“汪门两支笔”（即何明谷、钱仙槎）、“民初四大家”（即何明谷、钱仙槎、马庆云、周筱松）、“珠山八友”（实际不止8人，不同时期经常参加活动的有徐仲南、邓碧珊、何许人、王琦、汪野亭、毕伯涛、王大凡、田鹤仙、程意亭、刘雨岑等）、“珠山小八友”（通常指汪小亭、王晓帆、石宇初、陆云山、邓碧荪、魏镛生、徐天梅、李明亮），他们当中有不少人创作期延伸至民国中后期甚至中华人民共和国成立后，有的本身就是那个时期颇负盛名的瓷画家。还有前已述及本时期那些有身份、有地位、有文化之官宦和富贵人家所定制的作为传家之用的陈设瓷和作为馈赠之用的礼品瓷，亦无不兼备工艺美术和文化艺术双重价值，也是颇值得收藏和投资的。相信，对于这个时期有潜质的浅绛彩瓷作品，只要悉心寻觅，先人捷足，是一定能捡到漏，甚至是捡到大漏。

（6）特殊的残缺品

在当今真品难求、赝品泛滥的浅绛彩瓷流通市场，已逐渐流传开了“宁收精残，不藏赝全”的说法，这不是没有缘由的。

抚今追昔，古玩行曾遗留一个老观念，什么“瓷器毛了边，不值半文钱”，加上一些所谓的文玩“专家”的推波助澜，误导收藏界“有毛病的古瓷价格不到其完整器的十分之一”，以致在相当部分藏友中诱发了对古瓷“有病即弃，有残即废”的收藏诟病。这是文物和古玩收藏中的一种无知和悲哀！

我们对于文物古玩残器收藏，也应坚持“两分法”，不能以偏概全，抓住“残缺”，不及其余，胡乱估价，随便拍板。殊不知，每件古玩都是千差万别的，不能“有病即弃，有残即废”。请问断了胳膊“不完美”的维纳斯女神塑像应该作何估价？难道这尊有“残缺”的女神塑像就不是世界瑰宝了吗？难道其价值能用金钱来衡量吗？再请问当年从炉火中抢救出来的元代黄公望名作《富春山居图》，经过修复，“一分为二”，现分别珍藏于祖国大陆其前半段《剩山图》和宝岛台湾有关博物馆的后半段《无用师卷》，它们是两件残缺经修复的古画，对其又该作何估价呢？难道它们就不是中华国宝了吗？难道其价值能用“十分之一”的尺码来衡量和估算吗？“残缺”的国宝，也是国宝、无价之宝，是难以估价的。雕像如此，纸绢书画如此，瓷本书画亦应如此，浅绛彩瓷及其瓷画更应如此。残缺和修复不是障碍，不能成为拒收有残缺或经修复的浅绛彩瓷珍品或罕器的理由，更不能把它当作普通老瓷器的残件来估价，而武断地认定其不值钱或不值几个钱了！一切应以市场为准绳，以珍稀为依归。据报道，2014年9月，在国际古玩拍卖场上有一只残缺的清乾隆釉彩大瓶，“身上多处有小修，表面磨损和划痕严重，尤其还少了一只耳朵”，最后竟拍出了约合1.52亿元的高价。这即对“瓷器毛了边，不值半文钱”“有毛病的古瓷价格不到其完整器的十分之一”“有病即弃，有残即废”等古玩歪论的一记响亮的耳光！

再换个角度来思考，首先，残缺的古玩也还是有它的收藏价值和理由的，尤其是浅绛彩瓷。因浅绛彩瓷与其他瓷器的收藏还是有所区别的。一般来说，因为高中端浅绛彩瓷均具有较高（有些甚至很高）的工艺美术和文化艺术的双重价值，其器物残缺了，即工艺美术价值缺失了或受到了影响，但只要其画面完整，不影响整幅瓷画，特别是不影响瓷器上文人书画的观赏效果，亦即其文化艺术价值还在，最核心本质的东西犹存（对于留存名家名人作品的残缺器物更是如此），应该说，这类残缺品比较特别，虽残犹贵，虽缺亦珍，它不仅具有较高的学术研究价值，而且也具有不容小觑的收藏和投资价值。

其次，瓷器易碎，浅绛彩瓷又是实用器，久经使用，其磕磕碰碰、跌跌撞撞的事难免时有发生，故能流传至今而品相还能保存完好的，毕竟是少之又少。“盛世兴收藏”，如今收藏队伍不断扩大，逐年骤增，而古玩是不能再生，被收藏了一件，市场流通就少了一件（而且一旦被“收而藏之”，一般三五年内很难再“重出江湖”）。真品少了，残器又不屑一顾，所以，有些藏友也许出于“无奈”，不得不委身于“赝全”的怀抱（这恐怕也是“催生”“国宝帮”的客观原因之一吧）。其结果，既坏了市场，又污了藏风，更损了个人。这是当前收藏界的一种怪病。须知，再完美的赝品毕竟是赝品，再残缺的真品毕竟还是真品。买一百件“完美”的赝品，倒不如买一件有残缺的真品（因为它毕竟是真东西，是货真价实的古玩），更何况残缺中还分精残和普残，当然是精残、稀残和孤残的好。

因此，对于那些虽有残缺或经修补的器物，若属于名家名人之作或虽不是名家名人但其画工精美、作品文化艺术品位较高、存世量稀少并具一定或较高收藏价值的残缺品，只要价钱合适，也要毫不犹豫地收入囊中。

综上所述，要打开浅绛彩瓷宝库，须记住“1—8—10—5—12”的密码。为了强化记忆，作者复将此密码译成浅绛彩瓷收藏与投资的“16句真言”，兹奉上：

悉概念，知灼见；扫盲点，莫踩线；
打假货，识甄鉴；懂价值，重实践；
持密码，细体验；收藏路，曙光现；
凡投资，有风险；同志哥，须慎践！

藏品分目录及其细目

一、难得一见的孤特品

浅绛彩诗文花鸟纹水盂（六件套）

作者　佚名

年代　同治

尺寸　单盂口径4.8厘米　高6.3厘米

点评

1. 此套水盂为六件组合，造型古朴，方正典雅。

2. 水盂两面绘写意花鸟小品，另两面为配画诗文。画工高超雅致，精妙绝伦；书法苍劲有力，俊秀隽永。

3. 创作于同治年间，是十分难得的浅绛彩诗文花鸟纹瓷画优秀作品（应为大家或名家之作），全套共24幅精美的花鸟小品，相当于一套精美的纸绢本小册页，属文人瓷画中稀罕之珍品。

4. 瓷质玉白，保存完好，极具观赏、研究、收藏和投资价值（参阅：在古玩艺术品拍卖场上，一套精美的名家纸绢本小册页动辄几十万、几百万甚至上千万元）。

浅绛彩仕女纹僧帽式提壶

作者 李崇昭

年代 同治十三年（甲戌年，1874年）

尺寸 口径6厘米 底径10.6厘米 高11.1厘米

点评

1. 李崇昭，早期浅绛彩瓷画名家，传世作品极罕。

2. 此壶仕女图采用浅绛与粉彩相结合的手法，工写相兼，并配以金彩和进口蓝料绘制。画工精湛，书法遒劲，画面靓丽，人物传神。

3. 这是一件十分难得的具有明确赠予人和受赠人名款，以及同治纪年款的早期浅绛彩瓷仕女纹精品之作，堪称孤特品。

4. 品相完好，极具历史、文化、艺术、研究、观赏、收藏和投资价值。

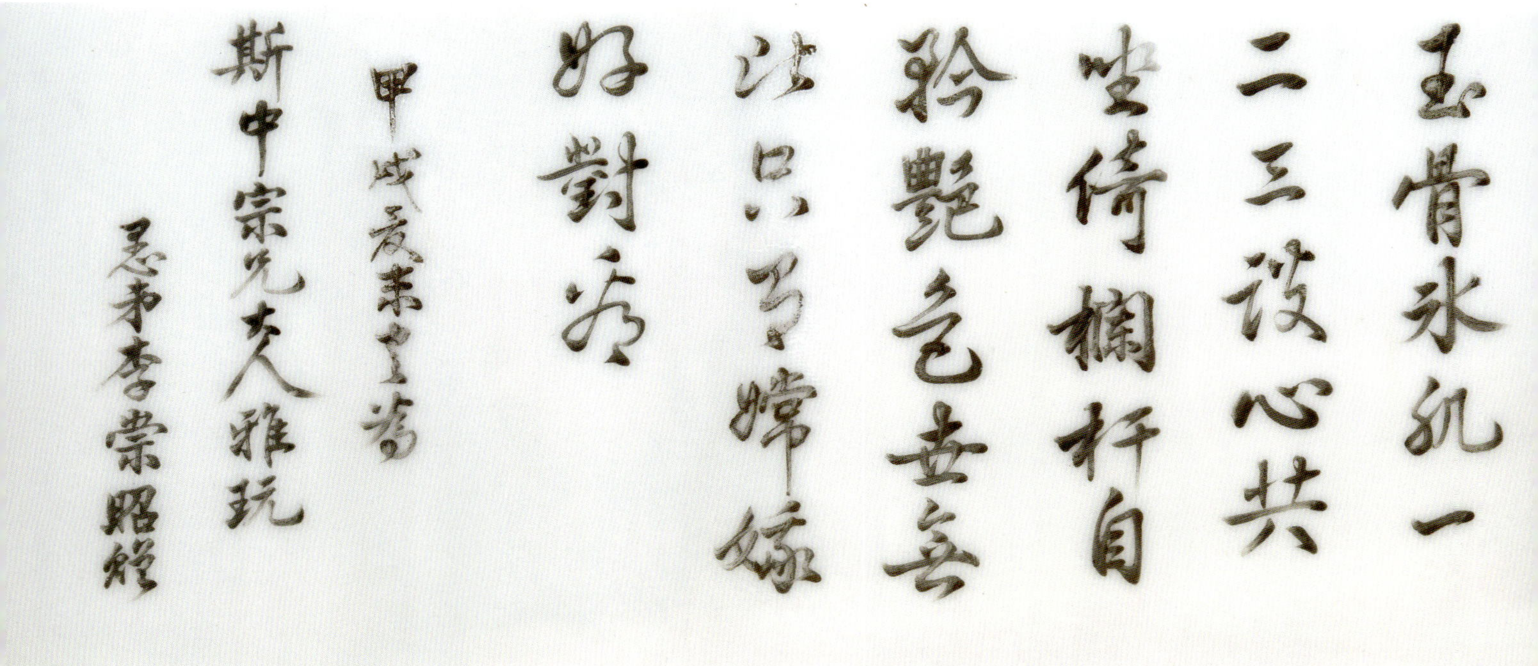
玉骨冰肌一
二三設心共
斯中宗兄大人雅玩

浅绛彩山水人物花鸟纹笔斗

作者　程门

年代　同治至光绪早期

尺寸　口径11.5厘米　高15.2厘米

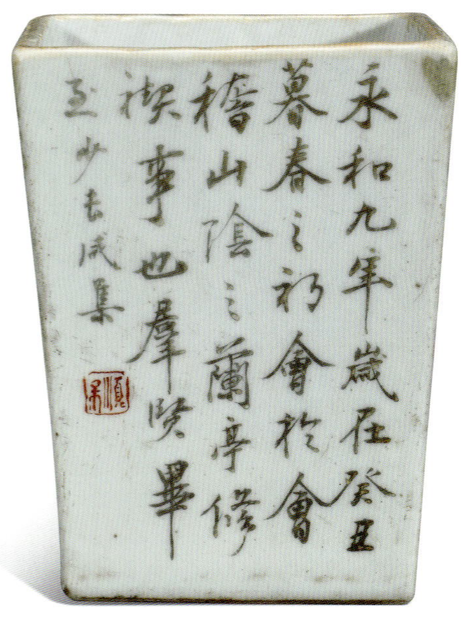

点评

1. 程门（1822－1908年），又名增培，字松生，号雪笠、笠道人。安徽黟县人，工书擅画，凡山水、人物、花卉、鸟兽、鱼虫，无一不精。曾供职晚清景德镇御窑厂，是著名的浅绛彩瓷画家和领军人物，位列三大家之首（另两家是被誉为御窑厂两支笔的金品卿和王少维）。其作品博采唐、宋、元、明、清历代书画大家之长，他远宗宋代米芾（元章），元代黄公望（子久、大痴）、吴镇（梅花道人），近学明代唐六如（伯虎）、沈周（石田、白石翁），清代徐渭（天池）、王翚（石谷、耕烟）等，并汇聚了自己独特的艺术见解，融会贯通，创新发展，从而形成了个人独特的艺术风格。其山水画“脱尽烟火”、赋彩浅淡、浓墨醒出、苍茫道古、笔老色清、流韵四溢、意味隽永，与唐六如、徐天池相仿佛，且得黄公望山水之势、米元章山水之神韵，令人耳目一新，倍感享受。

2. 此笔斗应属程门的早期作品。器型乃属旧器旧改，可见原宝主对其珍爱有加，不忍舍弃。它两面绘画，两面书法。绘画内容为程门作品中较为鲜见且传世稀少的人物和花鸟题材。一图绘两老人树下促膝交谈，体态闲适，气骨古雅，神韵秀逸；另一图绘一鸟栖于岩上，翕翼凝望，似在思春，似唤爱侣。

3. 作者构图高妙，运笔老到，设色淡雅，皴染率性，所绘人物和鸟无不形神俱佳，意韵隽永，为程门一贯的画风和手法。书法仿“书圣”王羲之《兰亭序》（原帖共324个字），现作仅余50个字（不包括程门自题款文字），并盖有红文“仿古”印章，仿得十分到位，不仅字形酷似，书写流畅，遒劲有力，而且颇得王羲之行书之神韵，惟妙惟肖，是十分罕见的程门仿古行书之绝品。我国自古“书画同源”，书以传其意，画以传其形，故称此作品“才绝、画绝、书绝”恐不为过。

4. 极具文化品位及艺术观赏、研究、收藏和投资价值。（参阅：2016年嘉德拍出一件清雍正青花矾红断头瓶540万元，一件明宣德残得只剩下半条龙纹的支离破碎的青花瓷片亦拍出36万元。说明残器并非皆不值钱，特别是孤品、特品、精品之残器）

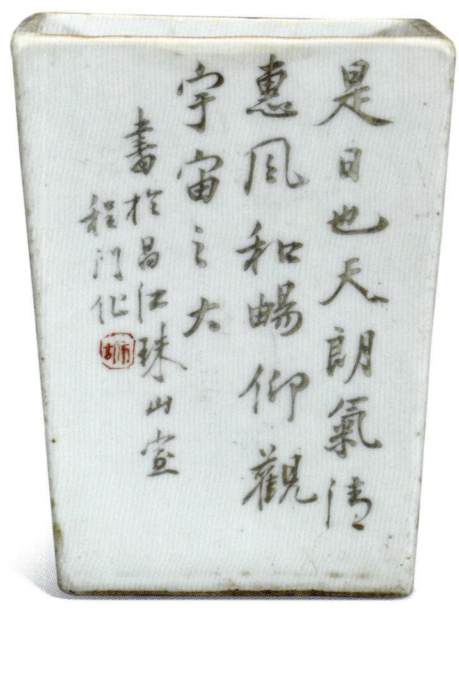

浅绛彩人物山水长卷僧帽式提壶

作者　俞子明

年代　同治

尺寸　口径6厘米　底径11.8厘米　高11厘米

点评

1. 俞子明，江西婺源（古徽州）人，字静山，号砚溪渔人、砚溪山人，室名有珠山逸致室、珠山之清林书屋、友竹山房、友竹轩等。他是晚清一位高寿多产、创作周期较长、作品丰富且具有重要影响和历史贡献的著名浅绛彩瓷画家。署款常用新安俞子明、子明及上述的号和室名。俞氏擅画山水、人物、花鸟。其山水画学明代沈周，人物画摹明代唐寅、仇英及清初康涛一路，并多取神仙题材，用笔圆润、刚劲、练达；其花鸟画更接“地气”，受民间传统绘画艺术影响较深，具有比较浓郁的民间绘画艺术特色和韵味，作品深受收藏界和市场的青睐和追捧。

2. 此壶为高端礼品瓷，书有作者及受赠人名款，所绘为浅绛彩瓷人物山水长卷，构图严谨，用笔圆润，人物生动，场面恢宏，且在画中采用他平时极其少用的馆阁体来书写题款，堪称孤特品。

3. 作品具有鲜明的早期浅绛彩瓷的时代特征及较高的历史、文化、艺术、观赏、研究、收藏和投资价值。

菊生大兄先生雅賞
俞子明製

浅绛彩历史故事人物纹僧帽式提壶

作者　谭寅阶
年代　光绪早期
尺寸　口径6.2厘米　底径11.5厘米　高10.9厘米

点评

1. 谭寅阶，本名谭启泰，字寅阶，同治至光绪年间浅绛彩瓷画名家，擅画山水、人物、花鸟，诗文及书法亦精，功力深厚，存世作品稀少，无一不精。

2. 壶上绘画采用浅绛与粉彩相结合的手法，工写兼施，画工精湛，书法遒劲，画面雅丽，人物传神，是一件十分难得的谭氏早期浅绛彩瓷画精品之作。

3. 此壶为高端礼品瓷，书有作者及受赠人名款，堪称孤特品，且品相完好，极具历史、文化、艺术、观赏、研究、收藏和投资价值。

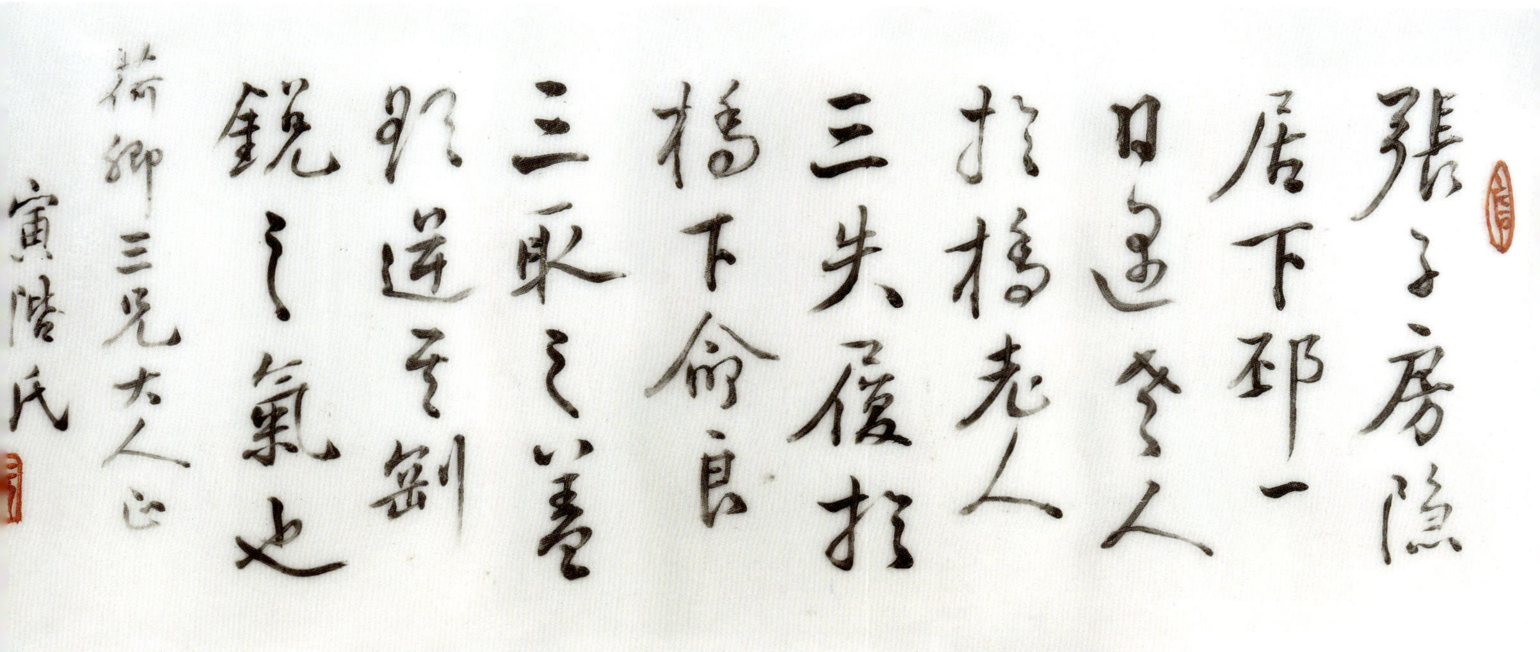

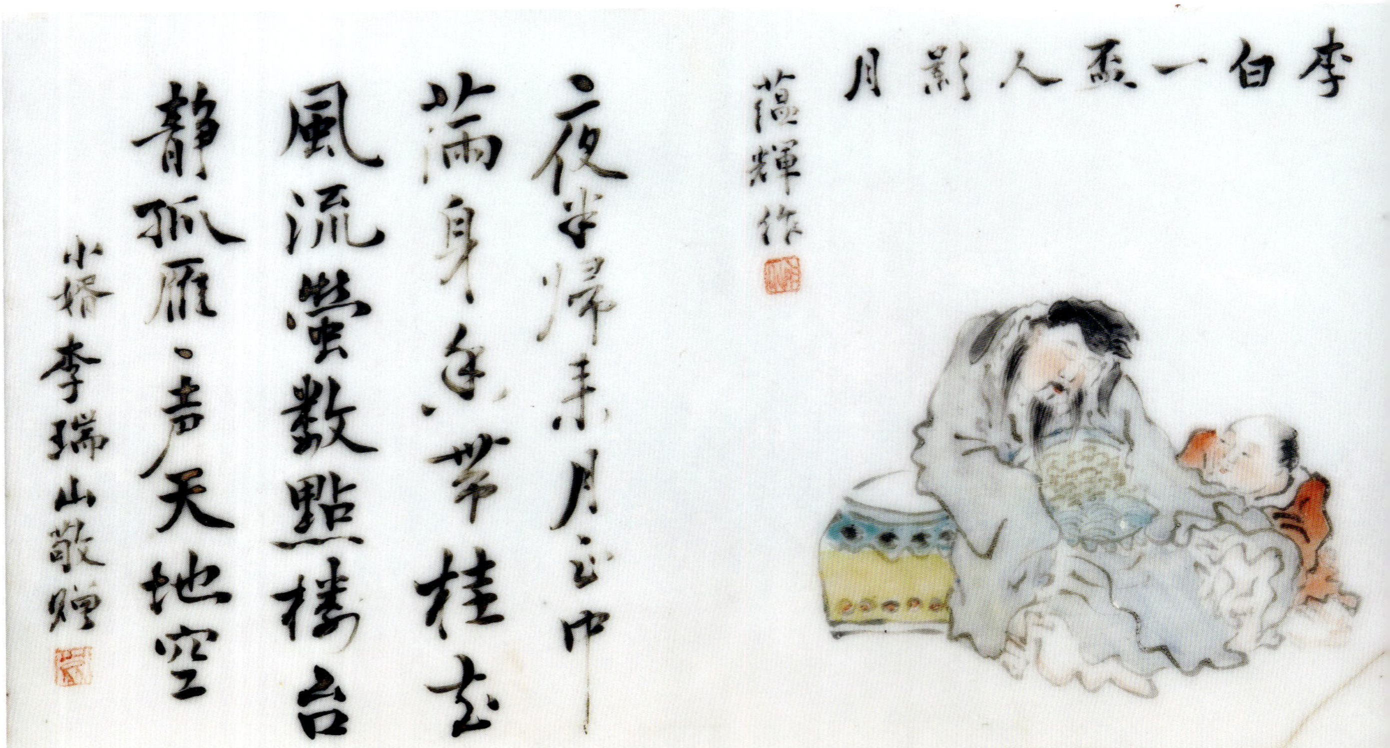

浅绛彩山水人物纹方形提梁壶

作者　李瑞山（李蕴辉）
年代　光绪四年（戊寅年，1878年）
尺寸　口径5.2厘米　高11.5厘米

点评

1. 李瑞山，名瑞山，字蕴辉，轩室号古琴斋、古琴书屋，光绪御窑厂画师及浅绛彩瓷画名家。擅画人物、山水、花鸟，尤精人物，技艺高超，画工精湛，所绘人物常用“逸笔法”，达到“传人德意”之意境。

2. 此壶为方形壶中个头之大者，左、右及后壁皆为平面，前壁（即靠壶嘴的一面）为弧形，似“泰山”（隐喻岳父）有所依，设计巧妙，意涵深刻。

3. 壶的两面绘画，另两面题识。绘画：一幅为“李白一杯人影月”，隐喻喜欢喝酒的老岳父酒量堪比李太白，太白醉酒，尚能赋诗百篇，老岳父也一定不甘示弱。另一幅为“老当益壮”，则以老梅绽新蕾赞誉老岳父身健体硕，老当益壮，所绘梅树，枝干苍挺，花开满树，生机勃勃。题诗亦紧扣主题，佳句珠联，真情实感，且书法遒劲，独具风韵。

4. 此壶虽为残器，但乃传世孤品（书有作者及受赠人名款），尤其是两幅画作，品相完好，是李氏采用其所精通而老辣的逸笔手法写就，飘逸潇洒，传人德意，其所达到的艺术高度为多少丹青高手所难以企及。

5. 作品极富观赏、研究、收藏和投资价值。（参阅：第29页有关残器拍卖记录，说明残器并非皆不值钱，特别是孤品、特品、精品之残器）

老當益壯

浅绛彩刘海戏金蟾纹龟形壶

作者　樵亭氏（王昭明）
年代　光绪九年（癸未年，1883年）
尺寸　面径（对角）8.8厘米　底径（对角）8.3厘米　高5.5厘米

点评

1. 王昭明，号樵亭、樵人、樵山人、樵亭山人，晚清浅绛彩瓷画名家、御窑厂画师及书法大家，素有“书法狂人”之称。其作品深受收藏界和市场的热捧和追逐。

2. 此壶呈六棱龟背形，以龟嘴至脖子的一段为壶流，并将龟尾夸张地做成壶把，设计奇巧，独具匠心，体现了当时手工制瓷业的最高生产力水平。

3. 壶身所绘为王昭明最喜爱和最擅长的故事题材——刘海戏金蟾。王氏无俗品，他把刘海的面孔故意“扭曲”得像猪八戒一样的丑陋。这是一种夸张、漫画式的高超的艺术表现手法，也是他超逸时人的新思维和独到的艺术审美眼光。作者实际上是在影射当时官场招权纳贿，贪腐日甚；民间见利忘义、好逸恶劳等思想不断滋长、社风日下，连刘海这样憨厚老实的平民百姓也不能独善其身。作者对此进行了有力地鞭挞和批判。人物刻画细腻，眉目传神，好一个“另类”的刘海形象。作品入木三分，寓意深刻，启人遐思，振聋发聩。给人以无穷的艺术震撼力和满满的正能量！

4. 这是壶中极品和瓷画奇珍，且品相完好，具有极高的工艺美术和文化艺术双重价值以及观赏、研究、收藏和投资价值。［参阅：在古玩艺术品拍卖场上，2015年北京东正秋拍，顾景舟1959年制作的松鼠葡萄十头套组茶具拍得8960万元，平均每把近900万元；顾景舟1948年制作的大石瓢壶单把拍得2817.5万元，其他光身壶单把成交价亦多在1000万元以上，而王昭明艺术辈分较顾景舟等人高，又是晚清御窑厂画师、浅绛彩瓷画及书法大家，他的这把壶制作工艺难度更大、要求更高（尽管瓷壶跟陶壶制作工艺的评判标准有别），且所绘乃王氏画工高超、诗文俱佳、书法精湛的人物纹瓷画精品力作，那么，对它又该作何估价呢？］

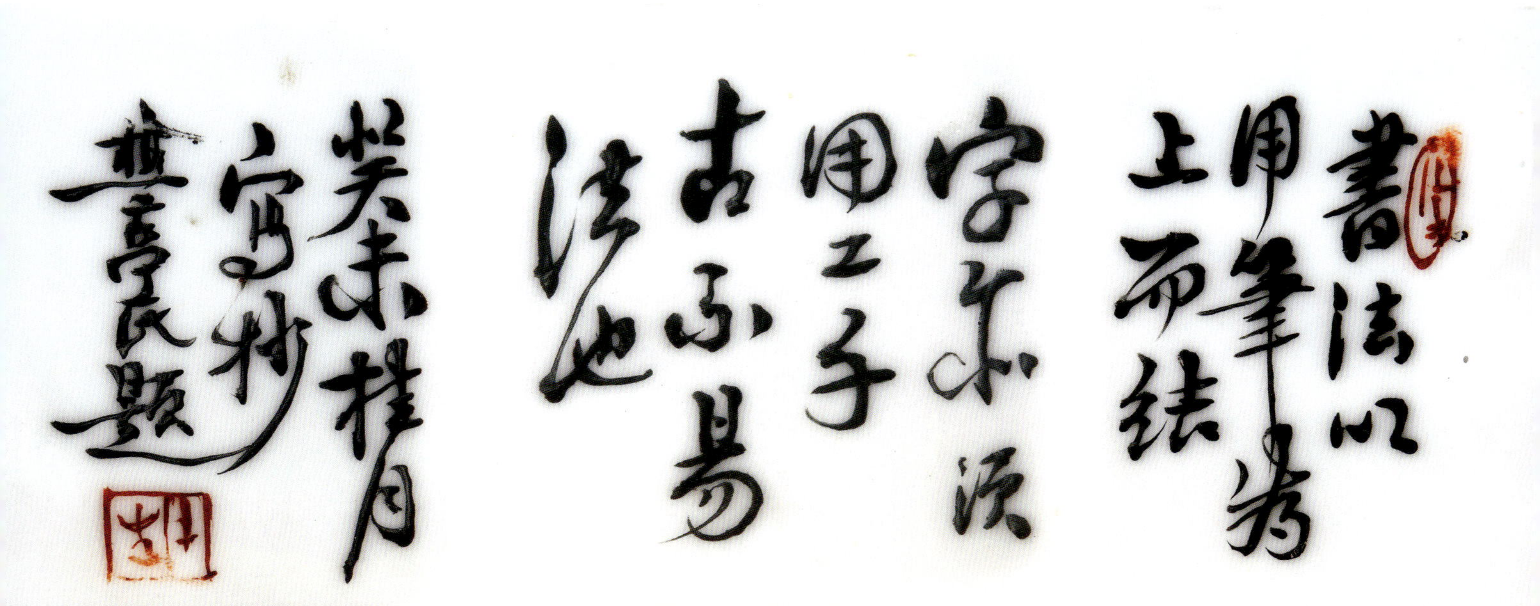

浅绛彩花鸟纹镂空帽筒

作者　许品衡
年代　光绪十一年（乙酉年，1885年）
尺寸　口径12.4厘米　高29厘米

点评

1.许品衡，光绪御窑厂著名画师，是晚清至民国初年最聚人气、最有影响力的浅绛彩瓷画大家之一，其作品曾作为宫廷用瓷藏于今南京博物院。

2.此帽筒为典型的浅绛彩文人花鸟纹瓷画，构图新颖，布局巧妙，画艺高超，精妙绝伦。尤其是那只八哥画得十分霸气，神韵四射，光彩夺目，极具艺术震撼力和感染力。

3.这是至今已发现的许氏浅绛彩文人花鸟纹瓷画中的顶尖佳作及不二神品。

4.品相完好，画面清晰，极具观赏、研究、收藏和投资价值。（参阅：在古玩艺术品拍卖场上，徐悲鸿的一匹马，齐白石的一只虾，黄胄的一头驴……动辄几十万、几百万甚至上千万元，有谁能对艺术辈分比徐、齐、黄高得多的光绪御窑厂著名画师和浅绛彩瓷画大家许品衡所画的这只“神鸟”作准确的估价呢？）

浅绛彩花鸟纹方形壶

作者　明岚（李明岚）

年代　光绪十八年（壬辰年，1892年）

尺寸　口径6厘米　高12厘米

点评

1. 明岚，本名李明岚，光绪至民国初年浅绛彩瓷画名家。

2. 这是一把为馈赠青年段祺瑞而特别设计、制作的高端礼品壶。器形别致（为方形壶，古玩行有“一方顶十圆”的说法，其价格较同级别的圆形壶要高出好几倍），制作精美，画工高超，诗书俱佳，特别是设计和创作之理念、寓意深刻，极富文人韵味和文化品位。

3. 书有作者及受赠人名款（尤其是段祺瑞名人款），是壶中极品和传世孤品，且品相完好。

4. 具有极高的工艺美术和文化艺术双重价值以及观赏、研究、收藏和投资价值。［参阅：第36页顾景舟紫砂壶拍卖记录，每把光身壶平均成交价多在1000万元以上，而李明岚艺术辈分较顾景舟等人高，又是晚清至民国初年浅绛彩瓷画名家，他这把传世无双的特型方壶的制作工艺难度更大、要求更高(尽管瓷壶跟陶壶制作工艺的评判标准有别），且所绘乃李氏画工高超、诗文俱佳、书法精湛的花鸟纹瓷画精品力作，对它又该作何估价呢？］

龍芽春煖
雀舌香濃

浅绛彩笠翁独钓图僧帽式提壶

作者　汪露明

年代　光绪十五年（己丑年，1889年）

尺寸　口径6.2厘米　底径11.7厘米　高11.2厘米

点评

1. 汪露明，光绪浅绛彩瓷画名家，工书善画，尤擅画古典人物，工写相兼，功力深厚。

2. 此壶所绘笠翁独钓图乃历史故事题材，构图巧妙，取景于船头刚刚探出岩壁的一刹那，只见笠翁稳坐船台，神情泰然，可谓出镜闪亮，别出心裁。作者用笔洒脱，施彩沉妍；人物传神，肃穆凝重。书法亦颇具功力，遒劲圆润，是一件不可多得的汪氏精品力作。

3. 这是一把高端礼品壶，品相完好，传世稀少，且书有作者及受赠人名款，堪称孤特品，极具观赏、研究、收藏和投资价值。

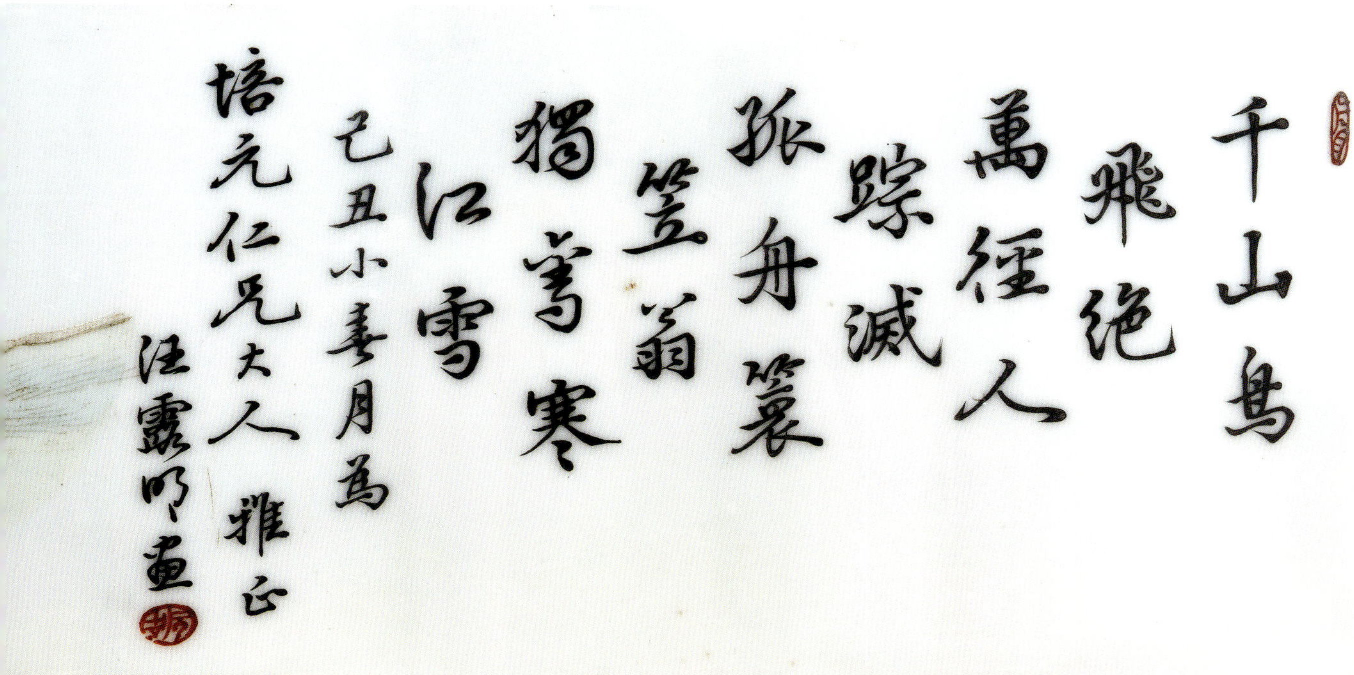
千山鳥飛絶
萬徑人蹤滅
孤舟簑笠翁
獨釣寒江雪
己丑小春月為
培元仁兄大人雅正
汪靄明畫

浅绛彩两岸青山图盖盅

作者　程门

年代　光绪十九年（癸巳年，1893年）

尺寸　口径12.5厘米　底径8.5厘米　高15.4厘米

点评

1. 程门，作者简介见29页。

2. 此盅较常见的盖盅体形稍大，端庄典雅。所绘为浅绛彩两岸青山图，是程门传世作品中最大宗，也是其艺术成就最突出的山水瓷画品种。画中酒肆内、河滩上，几位宾客在聚会，酒保忙里忙外。一叶渔舟飞速靠岸，也许是应约赶来送刚捕捞的河鲜好下酒。整个画作充满了水乡山庄浓郁的生活气息。作者以草绿、石绿为主色绘近景、中景，以花青和赭石渲染远山，并以浅赭红轻点宾客和酒保的衣裳，凸显了“万绿丛中‘几’点红”，使画面顿时增添了生气、灵动和活力。表现了作者追求宁静、闲逸、和谐、美好的人生理想。这是程门特有和常用的绘画手法之一，再加上配诗的烘托，给人以无穷的遐思和美的艺术享受。

3. 此盅器较大，品相完好，传世稀少，具有很高的观赏、研究、收藏和投资价值。

官窑
内造

浅绛彩春烟半壁图高足锅

作者　汪友棠

年代　光绪 三十一年（乙巳年，1905年）

尺寸　口径13.4厘米　足径7.7厘米　高16.5厘米

点评

1. 汪友棠，又名汪棣，安徽黟县碧山人，斋号修竹山房、修竹轩。落款常用汪友棠、汪棣、柳村氏等，其早期作品曾用汪有棠(已发现多件)，是晚清至民国初年最为著名的浅绛彩瓷画名家之一，影响之大，超逸时人。他乃程门高足，作品既传承了程门之遗风，在画法上又自成一格，且画路宽广，无论山水、人物、花卉、鸟兽、鱼虫画及书法行草隶篆无一不能，样样精通。

2. 汪友棠这幅“春烟半壁图”与其以往的山水瓷画有三点明显不同：(1)此画是拟宋代“二米”（即米芾、米友仁父子）水墨点染法，即以卧笔横点成块面的“落茄法”，表现春天半壁山川烟雨迷茫、云雾幻变的妙趣，既有“二米”的遗韵——自然天趣，又有自已的风骨——华润浑厚，故题名“春烟半壁米家山”。（2）此画是汪氏精心绘制、用于“敬赠峰青夫子大人雅品”，故无论其瓷材、颜料选择及画工、书法，无不发挥到极致，堪称极品。据查，峰青即江峰青（约1860－1933年），字湘岚，号襄楠，晚年改号息庐老人。他出身进士，当过县令，为官开明，广行义举，还曾主持重修县志，且能诗善画，公务之暇，常与文人墨客吟诗作画，有“硕学通儒”之称，是“婺源名人”。汪友棠尊他“夫子”（老师），既是尊称，亦符其身份。（3）汪友棠在此画中还极其罕见地以“筱堂”之名落款。藏界有不少人知道，“筱园”是程门晚期创作活动中常用的笔名，而作为程门高足的汪友棠采用“筱堂”为笔名既通于常理，亦不违尊师之道。且此作品可为深入研究“筱园”文化及程、汪师徒关系提供宝贵的参考资料和实物依据。

3. 这是汪友棠极少直接采用的拟“二米”手法所创作的浅绛彩春烟半壁图高足锅，锅型精致，画工精妙，保存完好，且书有作者（罕以“筱堂”为笔名）及受赠人名属于双款署名，堪称孤特品，具有极高的观赏、研究、收藏和投资价值。

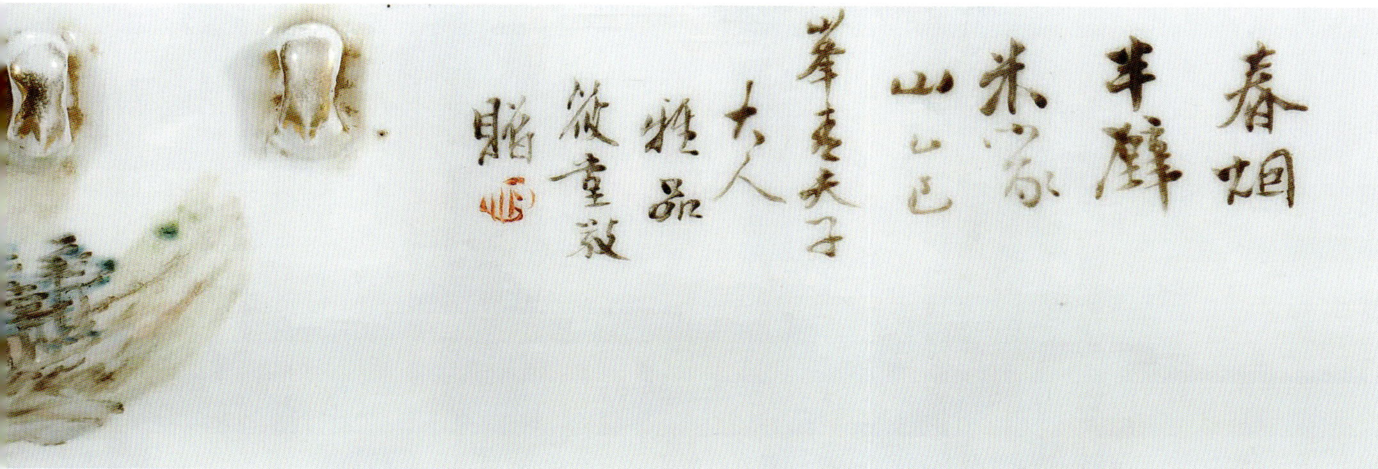

浅绛彩人物纹七孔笔插

作者　汪友棠

年代　光绪

尺寸　长18厘米　宽9.7厘米　高16.4厘米

点评

1. 汪友棠，作者简介见46页。

2. 此笔插属文房类用品，呈“山”字形，共开七孔以放置笔，器形特别，精致典雅。正面绘婴戏纹长卷、仕女及花卉图；两侧绘花鸟、鸣蝉图，画工精湛，栩栩如生。

3. 它亦属高端礼品瓷，传世稀少。所画品类齐全，题材广泛，可谓集汪氏创作之大全，画面清晰，保存完好，且书有作者及受赠人名款，堪称孤特品，具有较高的观赏、研究、收藏和投资价值。

浅绛彩双燕图六方形镂空帽筒

作者　汪友棠

年代　光绪二十六年（庚子年，1900年）

尺寸　口径（对角）13.5厘米　高27.5厘米

点评

1. 汪友棠，作者简介见46页。

2. 此帽筒器形美观，呈六方形，瓷质玉白，釉面脂润；器身开六孔，错落有致；口沿及孔沿分别施酱色釉和金彩。六面皆绘画，为浅绛彩文人写意花鸟——双燕图之长卷。展开画卷，满目春色，桃花灼灼，柳丝拂拂，真是桃红柳绿，相映成趣，双燕翻飞，一派生机。作者以巧妙的构图，娴熟的技法，在带有6个孔洞和6条棱线的瓷面上，勾皴点染，运笔自如，描绘出了一幅清新养眼、充满动感、寓意深刻的双燕图。“桃红春雨后，双燕飞来时”，寄托了作者对人生理想的热切期盼、不懈追求和美好祝福。

3. 这是一件精心绘制、寓意吉祥、独一无二的高端礼品瓷，品相完好，器画俱佳，且书有作者及受赠人名款，堪称孤特品，极具观赏、研究、收藏和投资价值。

浅绛彩花鸟纹钟形提壶

作者　胡俊卿

年代　光绪十一年（乙酉年，1885年）

尺寸　口径4.2厘米　底径11.6厘米　高13厘米

点评

1. 胡俊卿，光绪早期、中期浅绛彩瓷画名家，与柳村氏（汪友棠）交往甚密。其文化底蕴和艺术功力深厚，能诗善画，书法亦佳。

2. 此壶为胡俊卿赠送柳村氏（汪友棠）之高端礼品壶，说明两人过从密切，交情甚笃，为研究汪友棠社交关系的重要物证。胡俊卿创作这把壶，应该也是颇费了一番功夫，把自己的画艺和书技发挥到了极致，连所绘八哥鸟和所题文字也是深含其意，耐人寻味！

3. 书有作者和受赠人名款，堪称孤特品，传世仅见，极其珍贵，具有较高的观赏、研究和收藏价值。

浅绛彩花鸟纹壁瓶（花器）

作者　张子英

年代　光绪九年（癸未年，1883年）

尺寸　口径11.3厘米　底径7.2厘米　高28.5厘米

点评

1. 张子英，名云，堂名炳星山房，斋名梯云书屋。光绪御窑厂画师，王少维弟子。晚清至民国初年著名浅绛彩瓷画家。擅画山水、人物，尤精花鸟画，并以绘富贵白头图案的作品居多，画风豪放，自成一格。其花鸟作品曾作为官窑瓷器，现收藏于南京博物院。

2. 该壁瓶乃文房花器，瓷质洁白细腻，构图疏朗得体，设色清丽淡雅。外瓶面用三道描金弦纹将瓶分成三个部分。上、下两端以红色鼓钉，蓝彩勾莲为饰，使整件器物显得特别贵气。当中为主图：一树红花烂漫，两鸟相映成趣，如歌、如诗、如舞，形神跃然“瓷”上，颇有清代大家华秋岳（华喦）之遗风，足见作者“功力雄厚，技法精湛，画意高妙，自成风貌”。

3. 它亦为高端礼品瓷，品相完好，形制特别，器画俱佳，且书有作者及受赠人名款，堪称孤特品，具有较高的观赏、研究、收藏和投资价值。

浅绛彩山水人物纹帽筒一对

作者　周子善

年代　光绪十四年（戊子年，1888年）

尺寸　口径12.8厘米　高29.5厘米

点评

1. 周子善，名鼎，字子善。晚清御窑厂画师、浅绛彩瓷画名家，兼工山水画、人物画、花鸟画，尤擅山水画。其山水画简洁空灵，学的是清代大家石涛（瞎尊者）一路，作品有较高的市场认知度。

2. 此对帽筒胎细釉润，画工精湛。画中山峦起伏，湖水环绕；老树纷披，亭舍错落；渔舟轻渡，游客闲适；画意悠深，启人遐思。整个画作称“气骨古雅，神韵秀逸，使笔无痕，用墨精彩，布局变化，设色高华是也！”

3. 它亦为高端礼品瓷，品相完好，成双成对，且书有作者及受赠人名款，堪称孤特品，具有较高的观赏、研究、收藏和投资价值。

浅绛彩二老观泉图圆形瓷板

作者　朱少泉

年代　光绪十四年（戊子年，1888年）

尺寸　直径26厘米

点评

1. 朱少泉，晚清浅绛彩瓷画名家，兼工山水画、人物画、花鸟画。山水画、人物画仿元代黄公望（子久、大痴）之笔法，花鸟画效清代新罗山人华秋岳（华嵒）一路。其作品具有较高的观赏和收藏价值。

2. 该瓷板构图饱满，视点突出，画风写意，技法精湛，围绕着以观泉的二老为视点，作者对画中的山地岩石以干笔勾皴，湿笔点苔，轻重有别，浓淡相宜，凸显了山势的立体效果；树叶花卉用重笔浓彩点染，苍润秀雅，其凹凸和厚重感，触手可及。最玄妙之处是，二老观泉，泉在何处？作者巧妙地在山地岩石之间留出一处空白，略加渲染。是泉非泉，让人想象，自作判断。这也许就是艺术的含蓄与魅力吧！

3. 为光绪时期典型的浅绛彩瓷画作品，与纸绢上写意山水人物画并无二致，且书有作者及受赠人名款，堪称孤特品，具有较高的观赏、研究、收藏和投资价值。

浅绛彩山水人物纹梯形壶

作者　慕唐

年代　光绪十七年（辛卯年，1891年）

尺寸　口径4.4厘米×3.8厘米　底径10.2厘米×6.5厘米　高10.2厘米

点评

1. 慕唐，晚清浅绛彩瓷画名家，擅画山水、人物，书法亦佳，传世作品较为鲜见。

2. 此梯形壶（又称秦权壶）两面绘画，两面题款。其中山水画，构图严谨，逸笔草草，用笔老辣，颇有大家风范；人物画，雅士形象高古，儒雅淳厚，一副与世无争的神态，作者刻画细致，入木三分，人物形象生动而传神。

3. 为高端礼品壶，器形特别，保存尚好，且书有作者及受赠人名款，堪称孤特品，具有较高的工艺美术和文化艺术双重价值，以及观赏、研究、收藏和投资价值。

浅绛彩山水人物纹瓜棱形提壶

作者　吉轩
年代　光绪十五年（己丑年，1889年）
尺寸　口径5.6厘米　底径8.8厘米　高10.8厘米

点评

1. 吉轩，光绪中期、晚期浅绛彩瓷画家，擅画山水、花鸟，书法亦佳。

2. 这是一把用以馈赠亲朋的高端礼品壶，呈瓜棱形，美观典雅，瓷质脂润。所绘山水人物图，带有典型的水墨画法向浅绛画法过渡的踪影，花卉皴点，柳枝圈勾，画风写意，用笔老辣，皴染自如，率性而为。整个画面显得清新淡雅，幽远空灵，其书法亦遒劲有力。

3. 书有作者与受赠人名款，堪称孤特品，具有较高的观赏、研究和收藏价值。

浅绛彩修竹图蟋蟀缸

作者　佚名
年代　民国
尺寸　口径12.2厘米　　高11.5厘米

点评

1. 此缸器形敦厚，美观大方，缸内无釉，质地粗松，似原生态土质，以营造蟋蟀生活的宜居环境。

2. 缸身与盖采用浅绛画风和没骨手法（山石土坡则以浅绛赭石为基色）绘山石修竹图，构图疏朗，运笔老辣。

3. 整缸造型和绘画可谓奇思巧作，独运匠心，就连内胆供蟋蟀栖息的“小屋”，亦画绿竹、兰草以装饰，蟋蟀俨然就生活在充满大自然气息的优美而幽静的竹林草莽之洞穴中。

4. 从工艺美术和文化艺术的角度考量，颇具创新性及其稀缺性，堪称孤特品，且品相完好，具有较高的观赏、研究、收藏和投资价值。

浅绛彩山水人物纹水盂

作者　友梅氏

年代　光绪二十八年（壬寅年，1902年）

尺寸　长9.7厘米　宽6.2厘米　高7.4厘米

点评

1. 友梅氏，即李友梅，号小轩，别称小轩山房，落款常用小轩、友梅氏、香亭氏，晚清浅绛彩瓷画名家，光绪御窑厂画师，擅画山水、人物、花鸟，传世作品不多见，但无一不精。其作品市场认知度相当之高。据民国黄裔《瓷史》记载：“同（治）光（绪）之际，以程雪笠（门）者为最胜，次则有落小轩作款者，不知姓氏，亦卓尔不凡。”可见小轩系与程门系同时代且齐名的浅绛彩瓷画大家。李友梅可能即此“小轩”（待进一步考证）。

2. 此水盂器形古拙，大方高雅。一面绘山水，远山近景，层次分明，色彩清雅，浓淡相宜；另一面绘人物，一边品茗，一边赏景，神态自若，十分惬意；还有两面是书法，下笔有神，遒劲流畅。

3. 这是一件具有较高文化品位和文人气韵及馈赠亲朋好友的上乘礼品瓷，书有作者和受赠人名款，堪称孤特品，具有较高的观赏、研究和收藏价值。

浅绛彩人物纹六棱琵琶尊一对

作者　高恒生

年代　民国十三年（甲子年，1924年）

尺寸　口径10.8厘米×7.2厘米　底径12.8厘米×9.2厘米　高32厘米

点评

1. 高恒生，号恒生义，名款高恒生、少卿高恒生，光绪至民国浅绛彩瓷画名家。工山水画、人物画、花鸟画，无一不精，书法亦佳，尤擅渔家乐、农家乐题材，所绘人物开脸特别，俗称“猪腰子脸”，生动而传神，富有浓郁的生活气息。

2. 此对尊形制特别，器呈六方形，形如琵琶，制作精良，高贵端庄。

3. 每尊各绘两组教子、婴戏和文房清供题材的文人瓷画。所绘人物无论男女长幼，刻画精准，线条流畅，神态逼真，栩栩如生；所绘清供、雏鹅、花卉各物，比例适中，造型美观；诗文与画面亦配合默契，相得益彰；书法练达，遒劲隽美。

4. 这是高氏创作用以赙赠其侄并嘱子孙永作宝用之精品力作（俗名传家瓷），堪称孤特品，且品相完好，弥足珍贵，具有极高的工艺美术和文化艺术双重价值，以及观赏、研究、收藏和投资价值。

二、吸人眼球的异型器

浅绛彩山水花鸟纹梯形壶

作者　程门

年代　同治

尺寸　口径3.8厘米×4.6厘米

底径6.9厘米×11.9厘米　高11厘米

点评

1. 程门，作者简介见29页。

2. 此壶器形特别，呈梯形状，壶两侧面之外沿开有“门”形凹槽，至为美观，上绘精妙绝伦的山水图和八哥图各一幅。山水图尺牍虽小，却容下了天地之大。只见远山近水，层林尽染，一轮红日高照，几幢水榭掩映在蓊郁的树荫丛中，一叶扁舟穿行于静谧的河流之上，河畔还有序地泊着多艘小船，整装待发。整个画面充满了水乡山庄浓郁的生活气息。作者以草绿、石绿为主色绘近景、中景，以花青、赭石渲染远山和红日，并以浅赭红轻点游客和渔夫的衣裳，凸显了“万绿丛中‘几’点红”，使画面顿时增添了生气、灵动和活力。表现了作者追求宁静、闲逸、和谐、美好的人生理想。这是程门一贯的画风和特有的娴熟、老到的绘画技法特征之一，给人以无穷的遐思和美的艺术享受。八哥图，则是程门绘画生涯中所较少涉猎的题材，极为珍罕。画作构图高妙，视点突出，运笔老到，赋彩浅淡，浓墨醒出，苍茫道古，笔老色清，流韵四溢，所绘八哥，一只英姿雄立，仰天高歌；一只匍匐肢体，随机应唱，无不形神俱佳，意韵隽永。配诗亦绝：“八百哥儿舌最巧，一年一度唤春归。”为不可多见的程门花鸟纹精品佳作。

3. 程门画花鸟题材的浅绛彩瓷画作品少之又少，而画山水花鸟题材的壶器更为罕见，此壶耳把及盖纽虽以玉料旧修旧改，却别有一番风韵和雅趣，且两幅画面均完好无损，画艺精妙，具有极高的观赏、研究、收藏和投资价值。

浅绛彩人物山水花鸟纹梯形壶

作者　俞子明

年代　光绪

尺寸　口径3.5厘米×3厘米　底径9.1厘米×5.2厘米　高10.5厘米

点评

1. 俞子明，作者简介见30页。

2. 此壶器形特别，呈梯形状，正面和背面分别绘人物纹和花鸟纹瓷画，壶器和画工保存尚好。

3. 具有较高的工艺美术和文化艺术双重价值，以及观赏、研究、收藏和投资价值。

绿地浅绛墨彩（复合型）山水人物花鸟纹梯形壶

作者　柳村氏（汪友棠）

年代　光绪二十年（甲午年，1894年）

尺寸　口径4.5厘米×3.5厘米　底径11厘米×6.5厘米　高11厘米

点评

1. 汪友棠，作者简介见46页。

2. 此壶以绿釉为地，砂底，盖后配，器呈梯形。一面画山水人物，一面画花鸟，另两面题写款识。此绘画手法中带有鲜明的墨彩风骨，应为汪氏早期作品，极其少见，弥足珍贵。

3. 壶器和画面保存尚好，具有较高的工艺美术和文化艺术双重价值，以及观赏、研究、收藏和投资价值。

浅绛彩山水花鸟纹半月瓦当形壶

作者　许达生
年代　光绪二十一年（乙未年，1895年）
尺寸　口径4.4厘米×3.1厘米　底径12.6厘米×6厘米　高7.4厘米

点评

1. 许达生，浅绛彩瓷画名家。常用款许达生，有时亦用“有竹居”室号，印章多用“生”字款。擅画山水、人物、花鸟，书法亦佳。所写山水，清丽幽远；所画人物，形神兼备；所绘花鸟，则海派画风浓郁矣。

2. 此壶器形特别，形如瓦当，属于珍稀、名贵之壶品。瓦当，瓦者为屋顶圆弧形的陶片；当者乃瓦底，瓦瓦相盾，故有当名。瓦当是一种中国人特别是中国文人才读得懂的美，故把壶做成瓦当形具有特别的审美意义。

3. 壶上的两幅许氏山水和花鸟小品，画工精美，保存完好，人见人爱。惜壶盖缺，把断，以银修复，仍可观赏如初，如见旧壶。

4. 具有较高的工艺美术和文化艺术双重价值，以及观赏、研究、收藏和投资价值。

浅绛彩花鸟纹双流提梁方形壶

作者　佚名

年代　光绪二十一年（乙未年，1895年）

尺寸　口径4.4厘米×3厘米　底径10厘米×7.4厘米　高10厘米

点评

1. 此壶呈四方形，左右各一流，器形特别，市面少见。

2. 两面绘花鸟，两面写诗文。画工精致，施彩靓丽，小鸟灵动，花卉生机盎然。

3. 具有光绪中期、后期浅绛彩瓷画施彩和技法的显著特征，即先在颜料中加釉调和，然后勾皴点染，故而画面不易掉色，清新养眼。

4. 具有较高的观赏、研究和收藏价值。

浅绛彩福寿遐龄图抱月瓶

作者　子卿

年代　光绪二十一年（乙未年，1895年）

尺寸　口径6.8厘米　底径12厘米（对角）　高36厘米

点评

1. 子卿，有时亦用子卿氏，晚清浅绛彩瓷画名家，擅画山水、人物，传世作品市面少见。

2. 抱月瓶，亦称宝月瓶，民间叫作扁瓶。此瓶小口、直颈、椭圆、高足，颈两侧雕塑双螭耳，瓶腹似一轮圆月，故称抱月瓶，乃名副其实也。

3. 该瓶器身上一面画一老一少两个人，老者银须鹤发，精神矍铄，也许是携孙郊游，也许是走亲访友，步履闲适，神态悠然：少者堪称古式的“小鲜肉”，皮肤白皙，眉目清秀，紧跟老者，亦步亦趋。画作构图循法，疏密有致，画面简洁，线条流畅，人物生动，形神俱佳。另一面则绘一松一鹿一鹤，画工亦佳，寓意更好，即福禄寿大满贯，犹如此瓶抱个“大满月”，十分吉祥。

4. 具有较高的工艺美术和文化艺术双重价值，以及观赏、研究、收藏和投资价值。

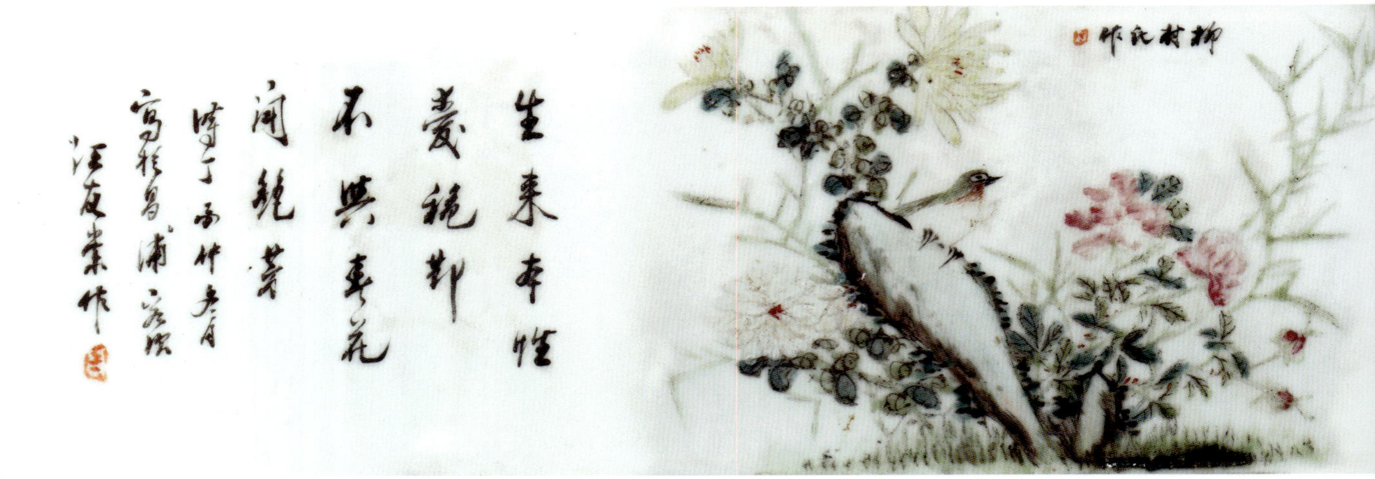

浅绛彩花鸟纹海棠形壶

作者　汪友棠

年代　光绪二十三年（丁酉年，1897年）

尺寸　口径5.2厘米　底径11.1厘米　高10.3厘

点评

1. 汪友棠，作者简介见46页。

2. 此壶瓷质细密，釉面脂润，形如海棠，优雅大方，传世较少。

3. 作者所绘乃金秋之景。画中有诗，诗中有画。表达了作者为什么“生来本性爱秋节，不与春花斗艳芳”，即俏也不争春的铮铮铁骨和文人气节。

4. 具有较高的工艺美术和文化艺术双重价值，以及观赏、研究、收藏和投资价值。

浅绛彩仕女花鸟纹梯形壶

作者　汪友棠

年代　光绪二十七年（辛丑年，1901年）

尺寸　口径4厘米　底径10.2厘米×6.5厘米　高10.3厘米

点评

1. 汪友棠，作者简介见46页。

2. 此壶呈梯形，美观雅致，所绘仕女图和花鸟图构思奇巧，画工精湛，题款凝练，书写酣畅，是汪氏处于艺术创作高峰期的精品之作。

3. 品相完好，极具观赏、研究、收藏和投资价值。

浅绛彩花鸟纹六方连体形壶

作者　许达生

年代　光绪二十五年（己亥年，1899年）

尺寸　单体直径（对角）8.4厘米　底径（对角）6.7厘米　高8.9厘米

点评

1. 许达生，浅绛彩瓷画名家。常用款许达生，有时亦用“有竹居”室号，印章多用“生”字款。擅画山水、人物、花鸟，书法亦佳。所写山水，清丽幽远；所画人物，形神兼备；所绘花鸟，则海派画风浓郁矣。

2. 此壶为六方形且双体相连（壶把老配），又称合欢壶，至为罕见，属珍稀、名贵之壶品。

3. 所绘为四季花鸟图，并配有四则诗文，画工精湛，书法遒劲，是一件不可多得的许氏精品力作，具有较高的观赏、研究、收藏和投资价值。

已知重九近
故放两三花
東闌何時敞
南枝此日催
時在己亥冬仲
達生寫

受封王爵大
拓地洛陽寬
銀塘風味好
弌路慶連陞

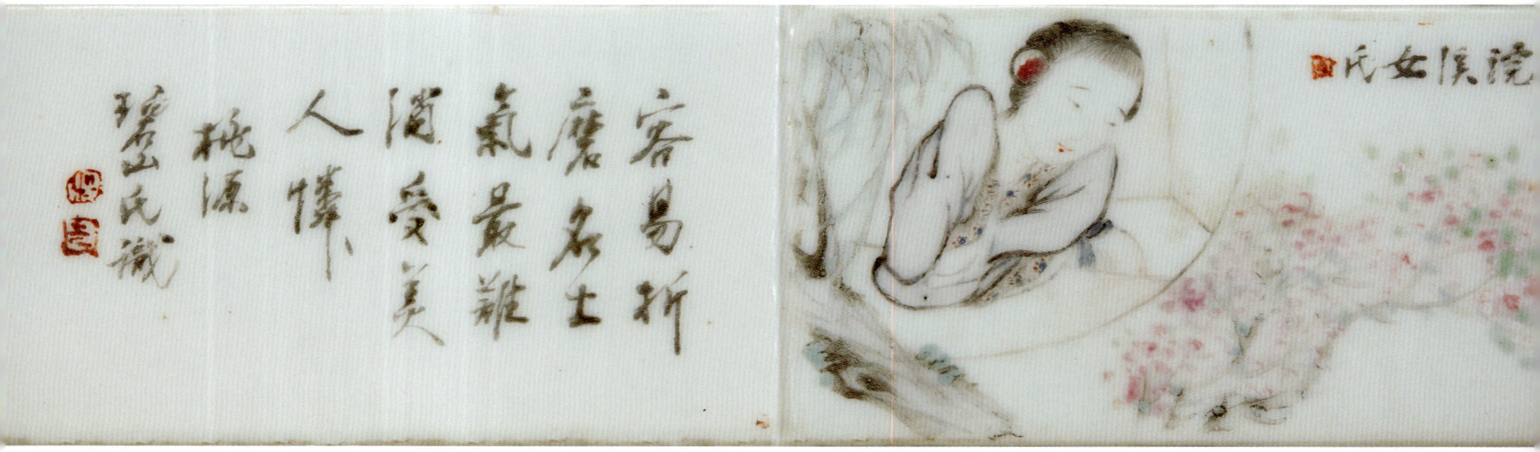

浅绛彩历史故事人物纹琮式水丞

作者　碧山氏（何明谷）

年代　光绪

尺寸　口径2.7厘米　高5.9厘米

点评

1.碧山氏，初考疑为何明谷，安徽黟县碧山人，名舫，字明谷（一字崇明），号舫月轩主人，自号樵谷道人，为早期浅绛彩瓷自号道人的十二大高手之一。名款有何明谷、明谷何舫、舫月轩主人、碧山氏，轩室号为舫月轩，是光绪至民国时期著名的浅绛彩瓷画家。他师从汪友棠，工山水画、人物画、花鸟画，且无一不精，其艺术风格与汪氏一脉相承，颇具功力。他与同门师兄弟钱安（仙槎）并称为“汪门两支笔”，与钱安（仙槎）、马庆云、周筱松并称为“民初四大家”。

2.水丞又称水中丞，是盛磨墨用的砚水之容器，有嘴的叫水注，无嘴的称水丞、水盂或砚滴，属于文房类的重要用品之一，雅称“文房第五宝”。此丞为琮瓶形状，高贵典雅，极富文气，十分罕见。

3.此丞两面绘画，两面书法。绘画：一幅为“浣溪女氏”，所绘乃中国“四大美女”之首的西施，她长得如花似玉，沉鱼落雁，倾国倾城，作品赞扬了西施乐于为国献身及与范蠡凄美的爱情故事；另一幅为“惜花主人”，所绘应是深爱西施的“惜花”情痴——范蠡，作品歌颂了他与西施助勾践灭吴复国后双双归隐山林的幸福生活。书法：柔中带刚，颇见功力，尤其是作者的题诗既切题，又富文气。“容易折磨名士气，最难消受美人怜！”意涵深刻，耐人寻味。

4.器形特别，品相完好，书画俱佳，应是颇有文艺素养的文人或书画家曾经心仪的宝物，传世稀罕，极具观赏、研究、收藏和投资价值。

惜花主人

惜花主人

锦地开窗浅绛彩山水纹双螭耳抱月瓶

作者　佚名

年代　民国

尺寸　口径5厘米　椭圆底径（对角）6.8厘米×5.2厘米　高25.8厘米

点评

1. 此壶形如抱月，共分三层，最高一层颈部的上半段以五彩回纹图案为饰；当中一层为缠枝蓝地，两面开窗，均绘山水；最低一层乃矾红椭圆形圈足。器形独特，装饰华丽，美观大方，人见人爱。遗憾的是一螭耳有修，但仍不失为浅绛彩瓷之珍品罕器。

2. 具有较高的观赏、研究、收藏和投资价值。

浅绛墨彩（复合型）山水纹双流双柄酒壶

作者　德化春记

年代　民国十三年（甲子年，1924年）

尺寸　口径4厘米　底径6.5厘米　高15.6厘米

点评

1.“德化春记”是德化一家制瓷商号。

2.这是一把德化窑浅绛墨彩（复合型）山水纹双流双柄酒壶，胎白釉润，做工精美，尤其是整体设计巧妙，壶的上半身至颈部两侧为双龙造型，既能当把手，又可作壶流，令人赞叹！

3.壶身所绘为墨彩画风、浅绛手法的山水景物图，布局疏朗，运笔老辣……但见房舍绿掩，山峦起伏，红日当空，酒幡高拂，不失为一件器美画佳、传世稀少的浅绛墨彩（复合型）异型壶具，具有较高的观赏、研究和收藏价值。

三、富丽堂皇的陈设器

（一）瓶类

浅绛彩花鸟纹棒槌瓶

作者　佚名

年代　同治至光绪

尺寸　口径19厘米　高63厘米

点评

1. 此瓶器体硕大，呈棒槌形，为浅绛彩瓷瓶中极其罕见之大器，瓷质洁白，釉面光亮。

2. 构图饱满，但又疏密有致；景物纷呈，却又重心突出。在一棵结满野果的大树底下，一只山鸟昂首伫立于岩石之上，目光炯炯，微张小口，像警觉地防备着猎人，又似在热忱地召唤同伴前来分享。近处山花烂漫，远处晴空万里。此画突出山鸟，刻画细腻，纤毫毕见，形神兼备，活灵活现。作者气度不凡，可谓神来之笔也。

3. 其他衬景诸如山石岩崖、树木花丛则以赭石，花青、草绿等为主色，运笔老辣，施彩洒脱，显得景色苍莽而厚实，却又略带几分秀气。尤其是在一片绿丛中点缀了一枝红叶，格外耀眼，使整个画面顿时有了生气和活力，给人以巨大的艺术感染力和震撼力。

4. 口径虽有冲纹，但风韵独具，传世极罕，完全可以跟官窑瓷器相媲美，极具历史、文化、艺术、观赏、研究、收藏和投资价值。

浅绛彩人物山水纹方瓶

作者　李子乔（梦丹）

年代　光绪十三年（丁亥年，1887年）

尺寸　口径12.8厘米×12.8厘米　高39.2厘米

点评

1. 李子乔，名梦丹，字子乔，晚清御窑厂画师，浅绛彩瓷画名家，擅画人物、山水、花鸟，书法亦精。其人物画、山水画宗明代书画大家沈周（字启南，号石田，又号白石翁），花鸟喜用中锋。其传世作品珍稀，为收藏界和市场所热捧和追逐。

2. 此瓶呈四方形，一对瑞兽衔环耳，器形规整，美观大方。

3. 两面绘人物山水，另两面书写诗文。画作构图繁密，繁而不华，赋彩淡雅，雅而不俗。一幅前景置环水、坡岸，坡上作丛树芳草，秀美幽静。只见在红绿相间的大树底下，一老一少肘膝相对，似在教子读书，又似促膝谈心。中景山峰突起，山上苔草繁密，山脚云雾迷蒙。远景又是山崖兀立，若隐若现，无以穷尽。意乃“山外有山，别有天地”。另一幅绘的是在一棵苍劲挺拔的古松下，一位手捧鲜花的小童与一位腰别蕉扇的老者也许正在行尊师礼。小童毕恭毕敬，献上手捧的鲜花；老者似乎却之不恭，频频回礼。作品充满了浓浓的师生友谊和人间温情。另一更年幼的小童躲在老者背后“偷窥”，似乎也受到了“感染”，面呈思索状。作者构图巧妙，立意鲜明，用笔老到，刻画细腻；人物形象逼真，神态各异，生动自然，饶有情趣。另两面除了酣畅遒劲的行书题款外，还以钟鼎文书写“子孙永作宝用”六字，可见作者对此作品自我满意度甚高。

4. 这是一件保存完好、殊为难得的名家之精品力作，极具观赏、研究、收藏和投资价值。

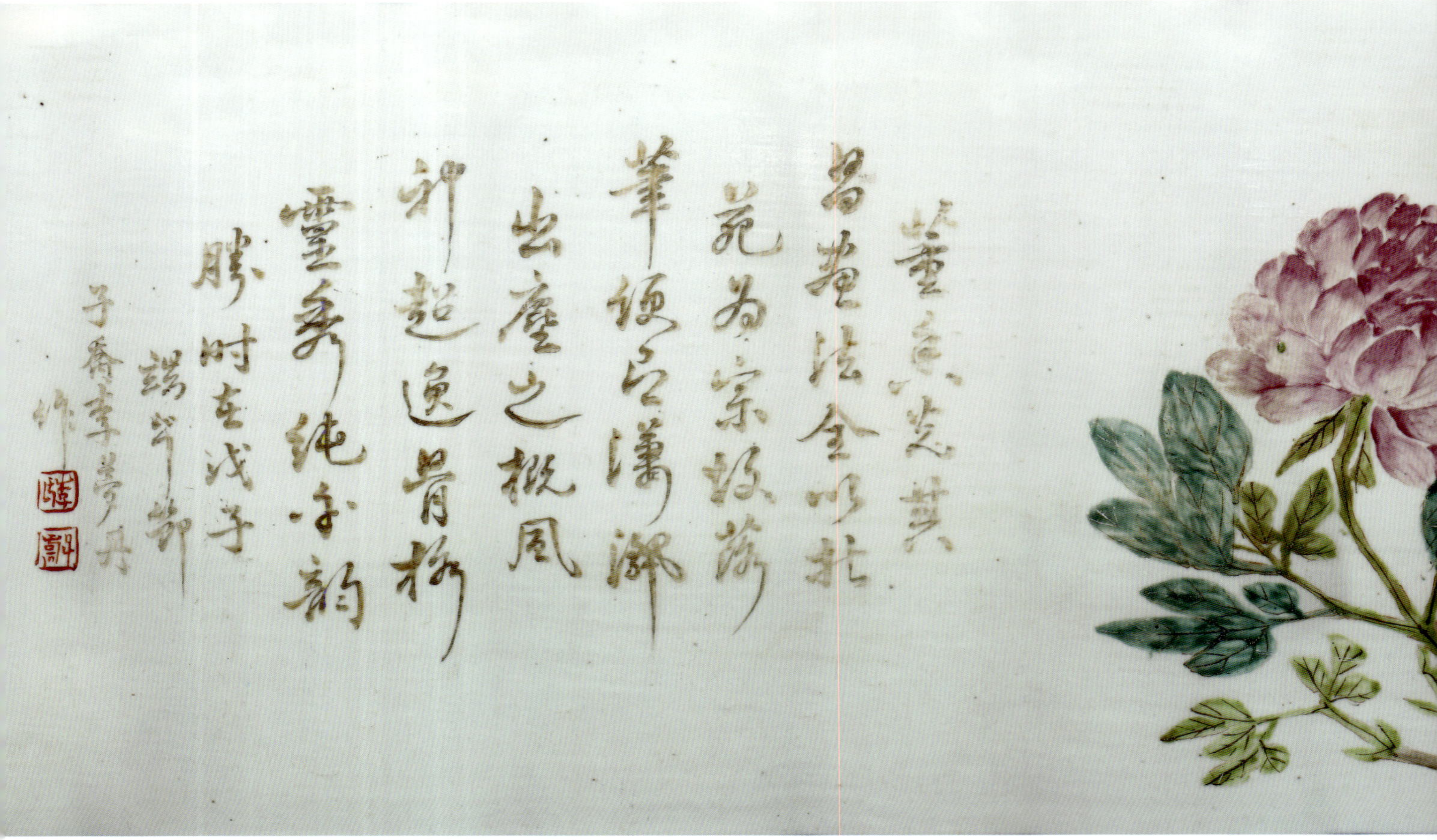

浅绛彩花鸟纹文房清供图双耳瓶

作者　李子乔（梦丹）

年代　光绪十四年（戊子年，1888年）

尺寸　口径21.3厘米　高60.7厘米

点评

1.李子乔，作者简介见79页。

2.此瓶画共分四层：第一层（最顶层）画的是文房清供图，布置热闹，几案、方瓶、圆盆、牡丹、水仙、佛手瓜等，错落有致，并以钟鼎文书写“之铜鼎威内灵光”七字座右铭。第二、第四层以青花粗线或双线开窗，窗内绘浅绛山水、花鸟、瓜果等图案，并作为整个瓶子的装饰，格外引人注目。这是光绪年间浅绛彩瓷画家较常用的绘瓷手法，可作为本时期浅绛彩瓷断代的依据之一。第三层是主图花鸟画，构图巧妙，“迫”而不塞，密中

有疏，气韵不凡。只见图中一棵粗大、浓密的松树盘曲虬转，树下岩隙中的牡丹探身而出。在红花绿叶的掩映下，一对绶带鸟正在甜蜜地“约会”。它们卿卿我我，爱意绵绵，形神兼备，气韵横溢。作者借牡丹、松树、绶带鸟等以物咏志，表达了其崇高的人性、人格和人生理想，“愿天下有情人终成眷属”，幸福、健康、富贵、长寿，白头偕老！

3.此瓶器身硕大，品相完好，画工精美，殊为难得，具有较高的观赏、研究、收藏和投资价值。

浅绛彩山水人物纹瑞兽衔环耳方瓶

作者　喻春

年代　光绪

尺寸　口径9厘米×5.5厘米　高24厘米

点评

1. 喻春，字子良，常用款有喻春、喻春氏、子良喻春氏；轩室款有翠云别墅、碧云别墅、翠云轩、卤轩、碧云轩等，晚清御窑厂画师，擅画山水、花鸟，兼工人物。其山水画、花鸟画师法唐寅（伯虎）画意。画作疏密有致，工细雅秀，设色明艳，形神兼备，是晚清浅绛彩瓷画师中以画山水、花鸟而著称的名家。

2. 此方瓶器形美观，釉面脂润。一面下部绘山水（上部绘文房清供小图），构图峻奇，法度严谨，浓淡有致，恰到好处；另一面下部绘仕女（上部绘山水小图），倚窗而立，凝神赏花，若有所思，楚楚可人。

3. 喻春画人物和山水（尤其人物）的作品传世较少，故它应是十分难得的喻氏人物山水纹精品之作，虽有小修，仍具较高的观赏、研究和收藏价值。

浅绛彩山水人物纹辅首衔环耳方瓶

作者　夏子贤

年代　光绪十九年（癸巳年，1893年）

尺寸　口径7厘米×7厘米　底径6厘米×6厘米　高24.2厘米

点评

1. 夏子贤，光绪至民国时期知名浅绛彩瓷画家，兼工山水画、人物画、花鸟画，书法亦佳。

2. 此瓶器形规整，美观大方，釉面洁白，温润如脂。

3. 两面绘画，两面诗文。以典型的浅绛彩之笔法，分别绘山水画和人物画。山水画构图精妙，层次分明，清新淡雅；人物画运笔老到，刻画细腻，形神兼备。题诗亦很有文人味，书法得体流畅。

4. 可惜口径和瓶身有小磕碰，但不影响整个画面之观赏效果，具有较高的观赏、研究和收藏价值。

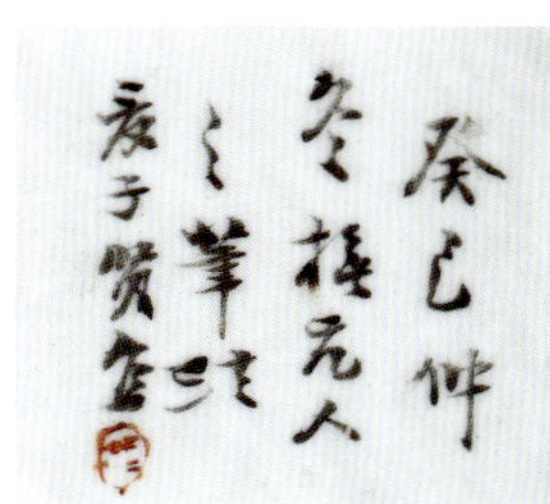

浅绛彩人物纹天球瓶

作者　朱少泉

年代　光绪二十年（甲午年，1894年）

尺寸　口径9.9厘米　底径15.2厘米　高40厘米

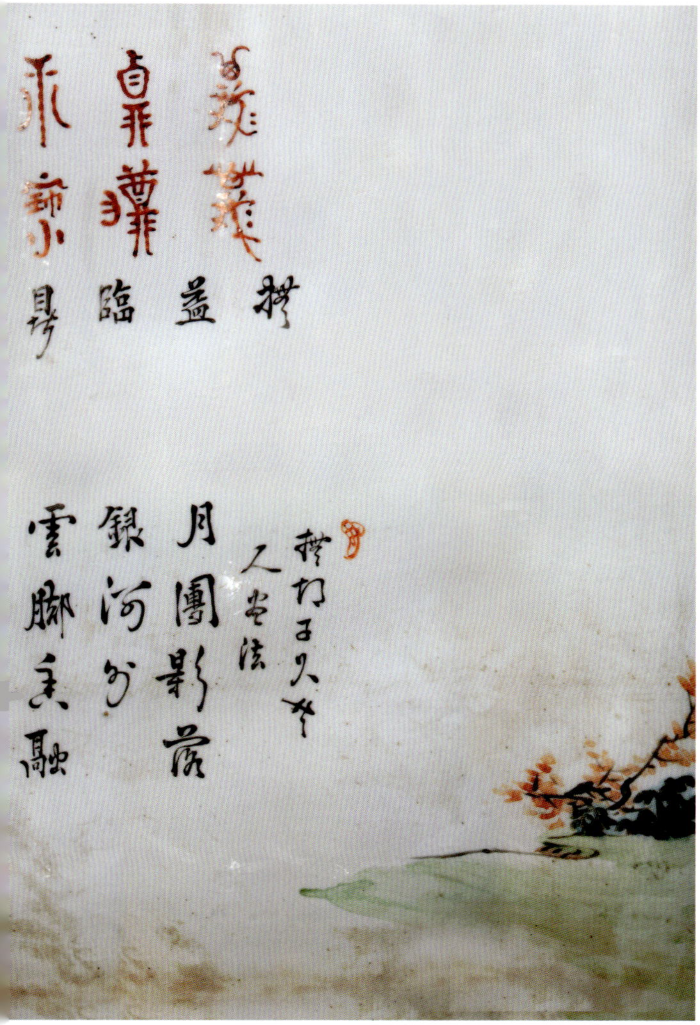

点评

1. 朱少泉，作者简介见53页。

2. 此天球瓶体型较大，瓷质坚实，所绘乃八仙中的铁拐李和何仙姑。铁拐李满脸络腮胡子，又丑又瘸，但慈眉善眼，一副菩萨心肠，形象生动而传神。何仙姑手中持荷花，巧降及时雨，亦刻画得栩栩如生。

3. 瓶器规整，品相完好，具有较高的观赏、研究、收藏和投资价值。

浅绛彩教子读书图瑞兽衔环耳瓶一对

作者　碧山氏（何明谷）

年代　光绪二十八年（壬寅年，1902年）

尺寸　口径9厘米　底径7厘米　高29.3厘米

点评

1. 碧山氏，作者简介见72页。

2. 此对瓶比例适中，器形优美，颈两侧左右对称的酱色瑞兽衔环耳以及口沿、颈周以进口蓝料花纹为饰，更使其显得贵气和端庄。

3. 瓶身所绘图案分上下两部分，满工满彩，精彩纷呈。上半部以墨彩绘山水、花鸟，泼墨率性，十分写意，小鸟灵动，荷花含笑。下半部绘教子读书图，工写兼施，刻画细腻，人物神态各异，栩栩如生。题款“我教子唯一经”，抒情达意，画龙点睛，一语中的。书法亦如行云流水，柔中带刚，颇见功力。

4. 这是一对具有较高艺术水准的浅绛彩人物山水花鸟纹瓷画精品之作，虽有小疵，传世珍罕，具有很高的观赏、研究、收藏和投资价值。

浅绛彩仕女纹灯笼瓶

作者　汪佩璋

年代　光绪二十二年（丙申年，1896年）

尺寸　口径9.1厘米　底径8.1厘米　高23.2厘米

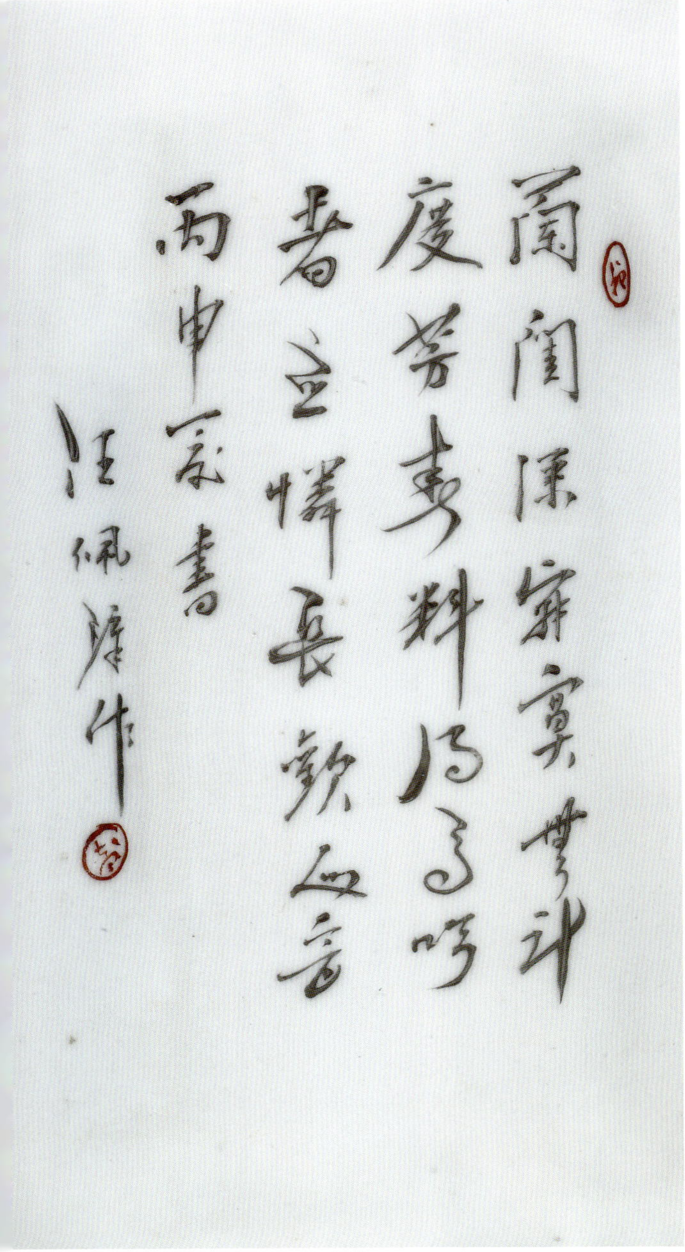

点评

1. 汪佩璋，安徽新安人。晚清浅绛彩、粉彩瓷画名家，以画浅绛彩、粉彩人物、山水见长，尤擅仕女图，书法亦佳。

2. 此瓶瓷质玉白，釉面脂润，形如灯笼，品相完好，至臻至美。

3. 所绘两仕女，一坐一立，身后一幅巨型山水屏风兀然而立，案头摆满书卷及文房清供，将人物与景物浑然交融于此画中，自然而和谐，明丽而清雅。坐者脸庞圆润，俊美端庄，一袭黄裙，佩带飘拂，凝神而思，似有心事，微露淡淡的伤感之情。立者作谦卑状，似贴身侍女，像在安慰主人。她身穿一袭紫裙，眉目含笑，体态婀娜。两仕女神态各异，符合各自身份，刻画入微，栩栩如生。

4. 屏风山水图采用的是当时极其名贵的进口蓝料，而两仕女发髻上所描的也是当时有身份人家才用得起的金彩。可见该瓶之金贵和稀罕，必是大户人家所定制。

5. 这是作者超逸时人的比较顶尖的精品力作，极具观赏、研究、收藏和投资价值。

浅绛彩仕女纹文房清供图方瓶

作者　梅春茂

年代　光绪二十五年（己亥年，1899年）

尺寸　口径15.2厘米×15.2厘米　底径13.8厘米×13.8厘米　高56.5厘米

点评

1.梅春茂，光绪中期、晚期至民国初年浅绛彩瓷画名家。工人物画、花鸟画、文房清供图。人物多绘历史故事题材，形象较为古拙；文房清供，清新淡雅，自成一格。

2.此瓶为方形，瓷质洁白，釉面光亮。两面各绘人物纹、文房清供图；另两面题写诗文。人物纹画的是梅氏最擅长的教子读书题材，构图严谨，布局得体，人物夸张，形象鲜活，栩栩如生，颇为传神。文房清供图突出主题，花开富贵，如意吉祥，静中有动，动中有静，古拙自然，恢宏大气。诗文与画意，亦配合默契，相得益彰，韵味无穷。

3.此瓶器形较大，品相完好，具有较高的观赏、研究、收藏和投资价值。

浅绛彩人物山水纹方瓶

作者　汪章

年代　光绪二十九年（癸卯年，1903年）

尺寸　口径16.3厘米×16.3厘米　高54.2厘米

点评

1. 汪章，字汉云，安徽人，轩室号青云轩、松柏轩、醉月山房，为晚清著名的浅绛彩瓷画家。兼工人物画、山水画、花鸟画，尤以画人物著称。其人物仿宋代姜夔（白石道人）、明代陈洪绶（老莲居士）、清代华秋岳之笔法或笔意，所绘人物（名士、仕女）形神兼备，无一不精，画艺在浅绛彩瓷画中独领风骚，独树一帜。其山水画步明代沈周（石田老人）之笔法，简约淡雅，柔美隽永。其花鸟画亦放达灵秀，功力深厚。

2. 此方瓶两面绘画，两面书法。其中一面绘人物，布局疏朗，重心突出，画工精湛，画风写意。只见一壮汉立于树下，怀抱稚子，俩脸紧贴，互相亲抚，爱意浓浓，情景感人。人物线条简约精准，画面设色淡雅甜美，尤其是二人面部刻画细腻，丝丝入扣，极为逼真，并以浅草绿色渲染大地和树叶，与其乐融融的画面显得十分相衬、和谐。另一面绘山川秀色，颇有层次。远处，山峦起伏，群峰叠嶂，与天相接；近处，高崖耸立，流水环绕，古木参天，逸士优游。整个画面意韵独特，意境高深，充满了生机和活力，大有明代书画大家沈周（石田老人）之笔意和遗风。

3. 作者的如此大器之方瓶，如此精美之画作实属罕见，尽管器身做过一点修补，但未伤及面画，不影响画作的总体观赏效果，故十分金贵，具有较高的研究、观赏、收藏和投资价值。

浅绛彩人物纹筒瓶一对

作者　何明谷

年代　光绪三十二年（丙午年，1906年）

尺寸　口径11.5厘米　底径8.9厘米　高23.2厘米

点评

1. 何明谷，作者简介见72页。

2. 此对筒瓶（又称半筒瓶或壮罐），构图饱满，画工精湛，书法遒劲。人物为一组群像，刻画细腻，神态各异，栩栩如生；衬景烘托自然，俊美隽永，意境高深；诗文抒情达意，画龙点睛，一语中的。

3. 这是一对具有较高艺术水准的浅绛彩文人瓷画精品之作，且品相完好，传世稀少，极具观赏、研究、收藏和投资价值。

浅绛青绿彩（复合型）湖山烟雨图双耳瓶

作者　安国益和

年代　民国

尺寸　口径21厘米　高57厘米

点评

1. 安国益和，为民国时期一家瓷庄或瓷行。

2. 此瓶所绘湖山烟雨图是一幅带有明显浅绛画风和画法的中国文人写意青绿山水瓷画，是浅绛彩瓷向新粉彩瓷过渡时期的典型器物。它既有浅绛彩淡雅而绰约的风姿，又有新粉彩清新而亮丽的容颜。画面：翠峰叠嶂，清溪环绕；古木参天，山花烂漫；斜径通幽，白云人家；游人如鲫，骑驴观景。特别是当人们吟诵这首脍炙人口的古诗“远上寒山石径斜……”来“解读”此画时，就会对作者所要表达的画意及其艺术功力有更深的理解和感悟，有更新的发现和收获。

3. 大型摆件，珍稀品种，画风独特，画工精妙，品相完好，具有较高的观赏、研究、收藏和投资价值。

浅绛粉彩（复合型）桃李园图双耳瓶

作者　夏静庵

年代　民国

尺寸　口径21厘米　高56厘米

点评

1. 夏静庵，民国时期制瓷著名商号，桐华居知名画师，擅绘粉彩、浅绛彩历史故事人物，作品用笔工整，严谨细腻，风格古雅。桐华居聘有诸多画师，常年生产各式瓷器，比较出名的有粉彩、浅绛彩人物、花鸟纹器皿。

2. 此瓶所绘为桃李园图，属于历史故事人物题材。构图饱满，人物众多，画工精细，施彩淡雅，是介乎浅绛与粉彩相混搭的画法，共绘有7个人物，几代同堂，身份虽不同，神态各异。衬景处理得相当巧妙，十分和谐，使整个画面犹如沉浸在一派天伦之乐的氛围中。

3. 大型摆件，人物众多，画工精湛，品相完好，具有较高的观赏、研究、收藏和投资价值。

（二）尊类

浅绛彩道由安乐图象鼻耳尊

作者　佚名
年代　光绪十三年（丁亥年，1887年）
尺寸　口径4.8厘米　底径6.5厘米　高14.1厘米

点评

1. 此象鼻耳尊器形规整，瓷体敦实，品相完好，市面少见。

2. 器身上一面绘道由安乐图，两位仙人，斜靠山石，相伴而坐，身旁还放着几卷经书。也许他俩正在谈经论道，自得其乐；也许正与什么人在交流修炼仙道之心得，年幼一点的仙人有点害羞，躲在年长一点的仙人后面，怯眼望人。人物形体线条简练、流畅，设色淡雅、明快，尤其是脸部刻画，生动传神。另一面绘山水图并题款，逸笔草草，景色茫茫，道由安乐，意涵高深。书法亦别具韵味，十分飘逸、洒脱。

3. 具有较高的观赏、研究、收藏和投资价值。

浅绛彩花鸟纹象鼻耳尊

作者　少山

年代　光绪二十三年（丁酉年，1897年）

尺寸　口径4.5厘米　高22厘米

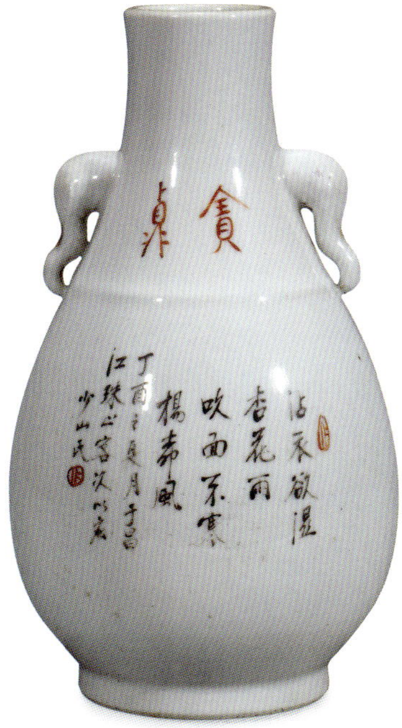

点评

1. 少山，本名安少山，江西景德镇人，晚清浅绛彩瓷画名家，工人物画、花鸟画，尤擅画花鸟，为浅绛彩瓷花鸟画之大家，作品深受收藏界和市场的热捧和追逐。

2. 此尊器形规整、美观、大方、典雅。瓷质脂润，画工上乘，所绘春燕图笔精墨致，施彩靓丽。只见双燕比翼，神态活现；桃红柳绿，争奇斗艳，是瓷器上一幅十分精妙的浅绛彩文人花鸟画之佳作。

3. 品相完好，殊为难得，具有较高的观赏、研究、收藏和投资价值。

（三）花盆类

浅绛彩山外青山图六方形花盆

作者　宝馥义

年代　光绪二十八年（壬寅年，1902年）

尺寸　口径（对角）26.2厘米　高26.3厘米

点评

1. 宝馥义，晚清浅绛彩瓷画家，擅画山水，传世作品市面少见。

2. 此瓷画构图巧思，别出心裁，利用六方形花盆折面，布局场景。亭台楼宇，转接自然；山川湖泊，绵延顺畅。把偌大一个“山外青山楼外楼”的实景，犹如展现在纸绢上的山水画长卷，一幕一幕又一幕，让人们去观赏、去联想；如此的大好河山，在终日沉迷在“西湖歌舞‘无’时休”的昏聩王朝的统治下，不知何时就要国破家亡？以激发人们奋起保家卫国。作者不怕掉脑袋，敢于针砭时弊，旁敲侧击，即使在晚清也是颇具胆识，难能可贵的。

3. 山水长卷，画工精湛，传世稀少，具有较高的观赏、研究、收藏和投资价值。

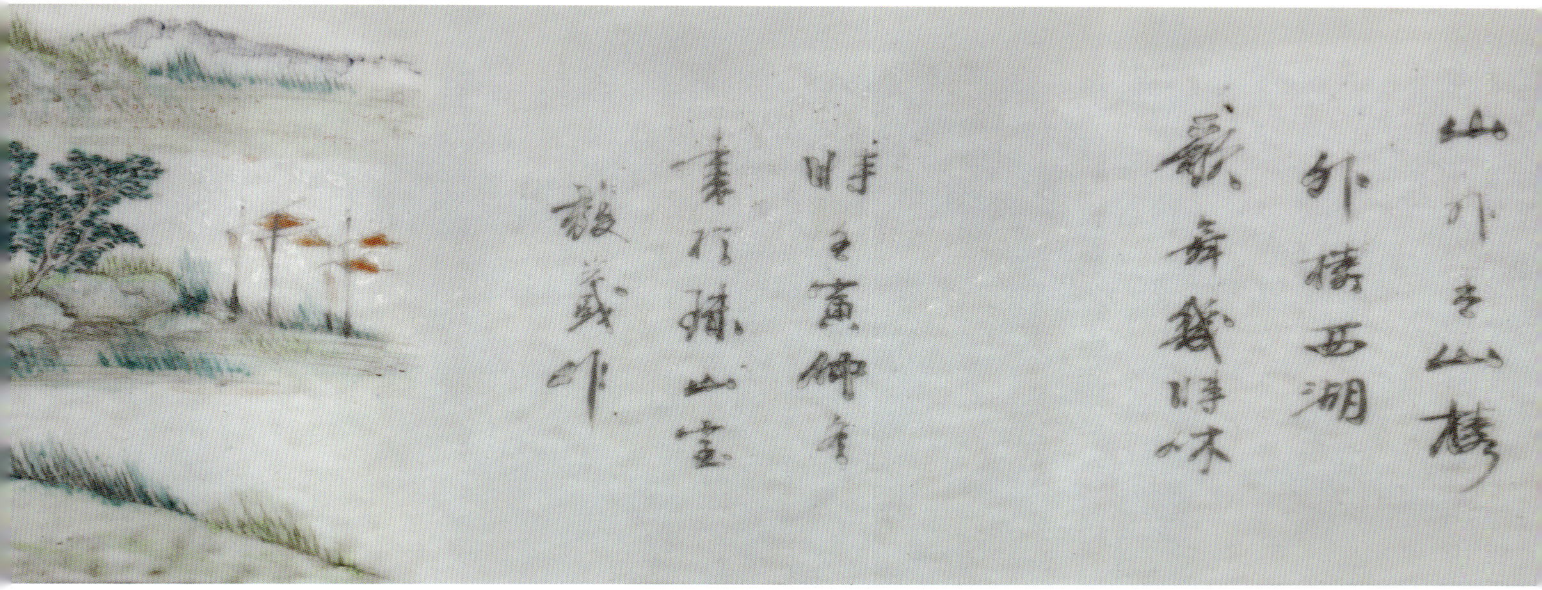
山外青山楼
外楼西湖
歌舞几时休

浅绛彩山水长卷方形花盆

作者　琴月主人

年代　光绪三十年（甲辰年，1904年）

尺寸　口径12.5厘米×18.2厘米　高15厘米

点评

1. 琴月主人，由此画可知其具有深厚的文化素养和艺术功力，技法高超，画艺精湛，书法遒劲，是一位炉火纯青的浅绛彩瓷画高手或名家。

2. 此长方形花盆四面绘浅绛彩山水画，构图连贯，布局巧妙，层次分明，气势恢宏，一气呵成，意韵绵长，是一幅具有较高艺术品位和水准的浅绛彩文人写意山水瓷画长卷。

3. 口径沿有修补，但无伤整体艺术欣赏之大雅，仍具有较高的观赏、研究和收藏价值。

仿元人法

浅绛彩山水纹方形兰花盆一对

作者　郭筱城

年代　民国八年（己未年，1919年）

尺寸　口径19厘米×19厘米　底径14厘米×14厘米　高14.5厘米

点评

1. 郭筱城，民国时期十大制瓷名家之一，知名浅绛彩瓷画家、书法家。擅画山水、人物，书法尤精，颇负盛名。其作品较受时人和收藏界的欢迎。

2. 此对兰花盆，呈四方形，做工精美，器形端庄，瓷质玉白。两面绘山水图，两面书写诗文。山水图为民国“转型期”浅绛画风，施彩偏青绿色。构图宽以起势，紧以归结，虽仅一角，但通盆贯气。作者妙于用山石、丛树、溪水，疏而布置，逐层点染，石老而润，树苍而秀，水净而明，极富层次感。两面诗文用以配图，诠诗写画，隶草两体，争奇斗艳，如飞如舞，风韵尽显。

3. 口径下沿有一小磕碰，无伤整器和总体艺术欣赏之大雅，具有较高的观赏、研究、收藏和投资价值。

浅绛彩寿翁训子图大花盆

作者　李生昌

年代　民国二十一年（壬申年，1932年）

尺寸　口径36.4厘米　高31.5厘米

点评

1. 李生昌，民国时期浅绛彩瓷画家，有较高的文化素养和艺术功底，传世作品市面少见。

2. 此花盆器形硕大，应为民国时期大户人家的摆设件，原来可能是成对，富丽堂皇。

3. 所绘寿翁训子图布局规整，疏密有致，用笔老辣，线条简约，主题突出，画意鲜明。翁幼两人的脸部刻画尤为细腻，特别是各自的眼神点得惟妙惟肖，十分符合两人的不同身份及所处的“训”与“被训”的特殊环境，极为贴切、生动而传神，具有较高的观赏、研究、收藏和投资价值。

（四）观赏盘类

浅绛彩花鸟纹海棠形观赏盘

作者　浩如

年代　光绪八年（壬午年，1882年）

尺寸　口径（对角）18.2厘米　高4.2厘米

点评

1. 浩如，本名程浩如，晚清浅绛彩瓷画名家，擅画人物、花鸟，画艺精湛，功力深厚，技法高超，传世作品较少。

2. 此盘为典型的浅绛彩瓷文人写意花鸟画作品，与纸绢上的海派花鸟画并无二致。用笔老辣，线条干练，皴染自如，颇见功力。仅寥寥数笔，五束梅花，拔地而起，枝头之上，姹紫嫣红；一只绶鸟，依树而立，明眸大开，似乎看到了春姑娘的倩影，欲展歌喉，形神兼备，活灵活现。

3. 品相完好，画工上乘，堪称光绪早期浅绛彩瓷画精品佳作，具有很高的观赏、研究、收藏和投资价值。

浅绛粉彩（复合型）富贵白头图大观赏盘

作者　张子英

年代　光绪二十八年（壬寅年，1902年）

尺寸　口径37.8厘米

点评

1.张子英，作者简介见51页。

2.此盘构图饱满，满工满彩。以浅绛没骨与工写相兼的技法，不用玻璃白粉料打底，并在颜料中加釉，故色彩鲜艳明丽。只见在花红叶茂的牡丹花丛中，两只白头翁伫立枝头，上下相栖，形影相随，一只张口鸣唱，一只随声应答，颇有“夫唱妇和”、双双富贵、白头之寓意。

3.盘径如此硕大，在张氏传世作品中并不多见。它应是一只供陈设之用的观赏盘，为其时官宦或富贵人家所定制，流传至今，甚为稀罕，虽有小瑕疵，亦弥足珍贵，具有较高的观赏、研究、收藏和投资价值。

浅绛彩美女稚子图海棠形观赏盘

作者　潘植南

年代　光绪

尺寸　口径26.5厘米（对角）　高2.2厘米

点评

1. 潘植南，字小山、小石，别名潘少泉，斋名桂西轩。作品多署潘植南、小山氏等，精品或得意之作往往直署潘植南，为晚清著名的浅绛彩瓷画家。擅画人物、山水、花鸟，尤以人物仕女画见长，工笔、写意两种绘法俱精，其作品品位较高，观赏性较强，深受收藏界和市场的青睐和追捧。

2. 此盘为海棠形状，美观大方。画的是潘氏最擅长的题材：美女怀春，稚子抚琴，似欲高歌一曲，正所谓驾轻就熟，信手拈来。人物生动传神，画意耐人寻味。盘面虽未书写年款，但视其画风和盘子制作工艺及老化程度，可断为潘氏本人于光绪晚期至民国初年所创作的瓷画作品。

3. 具有较高的观赏、研究和收藏价值。

浅绛彩江上清风图观赏盘一对

作者　东兴

年代　民国十七年（戊辰年，1928年）

尺寸　口径18.5厘米　高3.3厘米

点评

1. 东兴，民国时期浅绛彩瓷画师，擅画山水，有较高的文化艺术修养和瓷画创作能力。

2. 此对盘子瓷质青白，釉面光亮。以浅绛彩与粉彩相结合的手法绘山水图，画工细腻，线条流畅，笔触老辣，施彩清雅，具有较鲜明的文人写意山水之画风和韵味。

3. 保存完好，且为对装，具有较高的观赏、研究、收藏和投资价值。

四、书香飘逸的文房品

（一）笔筒

浅绛彩人物花鸟纹方形小笔筒

作者　方家珍
年代　光绪
尺寸　口径4.6厘米×4.6厘米　高7.1厘米

点评

1.方家珍，安徽人，晚清御窑厂画师、浅绛彩瓷画名家，常用名款方家珍、家珍氏，轩室号珠山寻经读画之楼、珠山之吟画楼、珠山室、松竹轩。擅画山水、人物、花鸟，喜用矾红彩画太狮少狮，亦善画博古图。

2.此笔筒一面绘正在玩耍的小童，自娱自乐，天真烂漫；另一面绘花鸟图，花卉生机勃勃，小鸟灵动传神：另两面为书法，笔道刚健，颇具功底。

3.保存完好，传世稀少，具有较高的观赏、研究、收藏和投资价值。

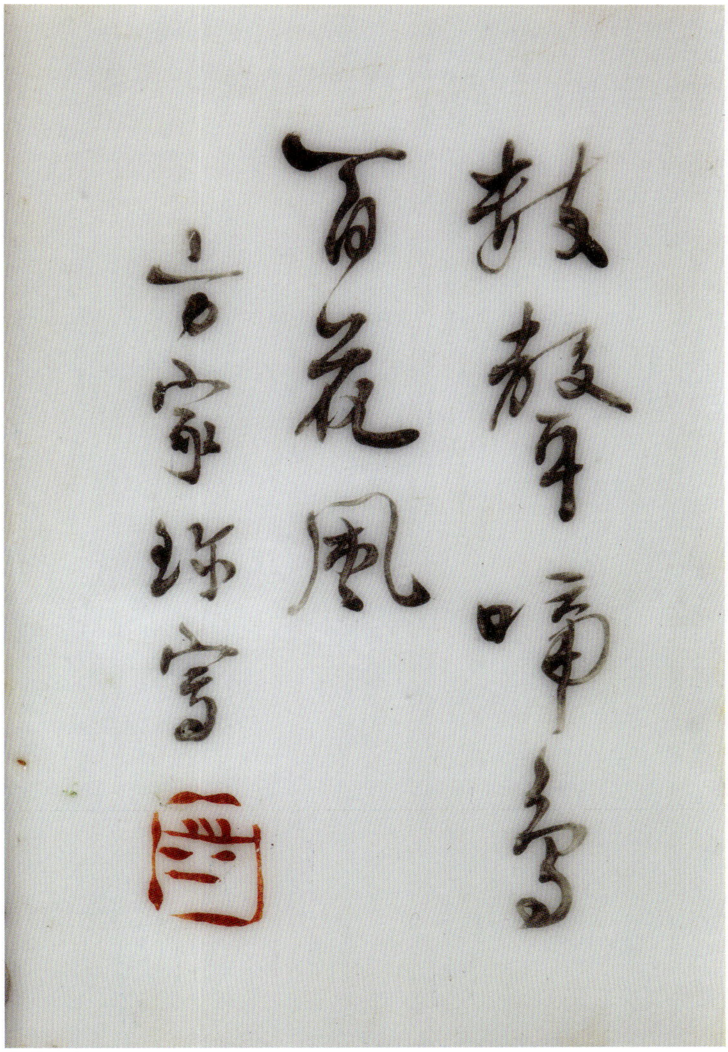

（二）笔洗

浅绛彩花卉纹八卦洗

作者　胡孔规
年代　光绪
尺寸　口径10.2厘米　高4.3厘米

点评

1. 胡孔规，名胡郁，字孔规，又字孔耕、孔圭，别字有农，号云门山樵、云门主人，曾在御窑厂创作浅绛彩瓷画。擅画山水和花鸟，山水画笔走龙蛇，有程门气韵；花鸟承海派画风，清新雅致；且学养深厚，诗书俱佳，喜题自己创作的诗句。

2. 此洗内呈八卦，中规中矩，画的是石榴熟了，寓意多子多福，喜庆吉祥。题识“聿远作罇鬲五字见阮文达公册仿积古斋之原本作于雅致室”。聿远，笔名或号为作寿（印），意喻把这个洗作为供奉或盛酒的尊贵的容器罇、鬲来看待，崇敬、崇拜它，可见，宝主把此洗作为至高无上的宝物。

3. 器形特别，品相完好，具有较高的观赏、研究、收藏和投资价值。

浅绛彩芷庭清赏图笔洗

作者　佚名
年代　光绪
尺寸　口径12.5厘米　高4.5厘米

点评

1. 此笔洗以晚清典型的支钉烧制工艺而成。器形规整，瓷质细腻，釉面脂润，品相完好。

2. 洗底绘芷庭清赏图，逸笔草草，技法老辣，画工上乘，引人入胜。

3. 工艺独特，器艺俱佳，传世稀少，具有较高的观赏、研究、收藏和投资价值。

（三）笔插

浅绛彩人物纹七孔笔插

作者　宝文氏

年代　光绪二十年（甲午年，1894年）

尺寸　长16.2厘米　宽9厘米　高16.8厘米

点评

1. 宝文氏，光绪至民国初年浅绛彩瓷画名家，擅画山水、人物、花鸟，其传世精品具有较高的市场认知度。

2. 此笔插属文房类用品。器形独特，呈“山”字形，做工别致。所绘四人，三男一女，各有侧重，形神兼备。山石土坡，树木花卉，错落有致，衬托自然。

3. 画面清晰，色彩靓丽，保存完好，市面少见，具有较高的观赏、研究和收藏价值。

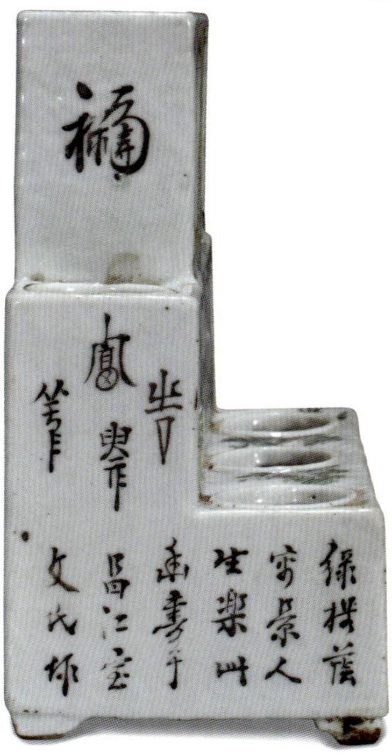

浅绛彩山水花鸟纹（兼作水注）笔插

作者　佚名

年代　光绪

尺寸　长8.4厘米　宽4.4厘米　高5厘米

点评

1. 此笔插一器两用，既可插笔，又可当水注，以供插笔、注水和研墨。

2. 盖面和两侧绘山水、花鸟等，另两侧为书法。画工精美，清新淡雅，书法遒劲，俊秀隽永。

3. 器形特别，保存完好，具有较高的观赏、研究和收藏价值。

（四）水盂

浅绛彩山水纹水盂

作者　王鸣山

年代　光绪元年（乙亥年，1875年）

尺寸　口径4.9厘米　高6.2厘米

点评

1. 王鸣山，斋号韵兰书屋，早期浅绛彩瓷画家，传世作品罕见。其画工及书法功力深厚，技艺超众。

2. 此器小巧玲珑，最初乃温酒用，坊间不少文人亦当作水盂。它两面绘山水，两面题款。山水画乃仿黄公望（子久）之笔法，言简意赅，清新淡雅。尤值一提的是，此为自称“德臣”的王鸣山于光绪元年（乙亥年，1875年）赠送给“汉生仁兄大人雅玩”的一套文房用品中的一只水盂，纪年明确，传承有序，堪称孤特品，弥足珍贵。

3. 具有较高的观赏、研究、收藏和投资价值。

浅绛彩山水人物纹水盂

作者　黄峰

年代　光绪二年（丙子年，1876年）

尺寸　口径5.1厘米　高6.4厘米

点评

1. 黄峰，又名方作材、朗南，早期浅绛彩瓷画家，传世作品极为罕见。其画工老辣，书法遒劲，功力深厚，技艺超众，有雅器制作和书法高手之称。

2. 此水盂呈方形，八面玲珑，两面绘山水，清新淡雅，笔精墨致；两面题诗，字字珠玑，意韵长存——“乍入新丰市，犹闻旧酒香；抱琴沽一醉，终日卧斜阳。”这是黄峰于光绪二年(丙子年，1876年)作并赠树轩三兄大人清赏的一只温酒器(后人用作水盂)。纪年明确，传承有序，堪称孤特品，弥足珍贵。

3. 具有较高的观赏、研究、收藏和投资价值。

浅绛彩山水花鸟纹三角形水盂两只

作者　南玉照堂（任焕章）

年代　光绪十二年（丙戌年，1886年）

尺寸　长12.3厘米　宽9.2厘米　高6.4厘米

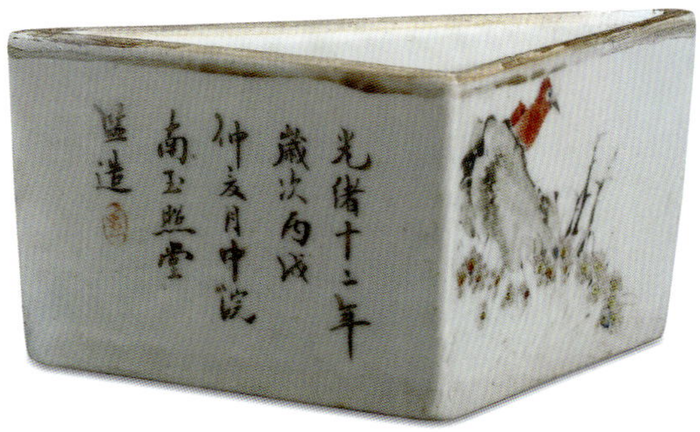

点评

1. 南玉照堂，是为何人？从这两只水盂上山水图与花鸟图的画工、画意、画风及题识书写方式、字迹、笔道等初断，为任焕章（尚待进一步考证）。任焕章，字巍山，号南樵子，斋名南樵书屋，又名春风室、惠迪吉斋及扫闲别墅。是同治、光绪两朝御窑厂画师、著名的浅绛彩瓷画家及近代文人派瓷画家的先驱者之一。任氏画路宽广，选材丰富，运笔老辣，工写兼备，人赞其“题款行书，遒劲峻拔，得颜之骨，欧之韵”。擅画山水、人物、花鸟，无所不能、无一不精。所绘山水，气势恢宏、意境深远；所绘人物，仙风道骨、潇洒飘逸；所绘花鸟，设色清丽、神趣灵动。可与程门、金品卿、王少维相媲美，收藏界素有“浅绛彩瓷画师第四大家”之称。

2. 该作品堪属小写意山水花鸟画精品之列，虽有小修，但画面完整，实属难得。

3. 具有较高的观赏、研究和收藏价值。

浅绛彩诗文花鸟纹水盂

作者　方馈龄

年代　光绪

尺寸　口径5.2厘米　高6.2厘米

点评

1. 方馈龄，晚清浅绛彩瓷画名家，工山水画、花鸟画，书法亦具功力，传世作品甚少。

2. 此水盂呈方形，为当时文人墨客和亲朋好友之间所盛行的用以互相馈赠的礼品瓷，原为成套，现仅存一只。

3. 它两面绘花鸟，两面写书法，画工精细，清新淡雅，书写流利，笔锋遒劲，且书有作者和受赠人名款，堪称孤特品，具有较高的观赏、研究和收藏价值。

浅绛彩山水人物纹水盂

作者　佚名

年代　光绪

尺寸　口径3.2厘米　高3.8厘米

点评

1. 此盂小巧玲珑，釉面脂润，画工精美，文人味浓，书卷气重，可玩可赏，人见人爱。

2. 保存完好，市面少见。

3. 具有较高的观赏、研究和收藏价值。

（五）印泥盒

浅绛彩仕女纹印泥盒

作者　潘植南

年代　光绪二十六年（庚子年，1900年）

尺寸　长9.6厘米　宽7.2厘米　高3.8厘米

点评

1.潘植南，作者简介见108页。

2.此盒正面绘的是仕女图，采用的是类工笔画法，比例精准，线条简约，刻画细腻，丝丝入扣。你看仕女持花之姿势，赏花之表情，是那么逼真传神，楚楚动人。而衬景的树木、花卉及盒两侧的山水图，则采用写意的手法，以浅绛彩料泼墨式地挥洒，画面山水景物，错落有致，层次分明，浓淡相宜，意境高深。

3.此盒虽小，但精致，且品相完好，尤其是文化内涵及艺术品位俱佳，具有较高的观赏、研究、收藏和投资价值。

浅绛彩仕女纹印泥盒

作者　张荣顺

年代　民国

尺寸　长10.2厘米　宽7.7厘米　高3.9厘米

点评

1. 张荣顺，民国时期浅绛彩瓷画名家及制瓷大师，擅画人物、花卉、清供图，尤精仕女画。

2. 此印泥盒胎白釉润，品相完好。所绘为居家带子之仕女图。仕女侧坐在小凳上一边抚摸着稚子的后脑勺，逗着他玩耍；一边想着心事，也许是在惦念离家已久的夫君，脸上布满了愁云和思虑。她那爱子恋夫的举止和心态被刻画得淋漓尽致。如此绝妙，是张氏浅绛彩瓷仕女图的精心之作。

3. 具有较高的观赏、研究和收藏价值。

（六）文房花器

浅绛彩山水花鸟纹倭角方形小花盆

作者　任焕章

年代　光绪

尺寸　口径9.6厘米×9.6厘米　高6.8厘米

点评

1. 任焕章，作者简介见119页。

2. 此花盆制作精美，小巧玲珑，瓷质洁白，釉面脂润，为精美华贵的文房之花器。

3. 器身四周为两幅小写意山水画和两幅小写意花鸟图，画工精致，令人惊叹。山水画尺牍虽小，但以小见大，气势恢宏，山在水边站，水在山中绕，亭榭林间隐，轻舟湖面荡，充满了诗情画意的美妙意境。花鸟画一幅绘一只金黄色的小鸟伫立枝头，昂首挺胸，目光炯炯；另一幅则绘一只浅灰色的小鸟倒挂金钩，俯身下探，动作敏捷。两只鸟均形神兼备，趣致横生。

4. 这是作者精心创作、人见人爱的小写意山水花鸟纹之精品力作，具有很高的观赏、研究、收藏和投资价值。

浅绛彩花鸟纹倭角长方形水仙盆

作者　月人氏

年代　光绪十五年（己丑年，1889年）

尺寸　长23.2厘米　宽15.1厘米　高6.8厘米

点评

1. 月人氏，此月人氏，从其画风、诗文、书法综合推考，应不是前述月人——谭寅阶，而是另有其人，有传是李古董（待考）。其作品存世量稀少。

2. 此水仙盆器形规整，釉面脂润，构图新颖，布局疏朗，视点突出，主题鲜明。所绘红色绶带鸟和黑色八哥鸟各一对。它们分别栖憩在不同的树枝上，形态各异，楚楚可人。每对鸟儿皆像热恋中的情侣，交头接耳，卿卿我我，互倾爱意，十分逼真，饶有情趣。

3. 盆身虽有小磕（旧痕），但不影响画面观赏，仍具有较好的观赏、研究、收藏和投资价值。

浅绛彩花鸟纹长方形水仙盆

作者　月人氏

年代　光绪

尺寸　长18厘米　宽11厘米　高5.5厘米

点评

1.此水仙盆无论从器物形制、胎质、彩料、用途，到绘画选题、构图、题诗、书法诸方面去考证，均可断为与前文介绍的作者月人氏同一时期的姊妹作品（仅画面由一对鸟改为一只鸟）。

2.尤其耐人寻味的是，画中枝头上的这只“好鸟”，看似孤单，孑然一身，其实不然。作者以“好鸟枝头亦朋友”的诗句，告慰“好鸟”：我就是你的朋友！那落花纷纷扬扬地飘洒在水面上，那就是我写的文章！你鸟好，我文章好，我们就是一对好朋友啊！作品表达了那个时代知识分子愤世嫉俗、孤芳自赏、怀才不遇、报国无门的忧愁、愤恨、孤独和无奈。

3.作品保存完好，虽未落作者名款，但与前器一并收藏，互相印证，具有较高的观赏、研究、收藏和投资价值。

浅绛彩文房清供图渣斗（亦作花器）

作者　许品衡

年代　光绪

尺寸　口径7.9厘米　高10.1厘米

点评

1. 许品衡，作者简介见38页。

2. 此花器比例适中，小巧玲珑，瓷胎白皙，釉面润泽。所绘清供，错落有致，牡丹独秀，花开富贵；设色明丽，艳而不俗，给人以美的艺术享受。

3. 品相完好，器形规整，具有较高的观赏、研究和收藏价值。

浅绛彩花鸟纹八棱形花盆

作者　少卿

年代　光绪二十三年（丁酉年，1897年）

尺寸　口径22.1厘米×16.7厘米　高8.4厘米

点评

1. 少卿，江西景德镇人，晚清浅绛彩瓷画名家，工山水画、人物画、花鸟画，尤精花鸟画。花鸟画多仿元人笔法，功力深厚，画艺高超。

2. 此盆为八棱形文房花器，并以青花缠枝莲纹饰口沿，器形别致，制作精良，瓷质洁白，品相完好。

3. 两面画山水，所绘为狭义型浅绛彩文人小写意山水图；另两面画花鸟，所绘为广义型浅绛彩文人小写意花鸟图。其山水图，湖光山色，楼台亭榭，随意点染，灵动自然；其花鸟图，朵大花艳，富贵吉祥，两只鸟逼真，栩栩如生。其景其物确实令人赞叹不已，爱不释手。

4. 具有较高的观赏、研究、收藏和投资价值。

五、秀蕴其中的茶酒具

(一)僧帽式提壶

浅绛彩花鸟纹僧帽式提壶

作者　胡英章
年代　光绪二年（丙子年，1876年）
尺寸　口径6厘米　底径11厘米　高11.2厘米

点评

1. 胡英章，早期浅绛彩瓷画师，传世作品极少。

2. 此壶构图饱满，视点突出；设色淡雅，画面清新；小鸟灵动，花卉盎然；题诗有趣，书写流畅。

3. 具有较高的观赏、研究、收藏和投资价值。

浅绛彩花鸟纹僧帽式提壶

作者　小松（程盈）
年代　光绪十年（甲申年，1884年）
尺寸　口径6.7厘米　底径11.6厘米　高11.8厘米

点评

1. 小松，即程盈（原名曾盈，字湘生），又名程荣，字小松，程门的次子，光绪后期至民国时期浅绛彩瓷画名家，擅画仕女、花鸟，画艺精湛，功力深厚，传世作品不多见。

2. 此壶所绘浅绛彩花鸟图，采取工写相兼的写生手法绘就。作者捕捉住小鸟呼朋唤友一瞬间的动作，把它再现在瓷壶上，真乃神韵四射，栩栩如生。衬景中的坡地花卉，则运笔豪放，潇洒自如，盖得其父程门之真传，不失为小松氏浅绛彩花鸟纹瓷画精品佳作。

3. 具有很高的观赏、研究、收藏和投资价值。

浅绛彩人物纹僧帽式提壶

作者　蒋玉卿

年代　光绪十年（甲申年，1884年）

尺寸　口径6.4厘米　底径12厘米　高11.2厘米

点评

1. 蒋玉卿，安徽歙县北乡人，名龙恩，字玉卿，一字锡臣，又字寿春，号徽北三十六峰樵人。晚清御窑厂画师，浅绛彩瓷画名家。擅画人物、山水、花鸟，无一不精。人物主要仿赵大年，用笔洒脱，随心所欲，不求形真，但求神似。花鸟可分两路：一路以侧锋为主，阔笔写意，很是洒脱，颇为传神；另一路细笔状物，遵循套路，颇有法度，则具民间绘画的特性和风韵。至于书法亦清秀隽美，功力深厚。

2. 此壶所绘人物图，无论从选题、构图到运笔，都彰显了作者的艺术取向、画风和技法特征，并留有师法北宋书画大家赵大年的某些踪迹。他运思独特，构图精巧，用笔洒脱，不求形真，但求神似；施彩淡雅，点染得体，苍润厚实，清丽雅致。

3. 此壶嘴及提梁桥座虽经修整，但画面完好，仍不失为蒋氏浅绛彩瓷画之精品佳作，具有较高的观赏、研究、收藏和投资价值。

浅绛彩山水人物纹僧帽式提壶

作者　梁肯堂

年代　光绪十一年（乙酉年，1885年）

尺寸　口径7厘米　底径11.6厘米　高10.5厘米

点评

1. 梁肯堂，又名梁楚才，号小舟。落款有肯堂氏、梁肯堂、梁楚才、肯堂梁楚才、小舟氏，斋名为种兰书屋。为晚清御窑厂著名画师，浅绛彩瓷画名家。擅画山水、花鸟，山水画彷清初画圣王翚（字石谷，号耕烟散人等）之笔法，功力深厚，画工精湛，存世作品较少，为收藏界和市场所热捧和追逐。

2. 此壶嘴断，重新修复，盖为后配，所幸画面完整。其构图饱满，布局巧妙；疏密有致，虚实跌宕；勾画自然，用笔洒脱；施彩沉妍，厚重雄浑。书法亦颇具功力，是梁氏传世稀少的浅绛彩山水人物纹瓷画精品之作，虽残犹珍。

3. 具有较高的观赏、研究和收藏价值。

浅绛彩人物纹僧帽式提壶

作者　孟秋月

年代　光绪四年（戊寅年，1878年）

尺寸　口径6.4厘米　底径11.5厘米　高11.6厘米

点评

1. 孟秋月，同治至光绪早期浅绛彩瓷画师，画艺精湛，功力深厚，传世作品极为罕见。

2. 此壶器形规整，美观大方，特别是壶的颈部和盖以红绿彩花卉纹图案装饰，清新可人。作者运笔老辣，线条简约，刻画细腻，丝丝入扣，成功地塑造了一位眷恋挚友，亲临码头迎候的老者形象。你们看他斜靠大树，正急切地等待挚友所乘坐的客船到来，忧心忡忡。终于有消息了，瑞蝠飞来报信，客船安达。老者的心情豁然开朗，脸上的乌云也消失殆尽。作品给人以无限的艺术遐想和心灵的震撼。

3. 书有作者及受赠人名款，堪称孤特品，具有较高的观赏、研究和收藏价值。

浅绛彩花鸟纹僧帽式提壶

作者　詹尧臣

年代　光绪十一年（乙酉年，1885年）

尺寸　口径7厘米　底径11.6厘米　高11.5厘米

点评

1. 詹尧臣，名诰，字伍仁，晚清御窑厂画师、浅绛彩瓷画名家。传曾拜金诰（品卿）为师，擅画山水、花鸟，书法亦精，个性独特，风格迥异。

2. 此壶所绘花鸟，构图饱满，运笔老辣；花卉写意，艳而不俗；小鸟灵动，跃跃欲飞；诗文韵浓，书写龙凤。

3. 具有较高的观赏、研究、收藏和投资价值。

浅绛彩花鸟纹僧帽式提壶

作者　小方氏
年代　光绪十二年（丙戌年，1886年）
尺寸　口径6.4厘米　底径12厘米　高11.4厘米

点评

1. 小方氏，真实姓名无考。根据其传世作品的绘画水平、功力和文化素养等可断为光绪早期、中期浅绛彩瓷画名家或高手。擅画山水、花鸟，尤精花鸟画，个性独特，风格迥异。

2. 此壶瓷精釉润，品相完好。所绘花鸟，构图舒朗，运笔老辣；花卉写意，艳而不俗；白鹤俯立，生动传神；书法端庄，刚健有力。

3. 这是一件不可多得的小方氏浅绛彩花鸟纹瓷画精品力作，极具观赏、研究、收藏和投资价值。

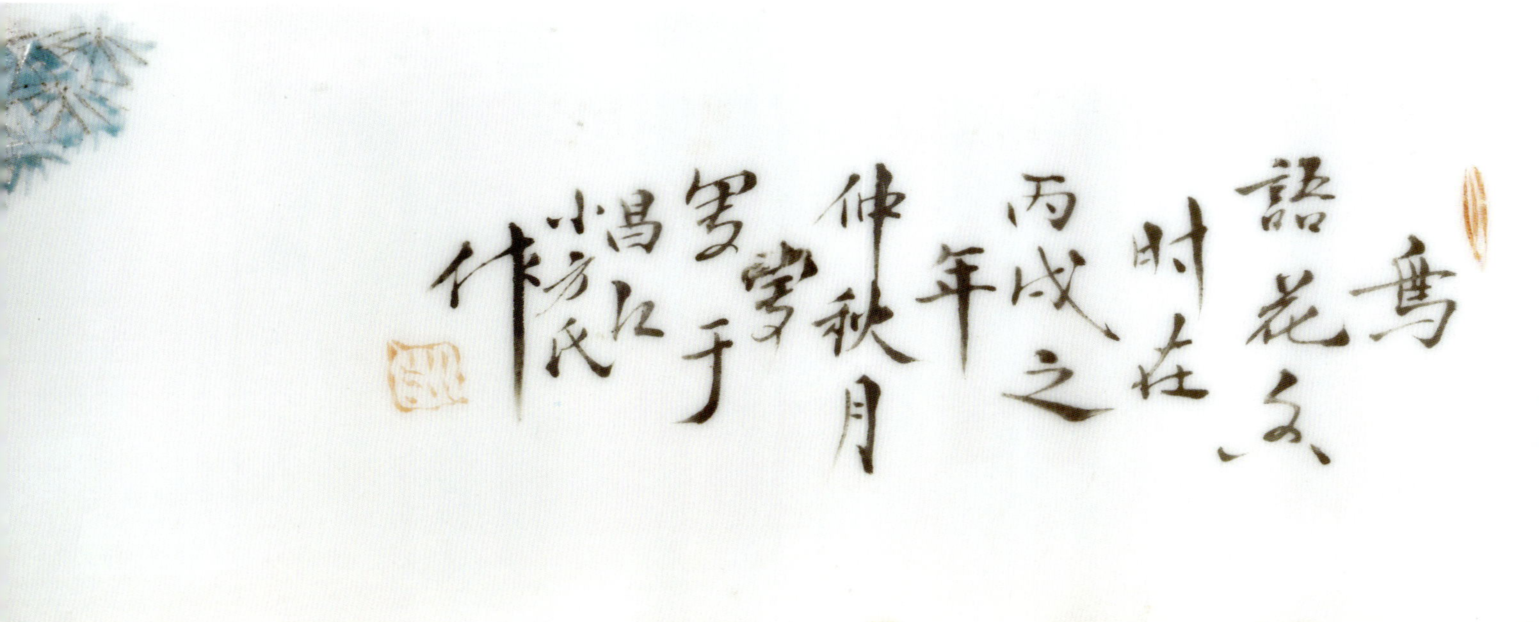

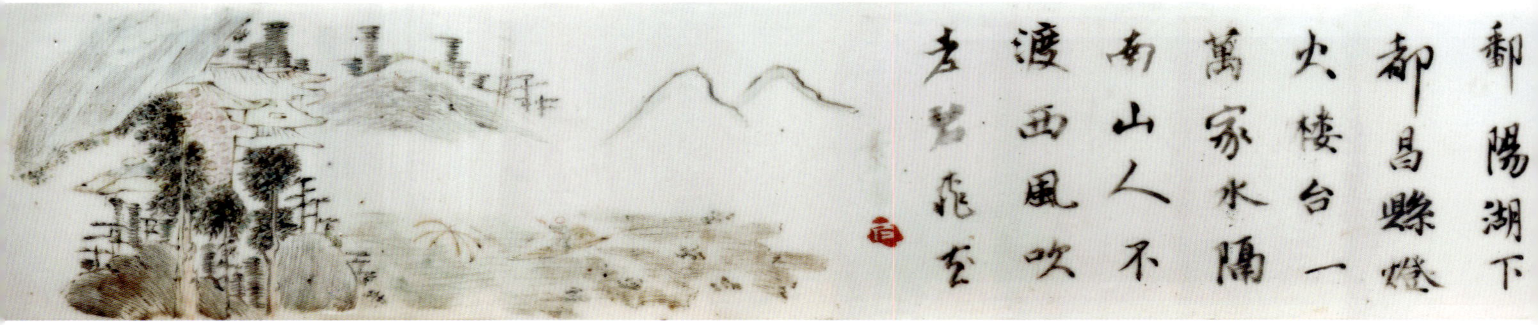

浅绛彩山水人物纹僧帽式提壶

作者　素垒

年代　光绪

尺寸　口径6.6厘米　底径12厘米　高11.2厘米

点评

1. 素垒，晚清浅绛彩瓷画师，擅画山水，传世作品稀少。

2. 该作品清丽淡雅，画韵悠长，具有较高的观赏、研究和收藏价值。

浅绛彩人物纹僧帽式提壶

作者　佚名

年代　光绪

尺寸　口径6.5厘米　底径11.6厘米　高11.2厘米

点评

1. 此壶作者不知何人，所绘人物山水长卷，为壶上通景图。

2. 共塑造了8位不同形象的古典人物，或肃坐垂钓，或伫立静观，或回眸示意，或轻摇锦扇，或手持杖灯，或老少结伴……且衬景：柳树、山石、栏栅、花卉……搭配得十分默契，相得益彰。人物众多，神态各异，场面壮观，气势恢宏。

3. 遗憾的是，画面上没有留下任何文字，既无题款，又无印章，给读者留下了无穷的悬念和猜想，具有较高的观赏、研究和收藏价值。

（二）钟形壶

浅绛彩花鸟纹钟形提壶

作者　江楼梧

年代　光绪九年（癸未年，1883年）

尺寸　口径5.6厘米　底径12厘米　高13厘米

点评

1.江楼梧，号渔人，轩室名兰亭轩、松柏轩，常用款江楼梧，有时亦用楼梧氏，晚清浅绛彩瓷画名家，光绪御窑厂画师，工山水画、人物画，最擅画花鸟。其山水画仿沈石田，人物画宗倪云林。

2.此壶构图疏朗，设色淡雅，花鸟写意，画工精湛。作者心随笔运，取象不惑，泼墨率意，赋彩有泽，是一幅具有典型的海派文人画风的浅绛彩花鸟纹瓷画佳作。

3.具有较高的观赏、研究、收藏和投资价值。

浅绛彩仕女纹钟形提壶

作者　小山氏

年代　光绪十年（甲申年，1884年）

尺寸　口径4.5厘米　底径12.3厘米　高13.6厘米

点评

1. 小山氏，此小山氏应为黄小山。黄小山，又名黄川，晚清浅绛彩瓷画名家，擅画人物、花鸟，亦工书法，传世作品稀少。

2. 此壶所绘仕女图，构图饱满，画风写意，设色淡雅，运笔老到，应物象形，气韵生动，犹如春风得意，杨柳轻拂，诗情画意，尽在其中。

3. 这是作者创作于光绪早期的十分难得的精品佳作，具有很高的观赏、研究、收藏和投资价值。

浅绛彩花鸟纹钟形提壶

作者　启明

年代　光绪十五年（己丑年，1889年）

尺寸　口径4.3厘米　底径12.7厘米　高14.1厘米

点评

1. 启明，本名徐启明，又名徐昶，字启明。晚清浅绛彩瓷画名家，擅画花鸟，书法亦颇具功力，流畅舒展，柔中带刚，自成一格。

2. 此壶较一般钟形壶裙部外扩，显得飘逸，蔚为美观。更难得的是画工精妙，仅寥寥数笔，一抹土坡，两根树枝，几丛花卉，跃然壶上，生机盎然。尤其是那只伫立在高枝上的小鸟，舒展锦翎，动作乖巧，极具灵性。它一边注视着枝上的红果，一边发出鸟语，召唤着同伴们赶快过来分享。此情此景，充满了鸟界的温馨，颇具文人写意花鸟画的韵味。

3. 品相完好，造型别致，书画俱佳，甚为名贵，具有较高的观赏、研究、收藏和投资价值。

浅绛彩渔樵问答图钟形提壶

作者　安云（黄铭光）

年代　光绪十七年（辛卯年，1891年）

尺寸　口径4.5厘米　底径12厘米　高12.5厘米

点评

1. 安云（拙著《瓷器上的中国文人书画——陶趣斋藏浅绛彩瓷及相关彩瓷鉴赏》第166页曾对此名做过简介），经考证，安云之守素轩即为黄铭光之守素轩，安云应为黄铭光之笔名。黄铭光，晚清浅绛彩瓷画名家，光绪御窑厂画师，最擅花鸟画，师法华秋岳；亦工山水画、人物画。常用款有黄铭光、铭光、铭光氏，轩室号有珠山客舍、守素轩、碧岐山房、昌江汝丹山房等。

2. 此壶画作对樵夫与渔翁问答场面的描绘十分自然真实：樵夫的脸部表情及两人对话时的身姿和动作极其逼真而传神。他们究竟谈些什么，我们不得而知。但从他们的举手投足，仿佛听到了其动情而激烈"碰撞"的对话声。说明作者具有丰富的渔樵生活阅历及对生活深入细致的观察，才能使这一源于生活的作品超越生活、高于生活，显得如此鲜活而感人！

3. 品相完好，书画俱佳，具有较高的观赏、研究、收藏和投资价值。

浅绛彩花鸟纹钟形提壶

作者　马庆云

年代　光绪二十四年（戊戌年，1898年）

尺寸　口径4.6厘米　底径12.6厘米　高12.7厘米

点评

1. 马庆云，江西古南人，名号有马庆云、庆云、庆云氏、古南马庆云；印章常用庆云书画、马庆云斋雅器、光绪庆云书画、马庆云画雅磁（瓷）、江西马庆云出品、庆云斋造等。光绪御窑厂画师，著名的浅绛彩瓷画家，与何明谷、钱安（仙槎）、周筱松并称为“民初四大家”。擅画人物、山水、花鸟，传世作品较多，比较著名的是婴戏图。其笔下的娃娃，大头、细身、乌黑的头发反衬出娃娃稚幼脸颊的润泽、天真、无邪。每个娃娃神态各异，活泼可爱，灵动传神，具有很高的艺术品位和收藏价值。其山水、花鸟作品则较罕见，无一不精，亦极具收藏潜力，深受收藏界和市场的青睐和追捧。

2. 此壶形如鸣钟，美观典雅，瓷质脂白，做工精细。

3. 所绘花鸟颇具文人写意画风——牡丹花开，姹紫嫣红，富贵满堂，十分养眼；翠鸟俯身，意欲护花，动作机灵，极富神韵。

4. 这是作者传世较少的浅绛彩花鸟纹瓷画精品之作，具有较高的观赏、研究、收藏和投资价值。

浅绛彩人物纹钟形提壶

作者　汪友棠

年代　光绪三十一年（乙巳年，1905年）

尺寸　口径4.1厘米　底径11.6厘米　高11.8厘米

点评

1.汪友棠，作者简介见46页。

2.此壶所绘读书图，构图疏密有间，运笔老到洗练，特别是人物形象生动，你看他那开卷掩面的憨态可掬、专心致志的捧读神情，令人如见其人，如闻其声。再看衬景，古拙苍松挺且拔，石桌文案齐而整，风轻树静鸟无踪，“读书声里是吾家”。

3.作品题诗入画画如诗，不愧为名家笔下诗书画印齐备的写意人物画之精品，具有较高的观赏、研究、收藏和投资价值。

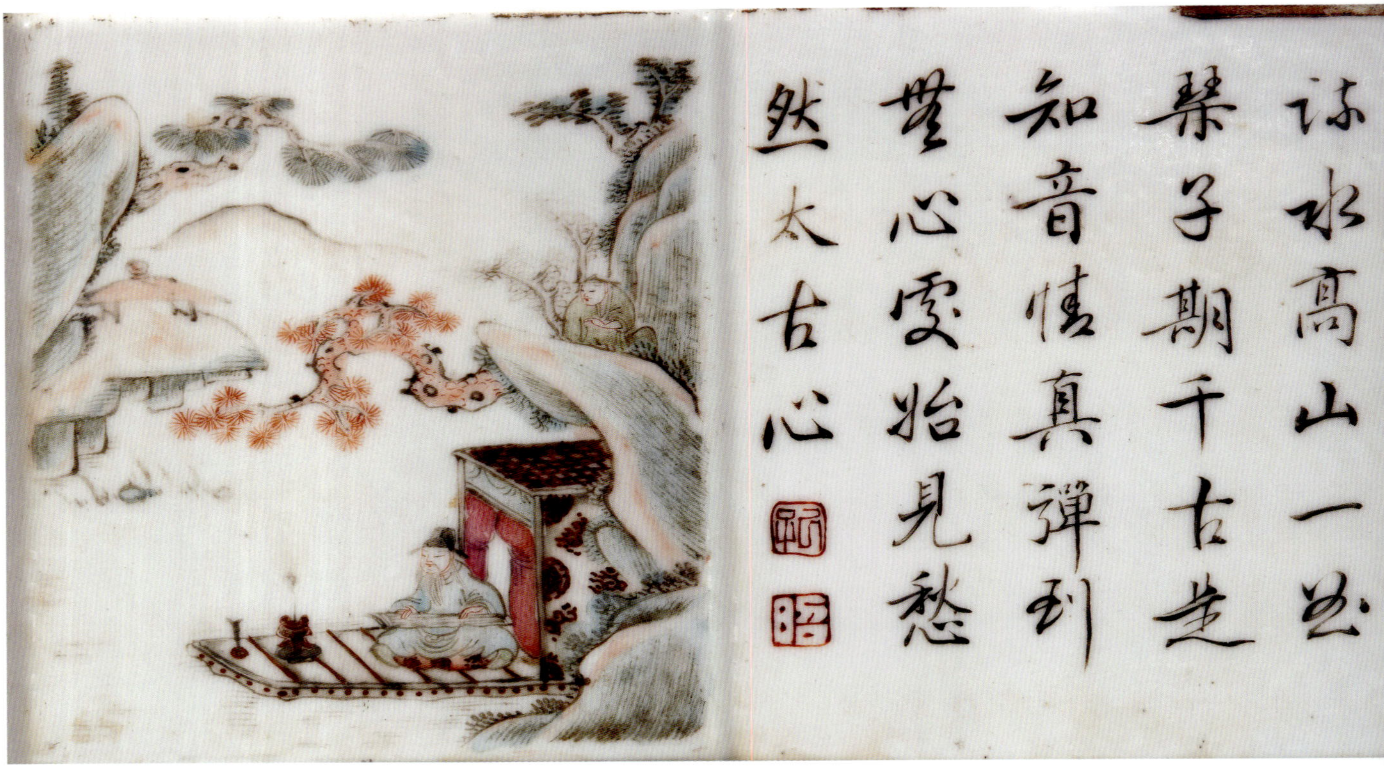

（三）方形壶

浅绛彩山水人物纹方形壶

作者　余子和
年代　同治十三年（甲戌年，1874年）
尺寸　口径5.8厘米　高12.8厘米

点评

1. 余子和，安徽黄山仙源人，斋号静画轩，鲜为人知的早期浅绛彩瓷画名家之一，擅画山水、人物、花鸟，书法亦精，是一位艺术功力深厚、创作态度严谨的早期浅绛彩瓷画师，传世作品甚少，无一不精。

2. 此壶器形规整，瓷质玉白，保存完好，连内胆都无损。壶两面绘春秋战国时期琴师伯牙与知音钟子期的故事，画工老辣，精妙绝伦。所绘人物，用笔细腻，生动传神；所绘山石、古树、花鸟、船屋，亦无不布局奇巧，比例精准，透视感强，再加上另两面耐人寻味的配诗和遒劲老道的书法，使整个画面亦真亦幻，灵活多变，层次分明，清新高雅，极富文人之诗情画意，是余子和传世稀少的精品力作。

3. 品相完好，且有干支纪年款，确证为早期的浅绛彩瓷作品，具有很高的观赏、研究、收藏和投资价值。

時在甲戌孟穐上
澣仿新羅山人畫意
作于昌江之旅次
仙源余子和書

浅绛彩逸士鹤鹿纹六方形温酒壶

作者　胡炎　罗旸谷

年代　光绪三年（丁丑年，1877年）

尺寸　口径（对角）11厘米　底径（对角）11厘米
　　　高11.6厘米　内胆口径3.5厘米　高9.8厘米

点评

1. 胡炎，号赤山樵、赤山樵子、南岳樵、南岳樵生、樵炎居士、樵人，晚清浅绛彩瓷画名家，画艺高超，书法精湛，对人物画、山水画、花鸟画无一不精。人物画师法沈周，山水画则效仿米家父子。

2. 此壶外身为六方形，三面绘画，三面书法。壶身所绘：其一，为逸士听蝉，蝉声吱吱，逸士如痴，生动而传神；其二，是荷鹤图，许是仙鹤戏水或觅食，其态楚楚，颇具风韵；其三，乃松鹿图，不落俗套，黄鹿穿树下而过，抬头回望红蝠（“洪福”谐音），构图新颖，富有创意。这是作者创作于光绪三年（1877年）的极其珍罕的早期浅绛彩瓷画精品之作。

3. 罗旸谷，又名罗云谷、罗炳坤，晚清浅绛彩瓷画名家，“珠山画派”浅绛彩瓷画代表人物，曾在御窑厂创作浅绛彩瓷画，对人物画、山水画、花鸟画，亦无一不擅，颇见功力。其作品对当时的浅绛彩瓷画及稍后而兴的新粉彩瓷画之表现艺术均产生重大影响。

4. 罗旸谷与胡炎私谊深厚，交往甚笃，两人常联袂创作浅绛彩瓷画。此壶内胆上的寒梅图即为他所绘。构图简约，梅枝劲挺，花绽如火，生机勃勃。

5. 两大名家联袂作画，本就稀罕，加之又为他们早期合作的浅绛彩瓷画精品力作，具有极高的观赏、研究、收藏和投资价值。

昔臣有功于
國者必昭其
功而勒諸金
石名聘鐘焉

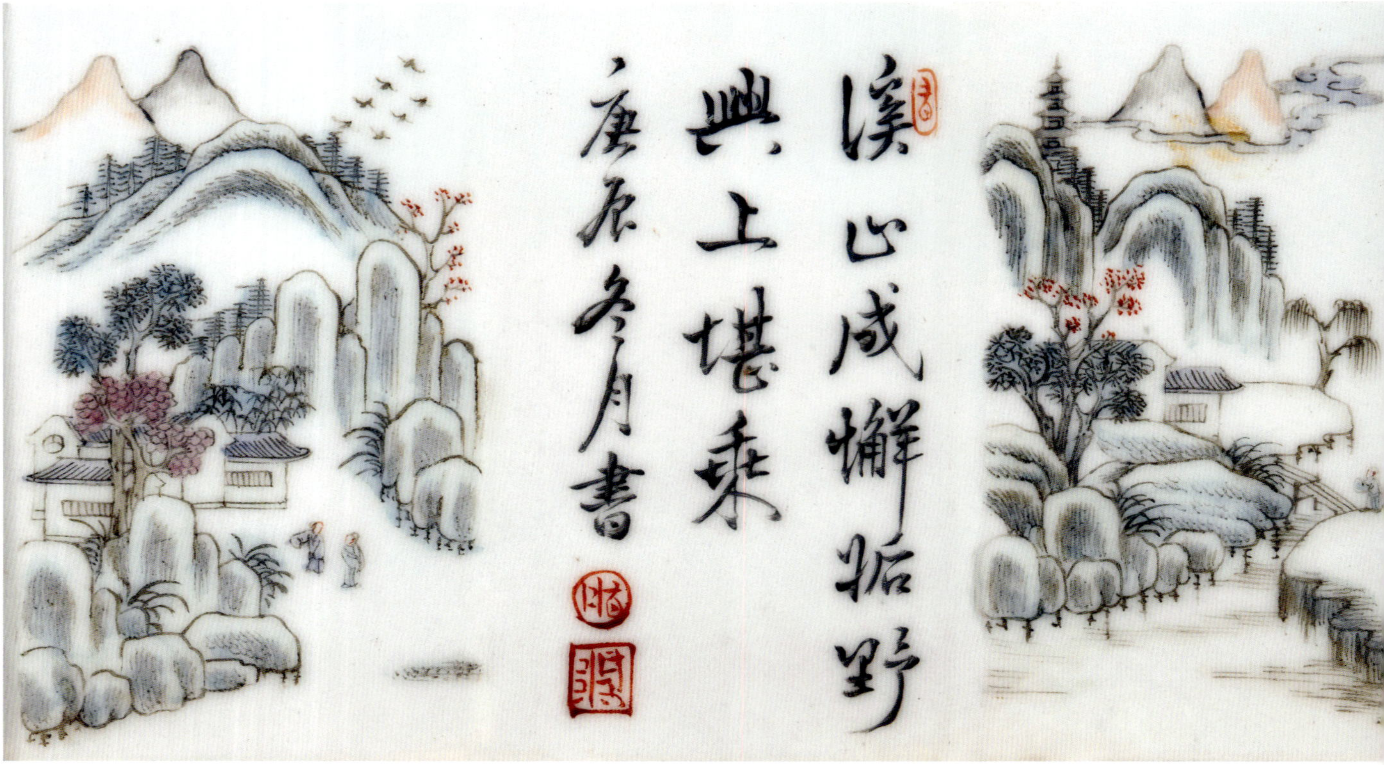

浅绛彩山水人物纹六方形温酒壶

作者　王昭明

年代　光绪六年（庚辰年，1880年）

尺寸　口径（对角）11.5厘米　底径（对角）11.5厘米　高12厘米

点评

1. 王昭明，作者简介见36页。

2. 此壶呈六方形，器形规整，画工精湛，书法精湛。

3. 所绘为王昭明创作的传世稀少的山水人物纹题材，形式是通过绘画来诠释古诗，以帮助人们直观而形象地解读唐诗的意境和内涵，诠释精准，画扣诗意，诗画交融，别具一格，撼人心灵！

4. 具有极高的观赏、研究、收藏和投资价值。

浅绛彩山水花鸟纹方形壶

作者　江楼梧

年代　光绪十年（甲申年，1884年）

尺寸　口径5厘米　高10.2厘米

点评

1. 江楼梧，作者简介见140页。

2. 此壶呈正方形，古朴典雅，一面画花鸟，一面画山水，构图疏朗，设色淡雅，花鸟写意，山水清丽。作者运笔随性，工写相兼，应物象形，赋彩有泽，神韵迭出，自然天成。连题款都以朱笔书写，且品相完好。

3. 这是一幅十分难得的具有浓郁的海派文人画风和很高艺术品位的浅绛彩花鸟山水纹瓷画精品之作，具有较高的观赏、研究、收藏和投资价值。

浅绛彩山水人物纹方形壶

作者　绂臣氏

年代　光绪

尺寸　口径4厘米×5.2厘米　高13.2厘米

点评

1. 绂臣氏，姓胡名瀚章，曾任清政府官员，光绪中期、晚期浅绛彩瓷画家，擅画人物、花鸟，书法亦佳，尤善碑隶。素喜客串御窑厂画师作画，传世作品甚少。

2. 此壶呈四方形，端庄典雅，瓷质脂润。所绘一面为人物，形象高古，凝神注目；另一面为山水，群山叠翠，云遮雾绕。此作品可能是作者应酬之作（即应朋友或幕僚之约即兴创作的），抑或他人托名作品（待考）。

3. 具有一定的观赏、研究和收藏价值。

浅绛彩山水花鸟清供图六方形温酒壶

作者　子善氏

年代　光绪二十年（甲午年，1894年）

尺寸　口径6厘米　底径（对角）11.2厘米　高12厘米

点评

1. 子善氏，是否即周子善（待考）。周子善，名鼎，字子善。晚清御窑厂画师、浅绛彩瓷画名家，兼工山水画、人物画、花鸟画，尤擅山水画。其山水画简洁空灵，学的是清代大家石涛（瞎尊者）一路。其作品有较高的观赏和收藏价值。

2. 此壶为六方形，比例适中，古朴典雅。三面各画山水、花鸟和文房清供图，另三面为书法和题款。作品选题多样，技法娴熟，画风清新；书法字体三易，书写流畅，遒劲圆润。

3. 具有较高的观赏、研究和收藏价值。

飛羽觴
而醉月

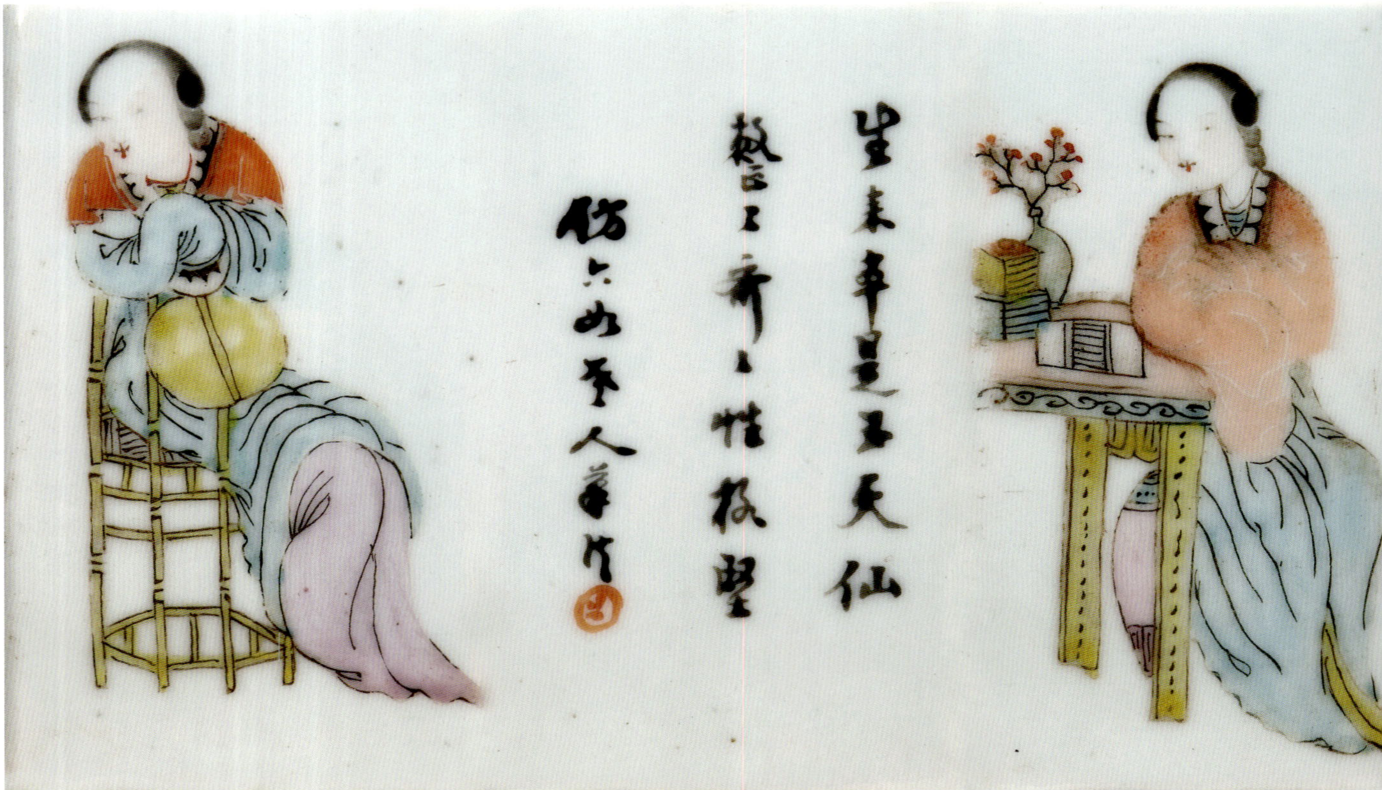

浅绛彩仕女纹六方形温酒壶

作者　徐子祥

年代　光绪三十二年（丙午年，1906年）

尺寸　口径6.5厘米　底径（对角）11.2厘米　高11.2厘米

点评

1. 徐子祥，晚清浅绛彩瓷画名家。工人物画、花鸟画、博古图，尤擅画仕女，所绘思春仕女，体态娇美，举止高雅，相思情真，婉约动人。

2. 此温酒壶内胆非原配，瓷质温润。所绘三仕女体态各异，有低头赏花状的，有抚扇沉思状的，有站立起舞状的。她们皆身着粉红色上衣，下穿浅绿色裙子。作者运笔流畅，赋彩淡雅，给人以既端庄又沉稳、既冷艳又清新之视觉效果和美的艺术享受。

3. 具有较高的观赏、研究和收藏价值。

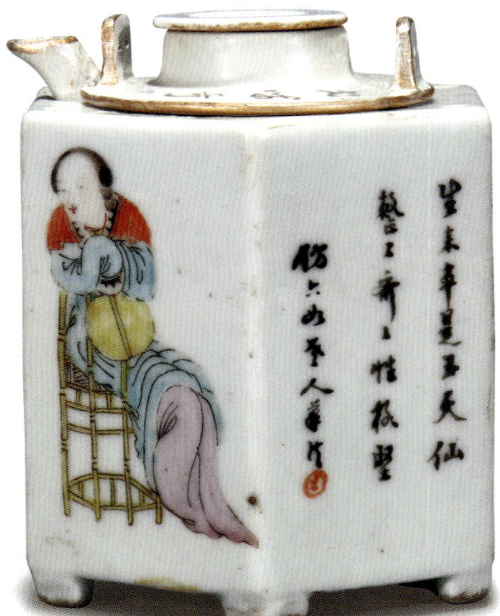

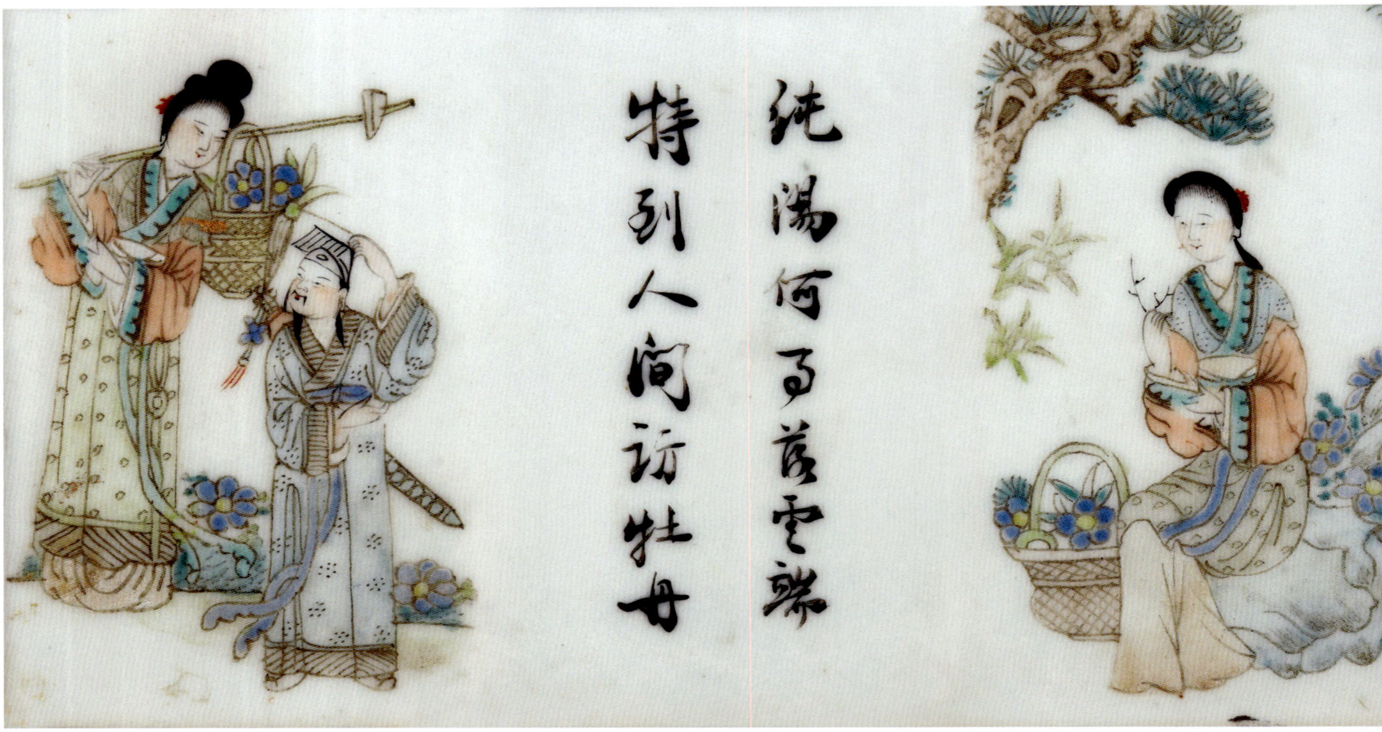

浅绛彩人物纹六方形温酒壶

作者　罗子林

年代　民国十一年（壬戌年，1922年）

尺寸　口径6.2厘米　底径（对角）11.4厘米　高12.6厘米

点评

1. 罗子林，晚清至民国时期浅绛彩瓷画名家，擅画人物，尤擅画仕女，所绘仕女工写相兼，眉目传神。

2. 此壶为六方形，外观完好，图案清晰，描金如新。所绘为八仙故事人物中的吕洞宾等，笔墨精致，施彩淡雅，眉目传神，栩栩如生。书法亦遒劲流畅，功力深厚，不失为作者民国时期所创作的不可多得的人物纹瓷画精品之作。

3. 具有较高的观赏、研究、收藏和投资价值。

於壬戌之秋月畫

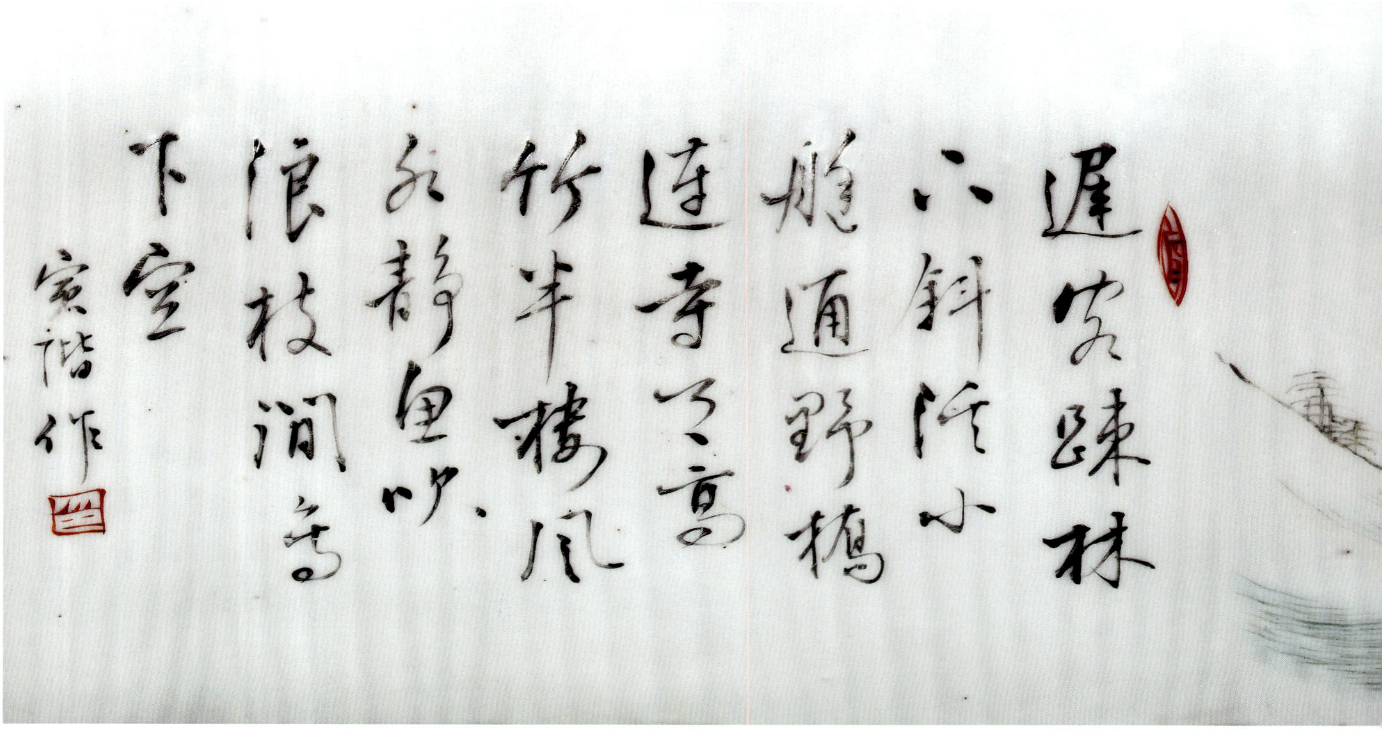

（四）瓜（棱）形壶

浅绛彩山水人物纹瓜棱形提壶

作者　谭寅阶
年代　同治
尺寸　口径5.5厘米　高11.8厘米

点评

1. 谭寅阶，本名谭启泰，字寅阶，同治至光绪年间浅绛彩瓷画名家，擅画山水、人物、花鸟，诗文及书法亦精，功力深厚。存世作品较少，无一不精。

2. 此壶为作者于同治年间所创作的浅绛彩山水人物纹瓷画经典作品。布局奇巧，恢宏大度；层次分明，佳景纷呈；设色淡雅，画面清新；书写苍劲，诗景交融。诗中“水静鱼吹浪，枝间舍下空”句尤为精彩，乃点睛之笔。

3. 这是作者集诗、书、画、印于一体，艺文品位俱佳的精品力作。壶身虽有一条小横纹，但不失为难得一见的作者书画艺术之珍品，具有较高的观赏、研究、收藏和投资价值。

浅绛彩花鸟纹瓜棱形提壶

作者　福泰

年代　光绪六年（庚辰年，1880年）

尺寸　口径5.5厘米　高9.5厘米

点评

1. 福泰，姓潘，本名潘福泰，光绪早期浅绛彩瓷画家，擅画花鸟，书法亦佳，画艺超群，笔力雄健，传世作品稀少，弥足珍贵。

2. 此壶器形规整，瓜棱精美。所绘为典型的浅绛彩花鸟图，小鸟叼虫，颇具灵气；花卉纷呈，十分养眼；题诗韵长，书法亦佳，是一件作者于光绪早期创作的传世稀少的文人花鸟纹瓷画精品佳作。

3. 品相完好，具有较高的观赏、研究、收藏和投资价值。

浅绛彩花鸟纹瓜形提壶

作者　松斋氏

年代　光绪十一年（乙酉年，1885年）

尺寸　口径7.3厘米　底径10厘米　高12.1厘米

点评

1. 松斋氏，光绪早期、中期浅绛彩瓷画名家，擅山水画、花鸟画，书法亦佳，画风清雅，功力深厚，传世作品甚为罕见。

2. 此壶为瓜形，器形规整。所绘花鸟图布局疏朗，视点突出；运笔简约，皴法老辣；鸟姿雄立，气宇轩昂；赋诗霸气，书法精湛；是传世稀罕的松斋氏花鸟纹瓷画精品之作。

3. 具有较高的观赏、研究、收藏和投资价值。

浅绛彩山川图瓜棱形提壶

作者　李友梅

年代　光绪十九年（癸巳年，1893年）

尺寸　口径6厘米　底径10.5厘米　高10.6厘米

点评

1. 李友梅，号小轩，别称小轩山房，落款常用小轩、友梅氏、香亭氏，晚清浅绛彩瓷画名家，光绪御窑厂画师，擅山水画、人物画、花鸟画，传世作品不多见，无一不精。其作品市场认知度相当之高。据民国黄裔《瓷史》记载："同（治）光（绪）之际，以程雪笠（门）者为最胜，次则有落小轩作款者，不知姓氏，亦卓尔不凡。"可见小轩是与程门同时代且齐名的浅绛彩瓷画大家。李友梅可能即此"小轩"（待进一步考证）。

2. 此壶呈瓜棱状，棱线匀布，如杼所织：瓷质细白，白中泛光。壶上所绘为浅绛彩山川通景图，笔法老到，赋彩明丽。但见山随坡势，由近及远，直接云天；水环陆基，绕弯而去，无以穷尽。林中小亭掩映，若隐若现；川上轻舟飞渡，一泻百里；一派山川秀气，令人心旷神怡！

3. 具有较高的观赏、研究、收藏和投资价值。

浅绛彩铜雀锁二乔图瓜形提壶

作者　罗宿
年代　民国四年（乙卯年，1915年）
尺寸　口径7.1厘米　底径10.2厘米　高11.3厘米

点评

1. 罗宿，又作罗宿氏，民国时期知名浅绛彩、粉彩瓷画家。擅画人物，尤其是画老翁，神态极“神”，亦工山水画、花鸟画。传世作品多为碗、盘、碟、罐，而其瓶、壶之类的器物则鲜见于市。

2. 此壶形如瓜状，器形规整。所绘铜雀锁二乔图，构图巧妙，姐妹紧挨，相依为命，共赴劫难；衬景含蓄，枯树新芽，启人遐思，赋人希望。

3. 具有较高的观赏、研究和收藏价值。

浅绛彩李白醉酒图瓜形温酒壶

作者　佚名

年代　民国

尺寸　口径6.7厘米　底径7.6厘米　高13.7厘米

点评

1. 此温酒壶由外壶、内胆和盖组成，呈瓜形状，是民国时期常见的温酒壶。

2. 外壶上画一位银须飘拂、脸部慈祥的老者盘坐在苍劲的古松树下。他正聚精会神地端详着手中的寿桃，一只红色的蝙蝠在头顶盘旋，近处是山，远处乃一片茫茫的大海……多么富有诗情画意！其意含“洪福齐天”“福在眼前”“福如东海”“寿比南山”。这一切，还暗示着与喝酒有关，酒能强身健体，延年益寿。看了古人这一巧妙而有文气的“酒广告”，你能不频频举杯吗？我们提倡：好酒可以喝一点，但不要过量！并忠告司机朋友们：“开车不喝酒，喝酒不开车！”

3. 具有一定的观赏、研究和收藏价值。

（五）手执壶

浅绛彩山水人物纹手执壶

作者　高心田
年代　光绪十一年（乙酉年，1885年）
尺寸　口径11厘米　高7厘米

点评

1. 高心田，晚清御窑厂画师，浅绛彩瓷画名家，曾为“珠山八友”的老师，轩室号为倚竹轩。擅山水画、人物画、花鸟画，山水画最佳，而花鸟画则较为少见。

2. 此壶所绘为高氏最擅长的山水图且为其早期的瓷画作品。画工精到，勾皴自然；远山近景，层次分明；色彩丰富，浓淡有致；画如诗意，白云人家。

3. 此壶缺盖，现盖为后配，具有较高的观赏、研究和收藏价值。

浅绛彩仕女纹手执壶

作者　余焕文

年代　光绪

尺寸　口径11.7厘米　底径9厘米　高10.1厘米

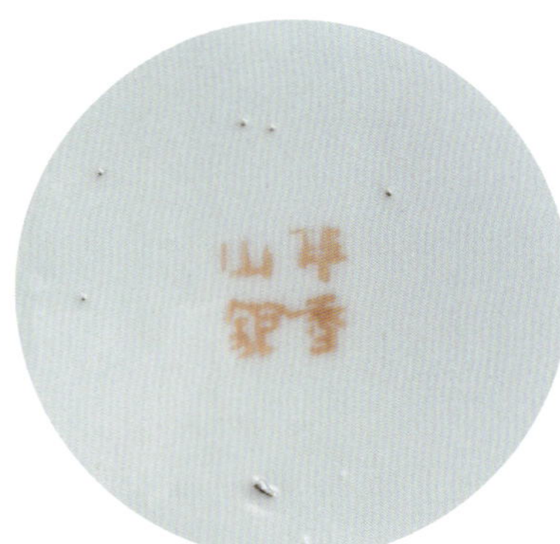

点评

1. 余焕文，名章，字焕文，号香山、盘古山人，轩室号有芹香山房、芹香山馆等，晚清御窑厂画师及早期浅绛彩瓷画名家之一。工人物画、山水画、花鸟画，尤擅仕女画，所绘无一不精。

2. 此壶形如古代状元帽子，器形美观端庄，寓意读书做官，官运亨通。壶盖所画仕女一边纳凉，一边读书，言传身教，教子有方。壶身所绘仕女临窗凝思，也许在思念远方的郎君，也许在思考教子良方。画工精湛，刻画细腻，眉目传情，栩栩如生。

3. 这是一幅较为难得且品相完好的作者于光绪早中期的精品力作，具有较高的观赏、研究、收藏和投资价值。

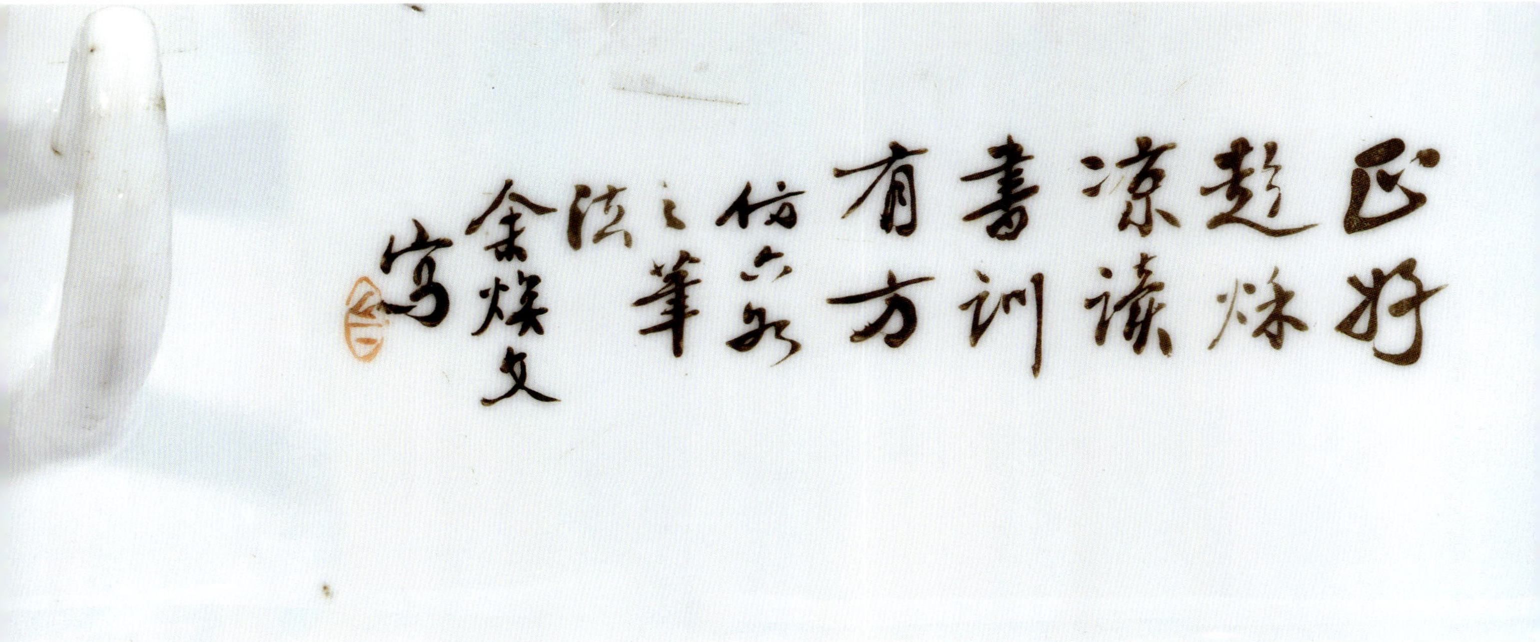

浅绛彩人物花鸟纹手执壶

作者　程继如

年代　民国十二年（癸亥年，1923年）

尺寸　口径8.3厘米　底径9.5厘米　高15.5厘米

点评

1. 程继如，字彭年，安徽黟县人，浅绛彩瓷画名家，程氏家族中浅绛彩瓷绘的重要传承人之一，得程门瓷绘之真传，其艺术修养及成就非同一般，传世作品不多见，无一不精。

2. 此壶器形特别，呈宝鼎之形状。壶上书画分上下两层：上层为读书乐图及作者配句；下层为花鸟图和作者赠语。画风古拙，技艺精湛，书写畅达，刚柔并蓄。

3. 具有较高的观赏、研究和收藏价值。

（六）筒形壶

浅绛彩山水人物花鸟纹提壶

作者　佚名

年代　同治

尺寸　口径5.4厘米　底径9厘米　高11.7厘米

点评

1. 此壶器形规整，瓷质脂润，所绘为浅绛彩山水人物花鸟纹通景图，构图巧妙。一面画浅绛彩花鸟，用笔老辣，施彩淡雅，小鸟灵动，花卉生机勃勃，可独立成图；另一面画浅绛彩山水人物，厚皴薄染，湿笔渲淡，树木纷披，逸士影绰，亦可独立成图。两组画连起来则构成一幅雄奇恢宏、意境悠远的山水人物花鸟纹通景图。

2. 作者虽为佚名，但不难推断他乃是同治至光绪年间的一位浅绛彩瓷绘画高手、名家或大家。此作品为精品佳作，且品相完好。

3. 具有较高的观赏、研究、收藏和投资价值。

浅绛彩饮茶图提壶

作者　俞子明

年代　光绪三十二年（丙午年，1906年）

尺寸　口径4.8厘米　底径10厘米　高12.1厘米

点评

1. 俞子明，作者简介见30页。

2. 此壶所绘饮茶图，构图别致，立意新颖，人物生动，逸情野趣。一书生打扮的男士席地而坐，把盏细品，身边摆的也许是进京赶考的行囊。他信心满满，神态释然。另一侧，一侍童蹲立炉前，扑扇煮茶，心急火燎，挥汗如雨。两者形成了鲜明的对比和反差，凸显了俞氏笔下的艺术感染力。诗亦配得好，一语中的——“饮得清香气味长”。

3. 作品构思巧妙，刻画精细，品相完好，十分难得，具有较高的观赏、研究、收藏和投资价值。

浅绛彩仕女古琴图提壶

作者　余焕文

年代　光绪

尺寸　口径5.2厘米　底径10.5厘米　高12.7厘米

点评

1. 余焕文，作者简介见168页。

2. 此壶形规整，纹饰特别，壶的上下筒身及盖皆以青花点红彩或青花冰梅纹为装饰，显得十分贵气、华丽。当中为浅绛彩仕女纹通景图，画工精湛，刻画细腻，眉目传情，栩栩如生，是一幅十分难得的余焕文倾心写生的精品力作。

3. 具有较高的观赏、研究、收藏和投资价值。

浅绛彩牧牛图提壶

作者　杨恒昇

年代　民国五年（丙辰年，1916年）

尺寸　口径5.8厘米　底径11.6厘米　高14.2厘米

点评

1. 杨恒昇，民国时期浅绛彩瓷画家，工花鸟画、兽禽画，尤擅画牛。

2. 此壶所绘之牛，身强体硕，气度非凡。它正穿行在一座小石桥上，桥下流水潺潺，桥旁崖岩危立。它腆着大肚子，优哉游哉地慢行着。突然，它停下了脚步，回首一扫，瞪圆大眼……多有灵气，启人遐思，给人以无限的想象空间和艺术震撼力。

3. 具有较高的观赏、研究和收藏价值。

浅绛彩仕女纹提壶

作者　汪照藜

年代　民国六年（丁巳年，1917年）

尺寸　口径6厘米　底径12厘米　高13.8厘米

点评

1. 汪照藜，古徽州人，字筱青，又字子青。晚清御窑厂画师，擅画人物、花鸟，兼工山水画，尤善田园风光、神仙故事等题材。人物画仿吴道子，花鸟画师华秋岳。据传，与海派画坛领军人物任伯年师出同门，是晚清至民国初年一位具有较大影响力和公信力的浅绛彩和粉彩瓷画家。

2. 此壶所绘仕女图，构图饱满，画工精湛，工写结合，浓淡相宜。只见窈窕淑女，主仆两人，神态各异，风情万种。其人物刻画之细腻，景物铺垫之协调，画面设色之淡雅，几与纸绢上的文人仕女画并无二致。

3. 这是作者绘仕女纹瓷画之精品力作，极具观赏、研究、收藏和投资价值。

浅绛彩山水人物纹提壶

作者　程继如

年代　民国十三年（甲子年，1924年）

尺寸　口径7厘米　底径11.2厘米　高13.2厘米

点评

1. 程继如，字彭年，安徽黟县人，晚清至民国时期浅绛彩瓷画名家，是程氏家族中浅绛彩瓷绘的重要传承人之一，得程门瓷绘之真传，其艺术修养及成就非同一般，传世作品不多见，无一不精。

2. 此壶所绘为写生山水人物图。细赏之，颇具程门遗风，“色彩浅淡，浓墨醒出，苍茫遒古，笔老色清，意味隽永”。你看画中，高崖危立，流水环抱；草木清华，山花烂漫；逸士蜿行，轻舟飞渡……好一幅充满诗情画意的山水清晖图。可惜壶颈有一道小冲，幸不在画面，故不失为一件不可多得的作者浅绛彩写意山水人物纹瓷画精品。

3. 具有较高的观赏、研究、收藏和投资价值。

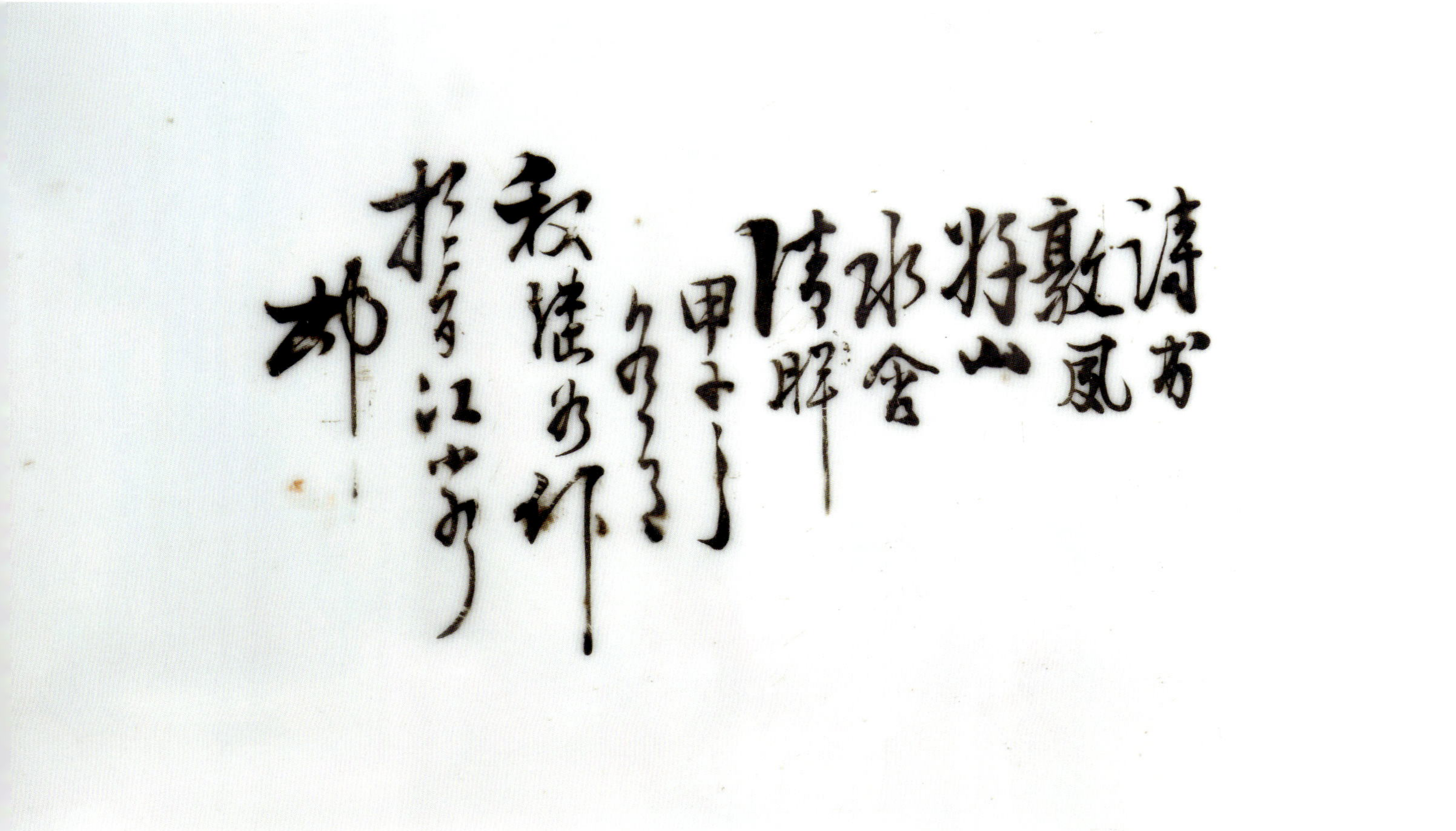

浅绛彩人物纹提壶

作者　桐华居
年代　民国
尺寸　口径5.5厘米　底径11.3厘米　高13.4厘米

点评

1. 桐华居，民国时期著名瓷行商号，以生产浅绛彩、粉彩山水、人物、花鸟等题材的日用瓷品为主，时有精品面市。

2. 此壶所绘是一个顽皮的小童摇竹取乐，其父瞧见即扬扇阻止。作品充满浓郁的亲情爱意和生活情趣。画工精美，画意深刻，书法精到，书写流畅，是作者于民国时期的精心之作。

3. 具有较高的观赏、研究、收藏和投资价值。

（七）其他茶酒具

浅绛彩花鸟纹方形温酒器

作者　金坡氏

年代　同治十一年（壬申年，1872年）

尺寸　口径4.9厘米　高6.2厘米

点评

1. 金坡氏，生卒年无考，同治至光绪早期浅绛彩瓷画家。从此器绘画画风、技法以及书法特征来看，疑似金诰（金品卿）的作品（待考）。

2. 此器三面绘山水、花鸟，一面题款。山水朦胧，若隐若现，意境悠深，玄妙无穷。尤其令人眼球发亮的还是那只鸟——它双爪紧抓树干，身体前倾，似引颈高歌，呼朋唤友，动作聪颖，神韵尽展。题款"莫问学仙与学佛，只道壶中酒有无"，抒发了饮酒者的豪放心态和诉求。

3. 这是一件早期浅绛彩瓷画佳作，具有较高的观赏、研究、收藏和投资价值。

浅绛彩松鹤图温酒器

作者　选门氏

年代　光绪七年（辛巳年，1881年）

尺寸　口径5.4厘米　高5.8厘米

点评

1. 选门氏，光绪早期浅绛彩瓷画名家。在晚清瓷画家中，凡别名带有“门”字者，一般均为画历不凡或资历高深者。另从此瓷画所透露出来的作者文化素养和艺术功力来看，他应属于当时瓷画界的名家、名流之列。

2. 此松鹤图虽为传统题材，但构图新颖，不落旧套，画面简洁，“画眼”突出。你看松树腰身粗大，一根长枝，赫然探出，枝头上还趴着一只小仙鹤，特别打眼；大仙鹤形体夸张，神态慈祥，动作怪异，尤其是其脖颈似乎“超长”（寓意长寿再长寿）。作者这一夸张而率性的画法，使该画的主题得到了升华，很容易使人联想到，它是在暗中保护和呵护着自己的“小宝贝”哩！原来在鸟的世界里，仙鹤不仅仅代表着健康和长寿，同时也是母爱和灵性的象征！

3. 品相完好，颇有创意，具有较高的观赏、研究、收藏和投资价值。

浅绛彩渔夫图温酒器

作者　问莲居士

年代　光绪七年（辛巳年，1881年）

尺寸　口径5.2厘米　高6.2厘米

点评

1. 问莲居士，晚清浅绛彩瓷画名家（凡以“居士”“外史”“道人”称谓者，一般都有其不凡的绘画阅历、特殊身份，以及在瓷画界学术地位极高），其传世作品颇为鲜见。

2. 此器瓷质玉白，釉面光亮，构图奇特，画风写意。只见在风雨交加、波涛汹涌的江岸边，一位身穿蓑衣、头戴篷帽、裤腿高卷、不惧严寒的渔夫伫立在水中。他甩开长竿，双手紧握竿头，在静候着鱼儿上钩。那动作多么麻利，神情多么专注，意志多么坚毅。作者高妙之处，这一切并没有通过对渔夫的脸部细致的刻画来表现，而是以高超的写意手法、精湛的绘画语言，即长长的渔竿、高卷的裤腿、半弓的身姿以及别有韵味的配诗，把渔夫不怕辛劳，不惧风浪，长年累月以川海为家，靠渔猎为生的劳作生涯，刻画得淋漓尽致，表现得一览无遗。画面给人以无限的想象空间以及巨大的艺术震撼力和感染力。

3. 品相完好，颇有创意，具有较高的观赏、研究、收藏和投资价值。

浅绛彩人物纹温酒器

作者　溪清外史

年代　光绪早期

尺寸　口径5.4厘米　高6.4厘米

点评

1. 此器所刻画的是骄纵淫逸、“千尊不醉”的“侯爷”形象，鞭挞了当时官场的腐败现象。构图新颖，布局疏朗，人物造型奇特，特别是脸部刻画，用螺青色勾描五官，幻化夸张，神奇懵懂，似而不似，不似而似。作者用笔干练、飘逸、老辣，作品收到了高于生活的“不似似之”的艺术效果。

2. 据传，王少维曾效仿清代清溪外史之笔法，此溪清外史是否是他故意将“清溪”反写为“溪清”，以“一字之差”，隐含“一字之师”，并作为自己的笔名呢？加上，此画笔意、画风和技法等均与王少维较为吻合，故疑其是否即为王少维逸笔之作呢？（待考）

3. 品相完好，传世稀少，具有较高的观赏、研究、收藏和投资价值。

浅绛彩山水矾红修竹图温酒器

作者　锦卿氏

年代　光绪

尺寸　口径5厘米　高6.4厘米

点评

1. 锦卿氏，晚清浅绛彩瓷画名家，无论其画艺和书法皆出类拔萃，具有很高的艺术功力和文化素养。

2. 此器外形方正，瓷质细腻，釉面光亮。两面绘浅绛彩山水图及矾红彩修竹图，另两面为书法。作者用笔老到，画风写意，特别是山水图，尺牍虽小，但构图简约，技法高妙，厚皴叠染，湿笔渲淡，极富层次，颇有灵气；竹子，仅寥寥数笔，竹竿劲挺，生机盎然；书法更是古拙遒劲，力拔山河。整个器物，可谓集实用性与观赏性于一体，令人爱不释手。

3. 品相完好，画艺精湛，且书有作者与受赠人名款，堪称孤特品，具有较高的观赏、研究、收藏和投资价值。

六、堪比丹青的瓷板画

浅绛彩芭蕉仕女图瓷板

作者　彩莲氏

年代　光绪五年（己卯年，1879年）

尺寸　长34.3厘米　宽24.6厘米

点评

1. 彩莲氏，为同治至光绪早期浅绛彩瓷画大家，擅画山水、人物，尤精仕女画，画艺高超，功力深厚，传世作品甚为罕见，极其珍贵。

2. 此瓷板所绘仕女，身材窈窕，髻发秀美；鸭蛋脸型，丹凤眼，柳叶眉，樱桃小嘴，手执绢扇，步姿婀娜，神情自若，超凡脱俗。在她的周围，山石嶙峋，蕉林掩映；绿茵铺地，花木蓊郁；竹篱围绕，彩蝶纷飞。作品动静结合，情景交融，芭蕉仕女，意韵悠长。

3. 这是一件十分难得的作者于光绪早期浅绛彩仕女图瓷画精品力作，具有很高的观赏、研究、收藏和投资价值。

浅绛彩山水人物纹瓷板

作者　佚名

年代　光绪十八年（壬辰年，1892年）

尺寸　长40厘米　宽33.2厘米

点评

1. 作者名字被刮除（可能是大名家，疑“十年浩劫”中宝主因担心受到“大名家”（即时称的所谓“反动学术权威”）的“株连”而忍痛铲之），由作品可知该作者文化素养深厚，艺术功力非凡，应是光绪中晚期浅绛彩瓷画高手或大名家。

2. 此瓷板画尺牍较大，超乎常板。以典型的浅绛山水法谋篇布局，结构严谨，层次分明，详略得当，视点突出。只见一湾碧水，几座青山；怪石嶙峋，苍松劲挺；房舍错落，隐士闲逸；萧疏空灵，意境高深。

3. 这是一幅具有较高艺术水准和浓郁文人画风的浅绛彩瓷山水人物纹精品佳作，具有较高的观赏、研究、收藏和投资价值。

浅绛彩花鸟纹圆形瓷板

作者　程松石
年代　光绪二十二年（丙申年，1896年）
尺寸　直径29.2厘米

点评

1. 程松石，安徽黟县人，生于咸丰元年（1851年），卒年不详。本名启诰，字松石，号松道人，斋名云烟阁。晚清御窑厂画师，早期浅绛彩瓷自号道人的十二大高手之一及有较大影响的著名浅绛彩瓷画家。其所绘山水、人物、花鸟俱精。人物仿清玉壶外史改琦，山水画、花鸟画师法清华秋岳（华嵒）笔意和白阳山人笔法，作品极为精美，深受当时文人官户赏识，并为当今收藏界所热捧。

2. 该瓷板画构图疏朗，视点突出，设色靓丽，画工精美。尤其是所绘花木颇有生气，枝干挺拔，繁花争艳；枝头小鸟更具灵性，微张小口，像在说话，又似唱歌，活泼聪颖，人见人爱。

3. 这是一件不可多得的晚清浅绛彩瓷画名家的精品力作，具有较高的观赏、研究、收藏和投资价值。

浅绛彩山水人物纹圆形瓷板

作者　宝文氏

年代　光绪二十四年（戊戌年，1898年）

尺寸　直径27.5厘米

点评

1. 宝文氏，作者简介见115页。

2. 此瓷板为旧框旧装，所绘乃浅绛彩瓷山水人物图，题识“黄昏归去蹄忙”。但见黄昏的野外，千山夕照明，万籁俱无声，两行者策驴扬鞭，奋步急疾，为了赶在天黑前到达目的地。构图大气，线条精准，背景相衬，视点突出，画面灰淡（黄昏景色，施彩精准），立意鲜明，给人以一种奋发向前的正能量。

3. 这是不可多得的作者传世浅绛彩瓷山水人物纹精品佳作，具有较高的观赏、研究、收藏和投资价值。

浅绛彩五老图瓷板

作者　程英
年代　光绪三十年（甲辰年，1904年）
尺寸　长37.5厘米　宽25厘米

点评

1. 程英，晚清至民国初年浅绛彩瓷画名家，擅画山水、人物、花鸟，书画功力俱佳，传世作品稀少。

2. 据南宋《齐东野语》记载："至和五老则杜衍'丞相、祁国公、八十'，王涣'礼部侍郎、九十'，毕世长'司农卿、九十四"，朱贯'兵部侍郎、八十八'，冯平'驾部郎中，八十八'……前辈耋年硕德，闲居里舍，放纵诗酒之乐，风流雅韵，一时歆羡，后世想慕，绘而为图，传之好事，盖不可数也。"

3. 作者以此传说故事为题材，通过手中的画笔来表现五老相聚在一起品诗赏画的生动场景。构图循法，布局得体。以工笔描写人物，以浅绛勾皴松石，取法没骨，工写兼备，收放自如。人物形态各异，生动而传神；松树枝繁叶茂，俊秀而挺拔。寓意多寿多福，是一幅雅俗共赏、艺术水准较高且"接地气"的吉祥图瓷画。

4. 具有较高的观赏、研究、收藏和投资价值。

浅绛青绿彩（复合型）山水人物纹瓷板

作者　胡泰茂
年代　民国三十七年（戊子年，1948年）
尺寸　长37.8厘米　宽24.2厘米

点评

1. 胡泰茂，民国时期浅彩瓷画师。中华人民共和国成立后，与有“珠山小八友”之称的汪小亭、陆云山等首批获得景德镇市政府授予的陶瓷美术设计师的称号，为当代著名的陶瓷大师。

2. 此瓷板画，秉承浅绛画风和画法，以浅绛彩瓷向新粉彩瓷过渡时期常用的青绿颜色为基调，构图新颖，布局独特，左重右轻，视点突出。画面展现远山近崖，一派生机：远处，淡淡的山峦，悠悠的白云；近处，高高的岩崖，陡峭的山径。一老者倚杖攀行，步履稳健；一侍童抱琴尾随，步步紧跟。你瞧——他们又将登上一段新的更斜、更陡的山径。只见老者面无惧色，信心满满，全然不将连续攀登、体力透支之疲惫放在心里，留在脸上，就像傲立在半山腰的那棵苍劲的古松，不低头，不弯腰，永远挺立在山头。侍童似乎也受到熏陶，不仅自己紧抱古琴，亦步亦趋，而且大声地吆喝黑骡赶紧跟上。抱琴访友有谁知？有谁知道琴师此行不畏艰辛、敢于攀登究竟是为了友情，圆会友之梦，还是为了琴乐艺术上的更高追求？作品赋予读者以无穷的想象空间和丰富而深刻的意涵。

3. 这是胡泰茂创作于民国三十七年（1948年）的山水人物纹瓷板画，为难得的中华人民共和国成立前夕的最晚期浅绛彩瓷画作品，见证了浅绛彩瓷发展的“尾声”，以及浅绛彩瓷在那个年代的终结，并画上了圆满的句号。

4. 具有较高的观赏、研究、收藏和投资价值。

浅绛彩东坡品砚图挂屏

作者　熊甫卿

年代　民国二十五年（丙子年，1936年）

尺寸　长38厘米　宽25厘米

点评

1. 熊甫卿，为“珠山八友”王琦的高足，民国时期浅绛彩、新粉彩瓷画名家，擅画人物、山水、花鸟等，人物画最精；书法亦佳，尤善狂草，笔走龙蛇。其画风、书风受王琦影响颇大，并得“扬州八怪”之一黄慎之笔意，恣纵放达，放荡不羁。

2. 挂屏以东坡爱砚的历史故事为题材，以象征文人品性的山石、兰草、柳枝为背景，构图颇有章法，虽恣纵而不“乱”，虽写意亦带“工”，收放自如，恰到好处。整个画面视点突出，主衬和谐。只见东坡头戴毡帽，手捧砚台，轻轻地摩挲，细细地品赏，看得出他是爱不释手，而且抑制不住内心的激动，连双目都放光。等候在侧的侍童一手帮主人提着空砚盒，一手持着主人的竹杖，目睹这一场景，也许正为自己能陪主人四处寻砚并有所收获而感到满满的欣喜。作者中锋用笔，顿挫有力，尤其是对人物脸部的刻画，细腻精准，传神达意，就连衣服皱纹的写法，也带有王琦画风的踪影。

3. 挂屏品相完好，画面清晰，是一幅殊为难得的作者浅绛彩瓷画的精品力作，具有较高的观赏、研究、收藏和投资价值。

浅绛彩山水人物纹瓷板

作者　聚精华

年代　民国

尺寸　长26厘米　宽39厘米

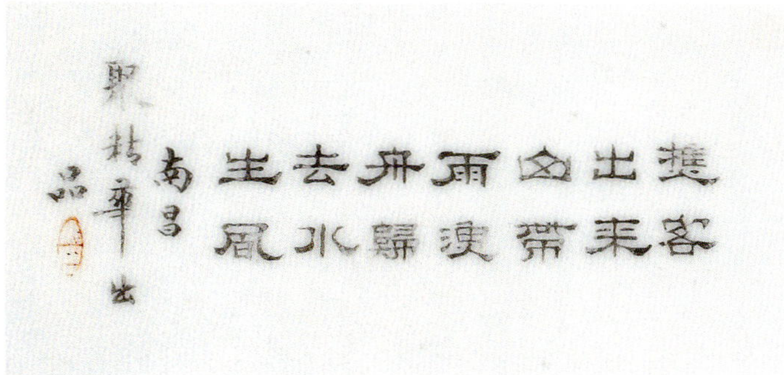

点评

1. 聚精华，民国时期南昌一家知名瓷庄商号。

2. 此瓷板画构图疏朗，布局合理；远近分明，浓淡相宜；动静结合，诗画交融；画面清新，怡情养眼。这是浅绛彩瓷向青绿山水、新粉彩瓷过渡时期比较优秀的瓷画作品之一。

3. 具有较高的观赏、研究、收藏和投资价值。

七、相貌威仪的官帽筒

浅绛彩抱琴访友图镂空帽筒

作者　汪介眉
年代　光绪九年（癸未年，1883年）
尺寸　口径12.2厘米　高28.4厘米

点评

1. 汪介眉（1843—1923年），安徽黟县人，名藩，字介眉，号梅庄居士；名款有汪藩、汪介眉、介眉汪藩、新安介眉汪藩；印章款有介眉、介、眉。为晚清个性典型、画风独特的著名浅绛彩瓷画家。擅画山水、人物、花鸟。其画无派无别，无所不涉。画山水，用笔刚健，收放自如；画人物，以长老为主，刻意工描；画花鸟，工写兼用，细腻传神。书法亦颇具功力，尤善行草。

2. 此帽筒所绘为传统题材抱琴访友图。作者构图巧妙，删繁就简，把画眼放在会友场面，显得主题鲜明而突出。人物刻画细致，面部表情祥和、儒雅、大度；衣褶自然、简明、流畅。人物仙风道骨，生动而传神。衬景为山水、岩石、树木、花卉，取舍得当，皴笔苍劲，赋彩明丽，浓淡分明。整个画面——人物与景物互相交融，和谐自然，浑然一体，意境高深。

3. 这是不可多得的作者浅绛彩瓷人物纹精品力作，具有较高的观赏、研究、收藏和投资价值。

抱琴访友
时癸未
初冬月
于昌江客次

浅绛洋彩（复合型）花鸟纹镂空帽筒

作者　高心田

年代　光绪十七年（辛卯年，1891年）

尺寸　口径12.3厘米　高28.2厘米

点评

1. 高心田，作者简介见167页。

2. 此帽筒为十分难得的作者浅绛彩瓷花鸟画精品力作。画中红燕双飞，栩栩如生；满山红果累累，目不暇接；树干苍挺，直逼云空；万千绿叶豪放，率性而为。足见作者文人画功底之深厚，特别是在彩料中加釉或直接采用洋彩，使画面清新靓丽，光彩照人，不易褪色。

3. 这是作者对浅绛彩瓷画的一种创新画法，品相完好，至为珍稀，具有极高的观赏、研究、收藏和投资价值。

浅绛彩仕女纹帽筒

作者　徐子祥
年代　光绪二十二年（丙申年，1896年）
尺寸　口径12.6厘米　高29厘米

点评

1. 徐子祥，作者简介见156页。

2. 此帽筒所绘是一主一仆两仕女戏婴图。女主人坐在绣墩上，抱一小童正逗乐，小童很“淘”，被逗得手舞足蹈，开怀大笑。女主人身后站着一侍女，作守护状。两仕女脸颊圆润，眉目清秀，樱桃小嘴，格外醒目，具有晚清仕女形象的基本特征。她们脸上无不绽放戏婴所带来的欢乐，一种幸福感的人性自然流露。此情此景，甚是逼真，极为传神。

3. 品相完好，画工精美，具有较高的观赏、研究、收藏和投资价值。

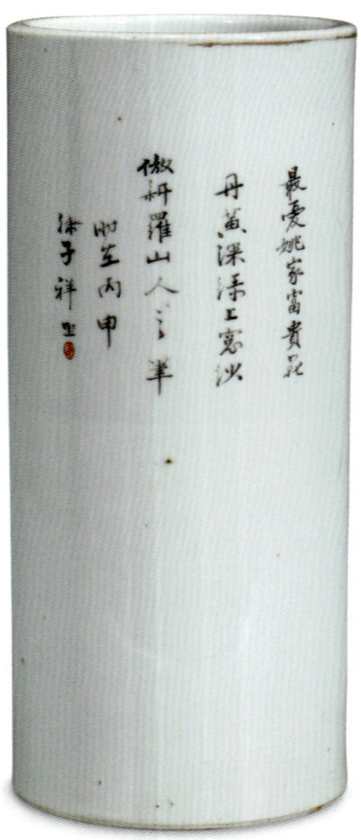

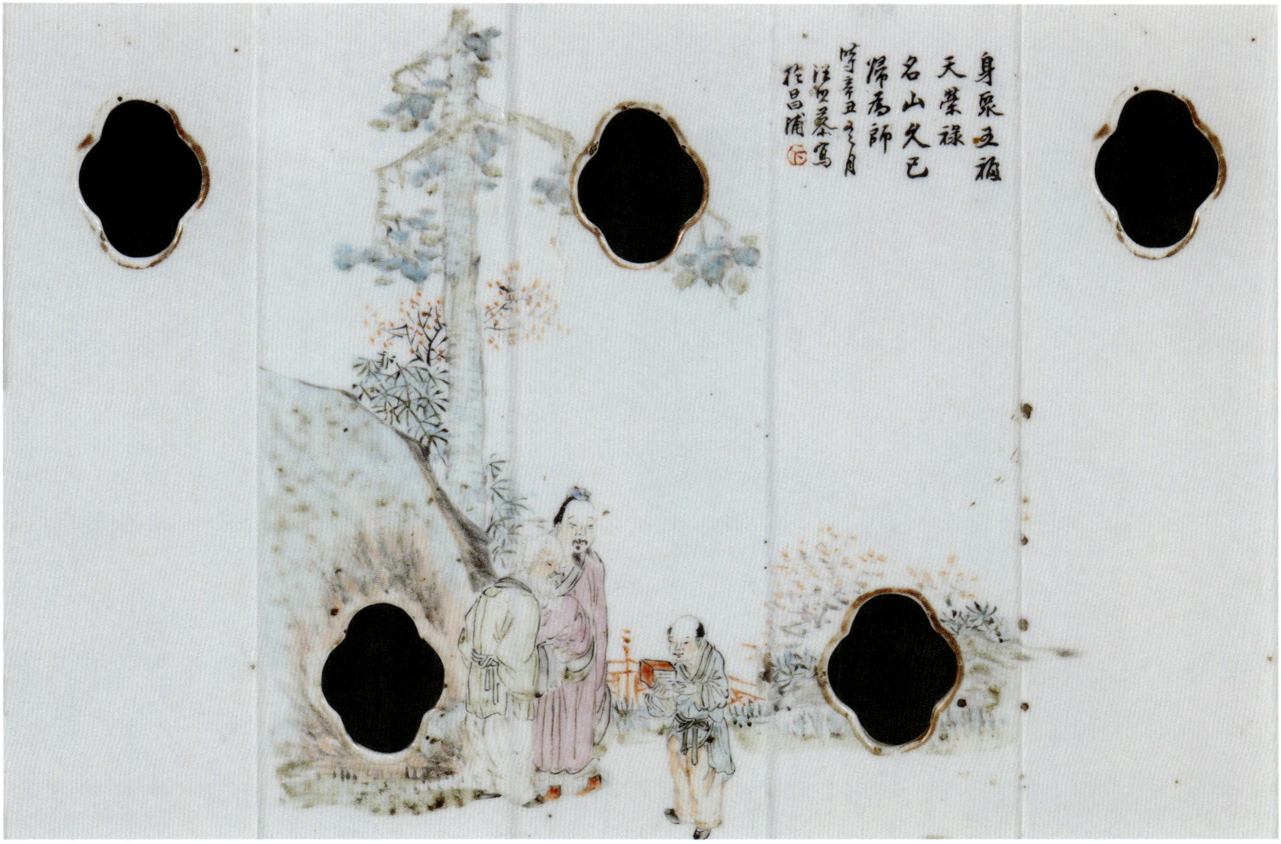

浅绛彩人物纹六方形镂空帽筒

作者　汪照藜

年代　光绪二十七年（辛丑年，1901年）

尺寸　口径（对角）13厘米　高26厘米

点评

1. 汪照藜，作者简介见175页。

2. 此帽筒为六方形镂空，工艺复杂，制作和绘画难度较高。所绘人物图，构图奇特，巧夺天工，巧妙地利用棱角和窟窿进行布局，疏而不漏，繁而不缛。整个画面显得气势恢宏，和谐自然，意境高深。尤其是人物刻画，因人而异，有所侧重，既写意，又独到，个性鲜明，各具神韵，不愧为名家之手笔。

3. 具有较高的观赏、研究、收藏和投资价值。

浅绛彩山水人物纹六方形镂空帽筒

作者　戴焕昭

年代　光绪二十七年（辛丑年，1901年）

尺寸　口径（对角）13.2厘米　高28厘米

点评

1. 戴焕昭，安徽新安人，晚清至民国时期浅绛彩瓷画名家，工山水画、人物画、花鸟画，最擅绘博古插花文房清供图。

2. 此帽筒器形规整，品相完好，所绘山水人物图，构图高妙，布局新奇。作者巧借帽筒镂空之孔洞，将山川、危崖、绿树、飞阁、山舍、小桥、舟楫、耕夫、渔人……有条不紊地“布置”在帽筒身上，显得层次分明，错落有致，并“幻化”出了“翠崖千仞与天齐，飞阁流丹云作梯”的仙景奇观，以至连作者亦情不自禁地发出内心的感叹：“要知天下奇山水，都自无心结撰来！”

3. 此帽筒品相完好，尤其难得的是其画工、诗文、书法俱佳，是作者浅绛彩山水人物纹瓷画精品之作，具有较高的观赏、研究、收藏和投资价值。

浅绛彩陈姑赶船图帽筒

作者　颜筱云

年代　光绪三十一年（乙巳年，1905年）

尺寸　口径12.3厘米　高28厘米

点评

1. 颜筱云，号源泰，晚清知名浅绛彩瓷画师，擅画人物、山水。作品多为装饰日用瓷画，一般画得比较“接地气”“通民脉”，有一定的市场认知度。

2. 此帽筒构图循法，视点突出，用笔写意，人物生动。远山近水，高岩低苇，红花绿树，一派生机。难能可贵的是，作者把陈姑赶船的急切心态和艄公配合划船的敏捷动作，表现得淋漓尽致，一览无遗。

3. 这是作者作品中难得一见的精品之作，具有较高的观赏、研究和收藏价值。

浅绛彩闲游策杖图帽筒

作者　震升

年代　民国十二年（癸亥年，1923年）

尺寸　口径12厘米　高28.5厘米

点评

1. 震升，为民国时期一家瓷庄，曾对瓷器生产进行多方改良，做出积极的尝试，并取得了一定的成效。

2. 此帽筒瓷质细而白，胎体薄而坚。所绘人物图带有鲜明自我创作个性的特征。画的是一位策杖老翁携两童子无事闲游，静时则以栽花取乐，表现的是传统文人的那种清高、闲逸、孤傲之书卷气。作者既循法严谨，又运笔洒脱，做到收放自如，人物形神兼备，衬景自然和谐。整个画面透露出一股清新淡雅的浅绛画风，十分写意，饶有韵味。

3. 作品保存完好，市面少见，具有一定的观赏、研究和收藏价值。

浅绛彩渔家乐图镂空帽筒

作者　汪儒生

年代　光绪三十二年（丙午年，1906年）

尺寸　口径12.8厘米　高28厘米

点评

1.汪儒生，晚清浅绛彩瓷画家，工山水画、人物画、花鸟画。其技法仿云林山人（倪瓒）之笔，存世作品较少。

2.此帽筒所绘渔家乐图，构图疏朗，详略得当，主题突出，衬景协调。人物衣皱自然，赤脚下肢夸张，劳作姿态各异，面部表情逼真。作者采取写生、写意并用的手法，加上耐人寻味的诗句，给人以欢畅而美好的艺术享受。可见作者观察渔家生活之细致及沉淀文化素养之深厚。

3.品相完好，画工精湛，是难得一见的作者浅绛彩人物纹精品之作，具有较高的观赏、研究、收藏和投资价值。

八、难觅其全的组合件

浅绛彩人物纹瓷板一套（共三件）

作者　汪友棠
年代　光绪二十六年（庚子年，1900年）
尺寸　（扇形片）开度各29厘米　边各15厘米
（方形片）21.2厘米×21.2厘米

点评

1. 汪友棠，作者简介见46页。

2. 该三件套瓷板，用作旧式木家具背屏装饰，均为人物故事题材，人物写意，神态逼真；故事感人，诗文高雅。

3. 这是难得的作者早期浅绛彩人物纹瓷板画成套之精品，具有较高的观赏、研究、收藏和投资价值。

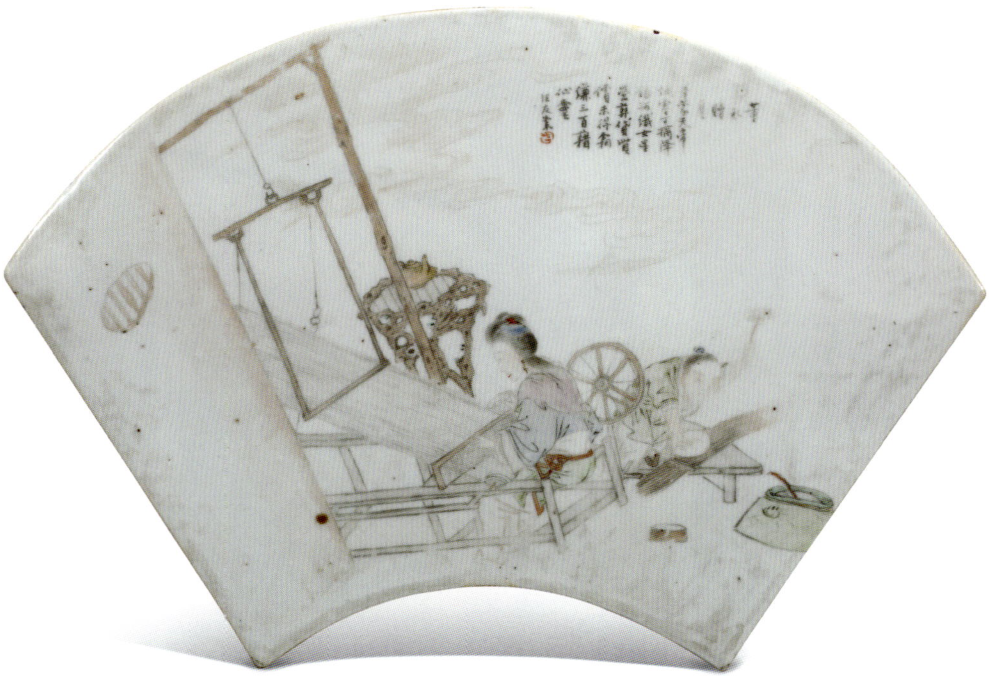

浅绛彩花鸟纹九子拼盘一套

作者　青山

年代　光绪十四年（戊子年，1888年）

尺寸　（中心盘）口径（对角）16.2厘米　高5.6厘米

（单体围盘）口径（对角）20.2厘米　高5.6厘米

（单体围盘）口径（对角）18.2厘米　高5.6厘米

点评

1. 青山，本名杨青山，斋名卧云书屋，晚清至民国时期浅绛彩瓷画名家，擅画人物、花鸟，书法亦佳。画风写意，泼彩率性，其传世作品市场少见。

2. 拼盘，据传始于明万历年间，清康熙之后逐渐流行，为宫廷和富贵人家逢年过节用以装干果招待客人。

3. 此盘拼围后呈四瓣花形，直径（对角）47.3厘米，器形规整，美观大方，瓷质脂润，釉面光亮。每只单体盘身上绘有神态各异的小鸟和姹紫嫣红的花卉，小鸟有的倒挂金钩，有的对花凝神，有的花间觅食，有的舒展歌喉……场景热闹有趣，尤其是当中的那只方盘画的却是一只公鸡，雄立花丛，引颈高歌，大有鸡立"鸟"群之势。作者设计巧妙，别有新意，并以"鸡鸣紫陌曙光寒"的优美诗句题款，一鸡引颈百鸟唱，画意含蓄，文情激扬，可谓高也妙矣！

4. 成套浅绛彩瓷九子拼盘传世极罕，此盘造型精致，画工精美，品相完好，具有较高的观赏、研究、收藏和投资价值。

浅绛彩花鸟纹九子拼盘一套

作者　子卿

年代　光绪十九年（癸巳年，1893年）

尺寸　（中心盘）口径（对角）16.3厘米　高5厘米

（单体围盘）口径(对角）19.8厘米　高5厘米

（单体围盘）口径(对角）18.2厘米　高5厘米

点评

1.子卿，有时亦用子卿氏，晚清浅绛彩瓷画名家，擅画山水、人物，传世作品市面少见。

2.这是一套保存完好的子卿氏浅绛彩花鸟纹九子拼盘，拼围后呈四瓣花形，直径(对角)48厘米，器形规整，美观大方，瓷质脂润，釉面光亮。每只单体盘上分别描绘神态各异的长绶鸟、白头翁、喜鹊和姹紫嫣红的牡丹、菊花、莲荷等，画风写意，泼彩率性，皴皴点点，笔趣横生。当中的那只中心方盘画的也是同类小鸟和花卉，连题诗也是“风来花自舞”“鸟语花香”之类，唯独旁边的一只盘画的却是一只白鹭，几丛莲荷，上题“一鹭莲阡”，显见作者寄寓了美好的祝愿“一路连升”。这也许就是一种艺术表现手法——“从旁点题”吧！

3.成套浅绛彩瓷九子拼盘传世极罕，此盘造型精致，画风写意，保存完好，具有较高的观赏、研究、收藏和投资价值。

浅绛彩山水纹九子拼盘一套

作者　小正氏
年代　光绪二十一年（乙未年，1895年）
尺寸　（中心盘）口径（对角）14厘米
　　　（单体围盘）每只口径（对角）13厘米　高5.2厘米

点评

1. 小正氏，晚清浅绛彩瓷画家，画风写意，泼彩率性，个性鲜明，传世作品稀少。

2. 此套九子拼盘单只为花瓣形，拼围后成一朵大团花，器形规整，美观大方，品相较好（仅中盘内有一细微旧冲纹），殊为难得。

3. 所绘为山水图，构图别致，施彩清丽，绿树扶疏，房舍错落，远山近水，浓淡相宜。好一个“一片青山相对出”，风光满目不暇接！

4. 成套浅绛彩瓷九子拼盘传世极罕，此盘造型精致，画风率性，保存尚好，具有较高的观赏、研究、收藏和投资价值。

浅绛彩山水人物纹九子拼盘

作者　汪友棠

年代　光绪

尺寸　不详

点评

1.汪友棠，作者简介见46页。

2.此套九子盘虽缺两件，但总体观赏效果未受大碍。构图饱满，体势严整，设色淡雅，章法有度。厚皴叠染，湿笔渲淡，勾染匀净，流畅自如。画中远近分明，浑穆厚实，景物逼真，山清水秀，或马队穿行山涧，或渔舟竞渡湖面，静中有动，动中有静，虚实相生，情景交融．真乃意境高深，启人遐思。

3.此盘虽只有7只，但传世稀少，又是名家之作，具有较高的观赏、研究和收藏价值。

浅绛彩诗文山水人物纹挂屏一套（四屏）

作者　段子安

年代　民国

尺寸　主板高27.5厘米 宽12厘米

外框（内含主板及诗文板）高108厘米　宽25厘米

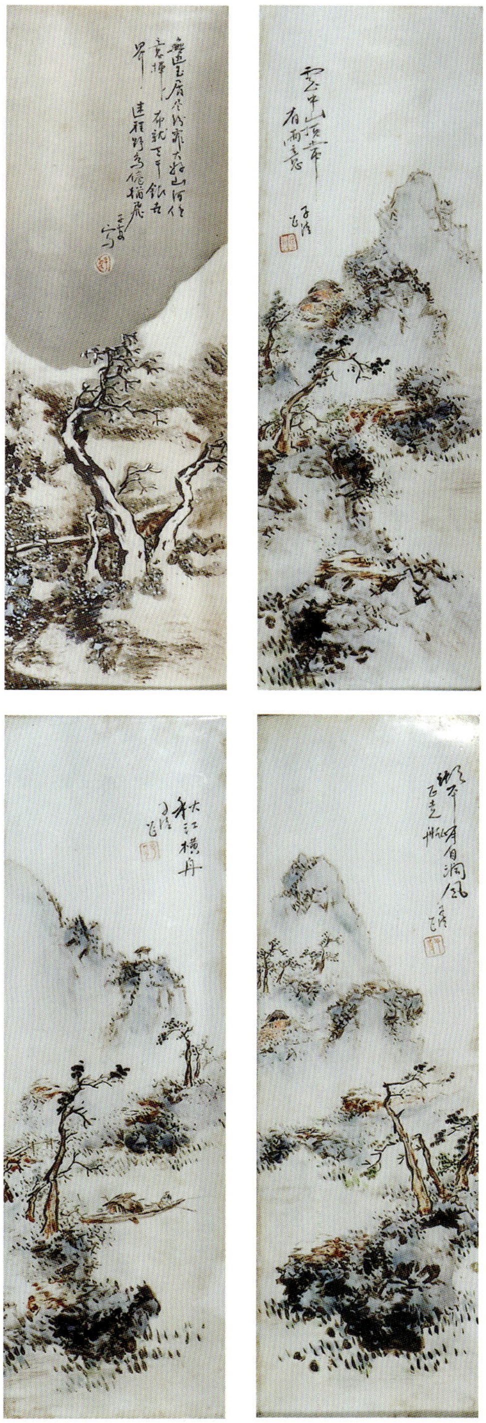

点评

1.段子安，生卒年不详，又名子清、段澜，江西鄱阳人，斋名碧月居、古月居、古月阁，民国时期著名浅绛彩、新粉彩瓷画家。擅画人物画、花鸟画，尤精山水画。人物画颇得布衣画圣黄瘿瓢（黄慎）之遗风，花鸟画师宗“八大山人”朱耷，山水画则设色厚重斑斓，极具元人萧疏空灵之笔意，笔触怪异，画风奇特，个性鲜明，独树一帜。近年来，段子安作品一直备受市场和收藏家的青睐和追逐，其市场价位逐年上扬，前景看好。

2.此挂屏为四件套装，属于典型的诗文山水人物纹文房逸品，每屏上下均配有诗文书法注解，老框为原配，保存完好。

3.四屏题句分别为：潮平岸自阔，风正走（帆）船；秋江横舟；云中山顶常有雨意；无边玉屑尽纷霏，大好山河任意挥，布就天下银世界，迷程野鸟倦犹飞。

4.段子安主要活跃于民国九年（1920年）至民国二十九年（1940年），此挂屏虽未落具体的创作时间，但据推断应为他中期（即1930年前后）的作品，运笔独特，泼墨洒脱，笔触怪异，画意空灵。本时期他的绘瓷艺术已臻成熟，形成了自己与众不同的绘画风格且创作此屏正值创作高峰期，故无俗品。但见画中：山苍树秃，天荒野凉，“云中山顶常有雨意”“风正走（帆）船”“迷程野鸟倦犹飞”。作者虽然置身于“常带雨意”的炎凉世界，深感前途迷茫，内心悲苦，但他仍坚信”“风正走（帆）船”“迷程野鸟倦犹飞"，这些诗句无不抒发了他忧国忧民的家国情怀及自强不息的奋斗精神，作品充满了正气和正能量。

5.综观此挂屏的绘画艺术特点，是融揉中国山水画与西方油画技艺于一体，特别是对山水光与影的处理，巧妙而恰当，其中“雪景”一屏还大胆作“留白”处理，更是别出心裁，颇富创意，难怪行内送他“东方莫奈”之美称。总之，此挂屏堪称作者山水瓷画的优秀作品之一，具有很高的观赏、研究、收藏和投资价值。

浅绛彩山水人物花鸟纹小瓷板挂屏两条

作者　小轩、刘芳谷等

年代　光绪至民国

尺寸　（屏）长120厘米　宽33.5厘米

点评

1. 小轩，生卒年不详，一说小轩即李友梅，因李友梅亦名小轩，其画风相近（待考证）。据民国黄矞《瓷史》记载："同（治）光（绪）之际，以程雪笠（门）者为最胜，次则有落小轩作款者，不知姓氏，亦卓尔不凡。"可见小轩是与程门同时代且齐名的浅绛彩瓷画大家。

刘芳谷，生卒年不详，晚清知名浅绛彩瓷画家，擅画山水、人物。其作品在市场有一定的认知度。

2. 这两条挂屏是旧框新装，由原宝主不规则组拼，共16片小瓷板，每片约长19厘米，宽8厘米不等，其中名家小轩2片、刘芳谷5片、不辨作者1片，佚名8片，有山水、人物、花鸟等题材，画工精细不一，水平高低参差。

3. 具有观赏、研究、收藏和投资价值。

九、人见人爱的小玩意

浅绛彩山水纹笔舔一对

作者　周子善

年代　光绪

尺寸　口径10.5厘米　高5.3厘米

点评

1. 周子善，作者简介见52页。

2. 此对笔舔，小巧玲珑，瓷白釉润，制作精美，画工上乘。所绘山水，布局经典，疏密有致，设色明丽，清新淡雅。但见山峦起伏，丛树绿染，湖光潋滟，渔舟唱晚。此画体势严整，意境幽远，深得石涛（瞎尊者）写意山水画之精髓。

3. 是作者小而精的文房佳作，且为成对，令人爱不释手，具有较高的观赏、研究和收藏价值。

浅绛彩花鸟纹瓜棱形小笔舔

作者　方少溪
年代　光绪七年（辛巳年，1881年）
尺寸　口径8.3厘米　高2.7厘米

点评

1. 方少溪，常用款方少溪、少溪氏，底款有时亦用“珠山瑞品”，晚清御窑厂画师，浅绛彩瓷画名家，擅画人物，多以诗书教子为题材，花鸟画、书法亦精妙。

2. 此笔舔底署“珠山瑞品”款，为作者创作于光绪早期浅绛彩瓷画作品。画风写意，设色淡雅，运笔老到，文气十足，寥寥数笔，花妍鸟灵，神韵迭出。

3. 做工精细，瓜棱明晰，口沿描金，品相完好，且为文房用品，甚是名贵，具有较高的观赏、研究和收藏价值。

浅绛彩花鸟纹花口形小筒

作者　少溪氏

年代　光绪

尺寸　口径3.3厘米　高4.8厘米

点评

1. 少溪氏，作者简介见212页。

2. 此小筒是装眉笔、牙签，还是香料？未知其详。体型别致，小巧玲珑，所绘为蜜蜂采蜜图，以没骨手法，在起伏不定的棱柱体上率性作画，实属不易，颇见功力。

3. 这是作者小而精的小写意精品之作，具有很高的观赏、研究和收藏价值。

浅绛彩花鸟纹小杯

作者　喻春

年代　光绪

尺寸　口径5.4厘米　高3.4厘米

点评

1. 喻春，作者简介见82页。

2. 此杯虽为小器，但却能以小见大，较好地体现了作者瓷绘的艺术特色。小杯所绘浅绛花鸟，用料厚重，施彩靓丽，精致小巧，百看不厌。小鸟抓住枝干，俯身前倾，似欲放歌，似欲飞翔，动作灵敏，神态逼真；花卉随意点染，红花如火，绿叶似翠，精彩纷呈，生机盎然。

3. 这是作者于光绪年间创作的小写意浅绛彩花鸟纹瓷画之精品，具有较高的观赏、研究和收藏价值。

浅绛彩山水人物纹花口形小盏

作者　王岐山

年代　光绪

尺寸　口径6.3厘米　高3.2厘米

点评

1. 王岐山，光绪早期浅绛彩瓷画名家，工山水画、人物画、花鸟画，尤擅山水画。其山水画意境开阔，气势恢宏，传世较少，偶见多为多棱器，器底虽落“大清康熙年制”“大清同治年制”红印款，但实为光绪之器。

2. 此小盏为梅花形，器形美观，釉面脂润，所绘山水图巧借盏面凹凸曲折之变化来展示千峰万壑、蜿蜒起伏的宏伟气势，令人视野大开，心旷神怡。

3. 品相完好，是作者浅绛彩山水人物纹瓷画之精致小品，具有较高的观赏、研究和收藏价值。

浅绛彩山水纹圆形小水盂

作者　佚名
年代　光绪
尺寸　口径5厘米　高5.4厘米

点评

1. 此盂为圆形，中规中矩，敦实厚重，器形腴美。

2. 所绘为浅绛彩山水通景图，构图饱满，疏密有致，用笔老辣，施彩沉艳。只见群山连绵，林木蓊郁，水榭雄立，小舟横渡。题款“石漱”，源于成语“枕石漱流”，昔时指隐居生活。看来古人挺会择居，这个地方山清水秀，僻静清幽，确实适于隐居安生，颐养天年。

3. 此盂虽小，其容乃大，具有较高的观赏、研究和收藏价值。

浅绛彩山水人物花鸟纹椭圆形小水丞

作者　佚名

年代　光绪

尺寸　口径3.4厘米　高4厘米

点评

1.此丞为椭圆形，双瑞兽耳，做工精致，器形精美，还配有一把小铜勺。

2.丞的一面绘山水人物，另一面绘花鸟，画工老辣，用笔精准，特别是在体积如此之小的器物上泼墨挥毫，更显得作者技艺之高超。

3.底款虽署“大清嘉庆年制”，实乃光绪年间作品，市面少见，人见人爱，具有较高的观赏、研究和收藏价值。

浅绛彩孤雁图小杯

作者　蜕陀

年代　民国六年（丁巳年，1917年）

尺寸　口径6.9厘米　高6.3厘米

点评

1. 蜕陀，民国时期浅绛彩瓷画名家，尤精花鸟画，传世作品鲜见于市。

2. 此杯薄如纸，润如玉，口沿烫金，身份名贵，是用于馈赠的套装礼品瓷中的一只单杯。

3. 构图独特，别出心裁，做工精湛，美轮美奂。杯上画的是一只失群的雏雁。它慌张地奔跑在芦苇荡中，欲寻雁群和妈妈，仿佛不停地呼叫“你们在哪？”“妈妈——我怕！”鸿雁是典型的候鸟，每年秋分后南飞，翌年春分后北返，从不失节，信守期约，被誉为仁义鸟。这只雏雁可能因一时贪玩或贪吃而失群掉队。你看它急得把脖子伸得长长的，嘴巴张得大大的，声嘶力竭地拼命喊叫。但，这有用吗？孤雁失群！万般无奈！雏雁造型精准，神态逼真。作品文气十足，意涵深刻。可怜的雏雁呀！为什么失群呢？它还能回到雁群和妈妈的身边吗？这是作者留给读者的艺术悬念和文化臆想。

4. 具有极高的文化品位及艺术观赏、研究和收藏价值。

十、可知兴替的文物瓷

浅绛彩《西厢记》故事人物纹托盘

作者　陆清标

年代　光绪

尺寸　长38.2厘米　宽25.5厘米　厚2.5厘米

点评

1. 陆清标，名梦熊，字清标，晚清浅绛彩瓷画名家，擅画人物、花鸟，绘博古图也不俗，传世作品不多见。

2. 此托盘为陆氏精心设计、专心绘制用以馈赠“贤妹”的“时尚”礼品瓷。作者以《西厢记》故事人物入画，故事感人，情节曲折；人物传神，个性鲜明；图案巧思，画技精妙；衬景热闹，自然和谐；借物传情，寄意深刻。

3. 据考证，此物应为晚清时期置放鸦片烟具的托盘，可作为今天我们进行反毒品和爱国主义教育的活生生的反面教材。但从书画艺术的角度，它又是一件不可多得的陆氏浅绛彩《西厢记》故事人物纹瓷画之精品力作，且书有作者和受赠人名款，堪称孤特品。

4. 具有极高的观赏、研究、收藏和历史文物（反面教材）之价值。

浅绛彩山川共秀图执壶

作者　罗子云

年代　民国十年（辛酉年，1921年）

尺寸　口径4.1厘米　底径8.2厘米　高16.3厘米

点评

1. 罗子云，民国浅绛彩瓷画师，工山水画，传世作品市面少见。

2. 此执壶为民国时期坊间常见之酒具，品相完好，画工亦佳。

3. 尤其难得的是它底部留有“振兴国货，同胞猛醒”的醒目题款，承载了那段抵制日货、不忘国耻的刻骨铭心的历史记忆，是对今人进行爱国主义教育的好教材。

4. 具有较高的历史、研究、教育和收藏价值。

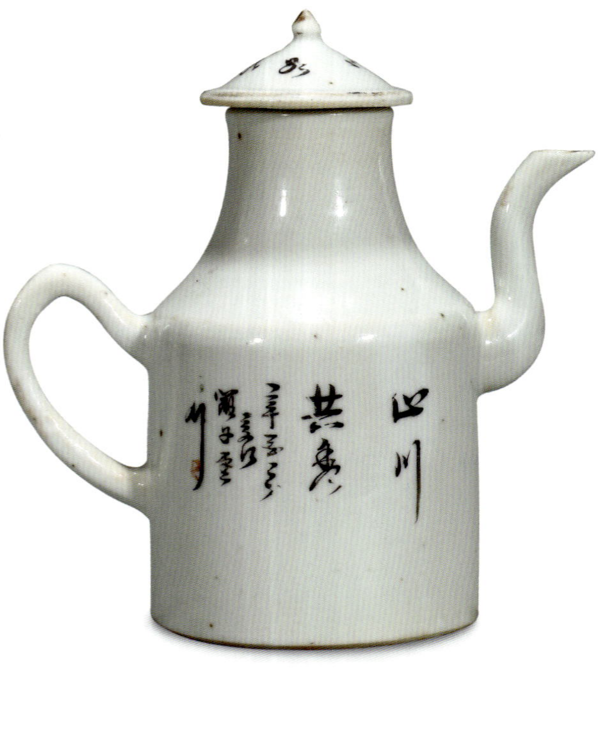

浅绛彩抗战图梨形执壶

作者　佚名

年代　民国

尺寸　口径4.5厘米　底径6厘米　高9.6厘米

点评

1. 此壶作者不详。从壶的形制、沧桑痕迹以及所绘画面有飞机俯冲袭击轮船的镜头等可以断定，这是一把属于抗日战争题材，具有历史意义的梨形执壶。

2. 壶形规整，品相完好，画面清晰，主题鲜明，是一件对国人进行爱国主义教育的鲜活素材。

3. 具有较高的历史文物观赏、研究和收藏价值。

浅绛彩山水纹梨形执壶

作者　吴子彬

年代　民国三十五年（丙戌年，1946年）

尺寸　口径4.2厘米　底径6厘米　高9.6厘米

点评

1. 吴子彬，身份及生卒年不详。

2. 此壶画工淡雅，瓷质玉白，器形美观，就像一只丰腴的梨子（“梨”与“利”谐音，可能隐喻胜利的果实）。壶口和底沿描金，保存完好。

3. 题识“最后胜利”，落款时间“民国三十五年十月二十二日”，无不透露出抗战胜利这一重大历史事件的特殊含义和鲜明的时代印记。很显然，这是赠送人吴子彬和受赠人杜世湧为共同庆祝抗日战争取得最后胜利而特别烧制的一把纪念壶，堪称孤特品。

4. 具有较高的历史文物观赏、研究和收藏价值。

十一、形形色色的日用器

（一）锅类

浅绛彩松鹤延年图高足锅

作者　蔡松年

年代　光绪二十五年（己亥年，1899年）

尺寸　口径18.4厘米　底径11.1厘米　高18.3厘米

点评

1. 蔡松年，字文澜，为晚清浅绛彩瓷画名家，宫廷画师，擅画人物、花鸟，传世作品稀少。

2. 此锅身所绘为传统题材松鹤延年图，布局疏密有致，用笔洒脱灵秀，设色淡雅沉艳，书法遒劲流畅。仙鹤双脚立于高岩之上，引颈探首，俯视尘寰，神态逼真，栩栩如生，给人既沉稳又灵动之美感：苍松劲挺，直插云天，一簇簇松针蜿蜒伸出了两对锅系之间的画面，寓意绵长；相伴而开的一朵朵牡丹花，笑红了脸，并以绿叶相衬，隐喻花开富贵，金玉满堂。锅盖上的那对小鸟在枝头上欢快地跳跃，情歌互答，夫唱妇随，看得出它们是一对十分恩爱、幸福美满的夫妻鸟。

3. 这是难得一见的作者浅绛彩瓷文人写意花鸟画之精品力作，具有较高的文化品位及艺术观赏、研究、收藏和投资价值。

浅绛彩哺雏鸟暨牧牛图盖锅

作者　金品卿
年代　同治至光绪
尺寸　口径16.2厘米　高9.1厘米

点评

1. 金品卿，安徽黟县人，名诰，字品卿，号品卿居士、寒峰山人、新安樵者、新安樵子、三十六峰山人。画室名号有御厂轩亭、珠山之环翠亭、新平官廨、珠山官廨、珠山之敬事轩。落款有品卿金诰、品卿、金品卿、皖江金诰、皖江金品卿等。印章有金诰、品卿、诰、臣诰等。为浅绛彩瓷画三大家之一，与程门、王少维齐名，与王少维为同时期御窑厂在籍画师，并称为“御窑厂两支笔”。金氏最擅长画山水、花鸟。山水画多仿南宋名家及明沈周等大家；花鸟画虽学蒋廷锡、邹一桂一路，设色明净，清古冶艳，但画中亦常带有华新罗遗风，用笔华滋明透，章法新奇空灵，赋彩清嫩鲜活。

2. 此锅器形规整，做工精细，瓷质玉白，釉面脂润，可惜缺上盖。罐身所绘哺雏鸟暨牧牛图，与2011年天津海天金秋文物艺术品拍卖会玉兰华堂专场所拍的251号拍品（即清代金品卿浅绛彩花鸟纹瓷板，如上图）如出一辙，无论选题、构图、画意、画风乃至绘画技法特征等，均出自浅绛彩瓷画三大家之一的金品卿之手无疑。

3. 锅身的一面画的是哺雏鸟图，在一棵枝繁叶茂的大树上，有一窝五只嗷嗷待哺的棕黄色雏鸟在等妈妈回来喂食。它们神态各异，稚趣横生。有的眼睛直盯天空，仿佛望眼欲

穿，在盼外出捕食的妈妈早点归来：有的睡眼惺忪，还陶醉在甜蜜的梦乡中；有的半咧小嘴，仿佛喃喃自语或与旁边的同伴正在呢喃些什么；有的全神贯注，在侧耳倾听妈妈飞临的细微音息；有的则伸颈仰脖，大张着口，似乎在喊：“妈妈——我饿！”“妈妈——喂我！”鸟巢低空处，一只捕食归来的母鸟，嘴里叼着一条小虫，还未立定脚跟，不知该先喂哪一只雏鸟才好，充满了动物世界的童真和母爱。整个画面匠心独运，别具一格，动静结合，疏密有致，情景交融，相映成趣，设色明净，意韵隽永。

4. 锅身的另一面画的是牧牛图，在一片苍茫的草地上，一只肥壮健硕的大水牛踯躅在小溪旁。它肚子鼓鼓囊囊的，也许是吃饱喝足了，回首召唤背上的小主人：“该回家了！”牛背上的小牧童也许已经熟睡了，未做出回应，继续放任大水牛“自由行”。整个画面，布局疏朗，层次分明，近景厚重明晰，中景虚化朦胧，远景空灵莫测，好一派充满诗情画意的田园风光！

5. 两幅瓷画选材别致、画工精致，是一组不可多得的浅绛大家写意花鸟、动物、山水纹精品之作，具有极高的历史、文化、艺术观赏、研究、收藏和投资价值。

浅绛彩花鸟纹高足锅

作者　子和

年代　光绪十一年（乙酉年，1885年）

尺寸　口径14厘米　底径8.7厘米　高16.6厘米

点评

1. 子和，本名余子和，安徽黄山仙源人，斋号静画轩，是鲜为人知的早期浅绛彩瓷画名家之一，擅画山水、人物、花鸟，书法亦精，是一位艺术功力深厚、创作态度严谨的早期浅绛彩瓷画师，传世作品甚少，无一不精。

2. 此锅瓷质玉白，釉面光亮；构图疏朗，画工精湛。

3. 所绘花卉，淡雅沉妍，媚而不俗；所绘鹌、鸟，用笔细腻，生动传神。加之耐人寻味的配诗、遒劲流畅的书法，使整个画面灵活多变，层次分明，清新高雅，极富文人画意，不失为作者传世甚罕的精品之作，具有极高的历史、文化、艺术观赏、研究、收藏和投资价值。

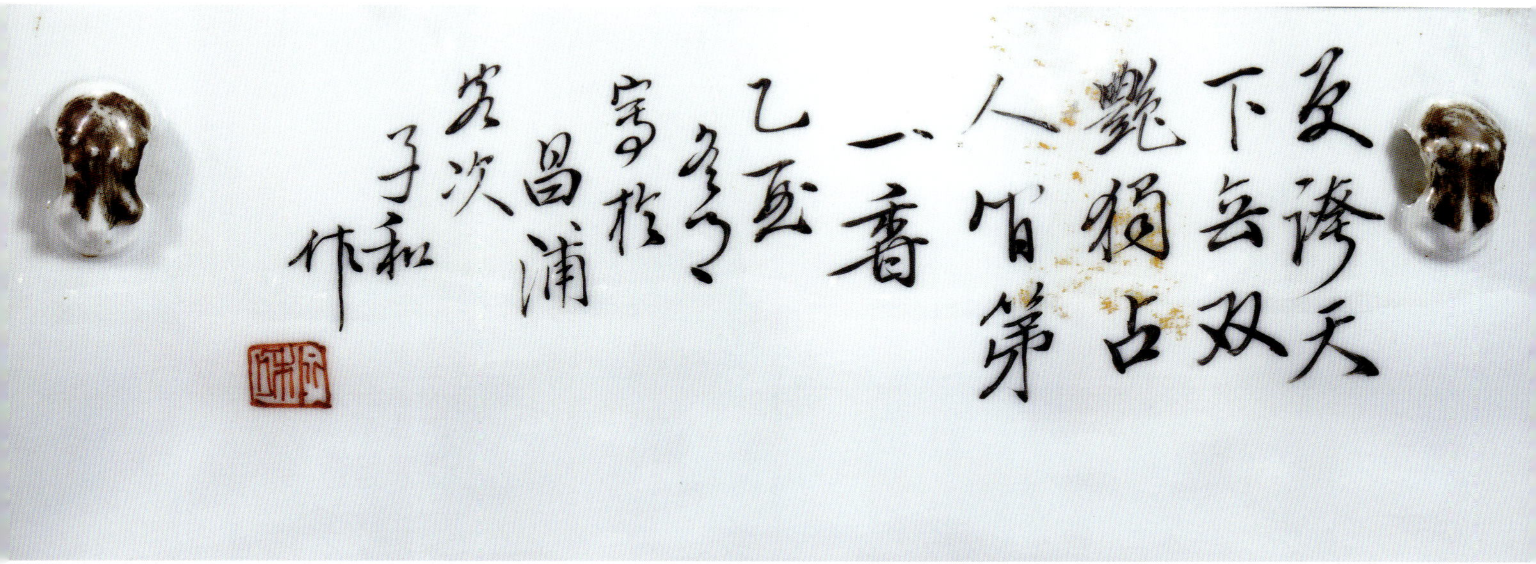
竞夸天下无双
艳独占人间第一香
乙亥冬写于昌浦

老來榮貴

浅绛彩花鸟纹高足锅

作者　梅峰樵
年代　光绪十六年（庚寅年，1890年）
尺寸　口径13.8厘米　高11厘米

点评

1. 梅峰樵，号梅峰山樵，晚清浅绛彩瓷画名家，光绪御窑厂画师，擅画花鸟、山水，其花鸟画乃宗法明代画家周之勉，构图精绝，工写兼具。其作品颇受收藏界和市场的青睐和追逐。

2. 此锅所绘花鸟图，构图循章，布局得法，疏朗大气，精妙绝伦：画技高超，用笔老辣，工写兼具，清丽高雅。仅寥寥数笔就勾勒出了鸟、石、花卉之神韵，尤其是鸟，工笔写生，纤毫毕见，生动传神，惟妙惟肖。且书法遒劲，流畅洒脱。

3. 这是作者工写兼备、书画俱佳的浅绛彩文人花鸟纹瓷画之精品力作，具有较高的观赏、研究和收藏价值。

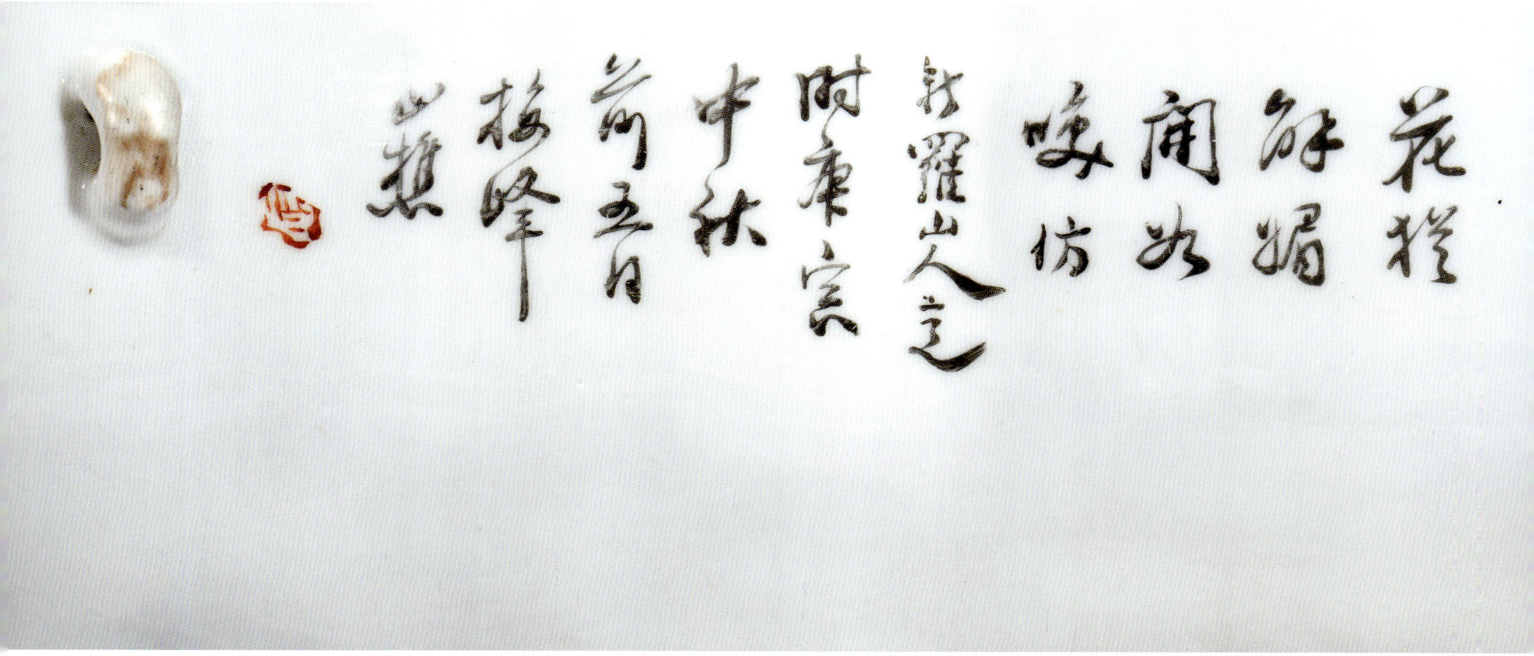

浅绛彩花鸟纹高足锅

作者　焦佩兰
年代　光绪十七年（辛卯年，1891年）
尺寸　口径18.2厘米　高14.4厘米

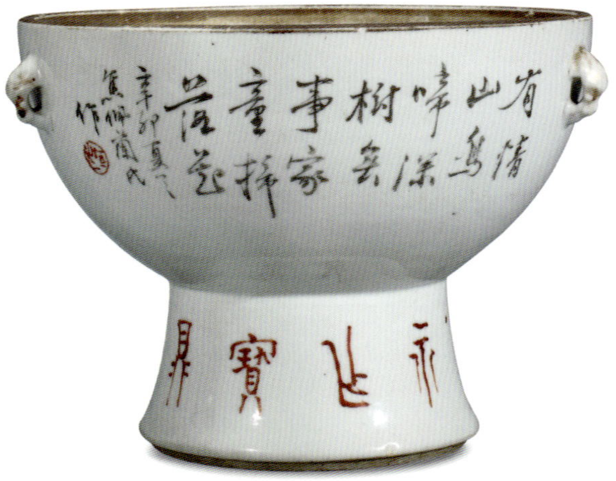

点评

1. 焦佩兰，安徽黄山仙源人，晚清御窑厂画师、浅绛彩瓷画名家，擅画人物、花鸟，兼工博古图。人物喜画老者，须发皆白，精神矍铄，衣纹常描成钉头鼠尾状，顿挫转折，流畅自如；花鸟乃师法沈周一路，却又有自己潇洒自然，活色生香的个性。

2. 此锅器形硕大，制作规整，是高足锅中之大器。

3. 所画虽是寻常题材：绿柳、红果、春燕，但构图简约，布局疏朗，月笔老到，挥洒自如；拂柳迎风，双燕起舞，动静交错，形神兼备。当属作者本人较为满意的作品，故书“永作宝鼎”。

4. 具有较高的观赏、研究和收藏价值。

浅绛彩山水图盖锅

作者　佚名

年代　光绪

尺寸　口径13.3厘米　高8.5厘米

点评

1. 此锅绘的是一幅典型的浅绛彩瓷文人写意山水画。构图简约，疏朗大度，画风朴秀，笔墨苍莽，远山近水，小桥轻舟，逸笔草草，浑然天成。令人百看不厌，回味无穷。

2. 画工精湛，运笔老辣，估计作者非名家即高手。

3. 具有较高的观赏、研究和收藏价值。

浅绛彩渔家乐图盖锅

作者　徐善琴

年代　光绪二十四年（戊戌年，1898年）

尺寸　口径18.4厘米　高10.8厘米

点评

1. 徐善琴，名韵仙，字善琴，号长庚，名款有徐善琴、韵仙、长庚氏、善琴氏、善琴等。轩室号有长庚室、长庚陋室、松竹轩。光绪御窑厂画师，擅画人物、山水、花鸟，无一不精。尤其是仕女画乃师法陈老莲、改琦，但本人又有所创新，风格迥异，独树一帜，所作仕女风姿绰约，隽秀端庄。其山水画、花鸟画，亦功力不凡，成就巨大，是晚清传世作品较多、作品品位较高的著名的实力派浅绛彩瓷画名家之一。

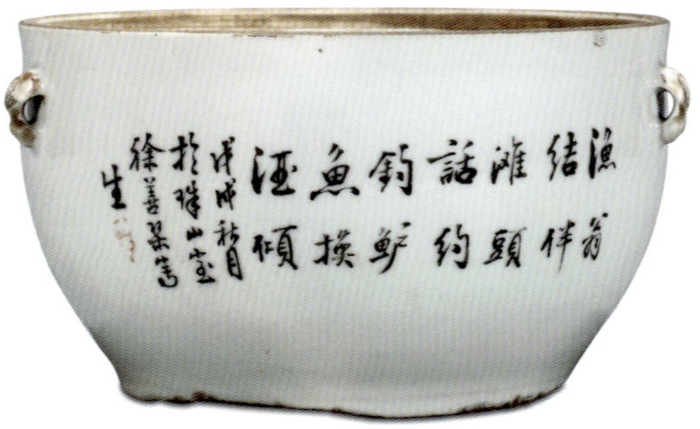

2. 徐善琴最擅长仕女图，但画男士的作品并不多见。此锅所绘正是以男士为主角的一老一少渔家乐图。构图奇特，布局疏朗，人物写意，趣味横生。只见滩头柳树下，一老一少两渔人正商议着今天如何多钓一些鲈鱼去换酒喝，不醉不归。人物线条简约，勾勒大胆，形象夸张；面部刻画细腻，且在五观上下足了功夫，用眼睛“说话”，情溢于表，把那种对钓鱼的满满信心和对以鱼换酒的热切期盼表现得淋漓尽致，生动、鲜活而传神。正应题诗“渔翁结伴滩头话，约钓鲈鱼换酒倾”之意境，画如诗意，诗如画意。它完全是一幅全新版的渔家乐题材的创作画，是源于生活、高于生活，充满浓郁渔村气息和文人韵味的优秀瓷画作品。

3. 这是作者画男士题材的罕见佳作，画工精妙，颇富创意，具有较高的观赏、研究和收藏价值。

浅绛彩花鸟纹盖锅

作者　詹尧臣

年代　光绪十四年（戊子年，1888年）

尺寸　口径18.7厘米　高14.6厘米

点评

1. 詹尧臣，作者简介见135页。

2. 此锅器形规整，瓷细釉润。所绘花鸟，构图饱满，运笔老辣；花卉写意，艳而不俗。但见花丛中一只雁鸟正在抱窝，尾巴高翘，一动不动，但目光却警惕地环视着四周，显得十分机灵，颇有神韵。所题诗文“数点平沙之雪烟淡烟浓，一溪秋水之云风寒风暖”，亦韵味十足，文气四溢；且书写龙凤，苍劲有力。

3. 不失为一幅不可多得的作者浅绛彩花鸟纹瓷画精品之作，具有较高的观赏、研究和收藏价值。

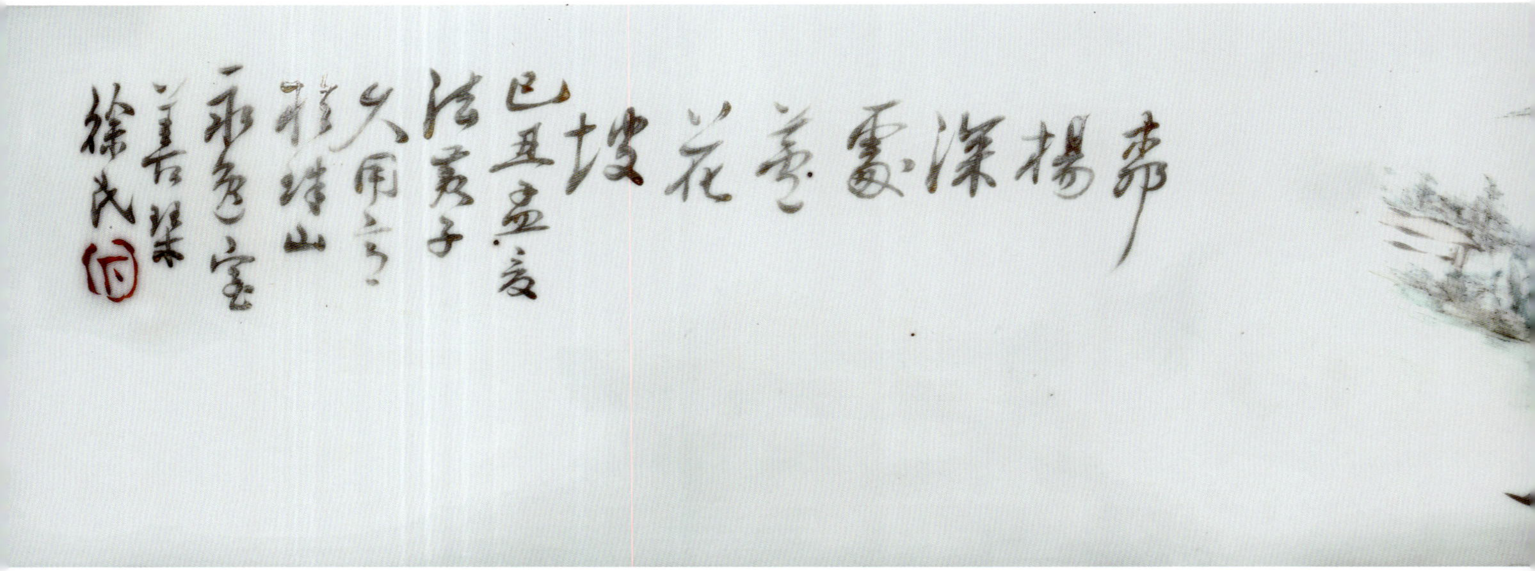

浅绛彩山水人物纹高足锅

作者　徐善琴
年代　光绪二十四年（戊戌年，1898年）
尺寸　口径16.1厘米　高16.2厘米

点评

1. 徐善琴，作者简介见232页。

2. 高足锅，是从古代瓷豆演变而来。豆是古代盛食物的一种器皿，早在新石器时代早期的陶器中即已出现。瓷豆始于商代原始瓷，到明清年间瓷豆已成为一种祭祀用的礼器。

3. 此高足锅，器形典雅，瓷质玉白，釉面脂润。器身两侧各有一对瑞兽耳，既美观，又可作穿索提梁之用。

4. 器身和盖所绘均为山水人物图，尤其是器身，作者采用全景式构图，铺展开一幅山清水秀、意境悠远的山水人物画卷。前景，三面湖水环绕一处山坡，坡上树木蓊郁，古柏参天，修竹青翠，梅树点红，林间曲径通幽，云亭隐现。中景，只见一湾湖水，绕山而去，几只小船在湖面荡漾，随波逐流，船上坐的也许就是武林逸士了。此时，也许他正在湖中垂钓或苦练禅功呢！远景，是一座座突起的高峰，山脉蜿蜒，山后有山，山环水绕，无以穷尽，大有“山重水复疑无路，柳暗花明又一村”之意境。全图以情铸景，笔简意远，清新秀润，格调高雅。题诗“柳杨深处万花坡”，苍劲洒脱，一语破题。

5. 品相完好，名家精品，传世甚罕，具有极高的文化品位及艺术观赏、研究、收藏和投资价值。

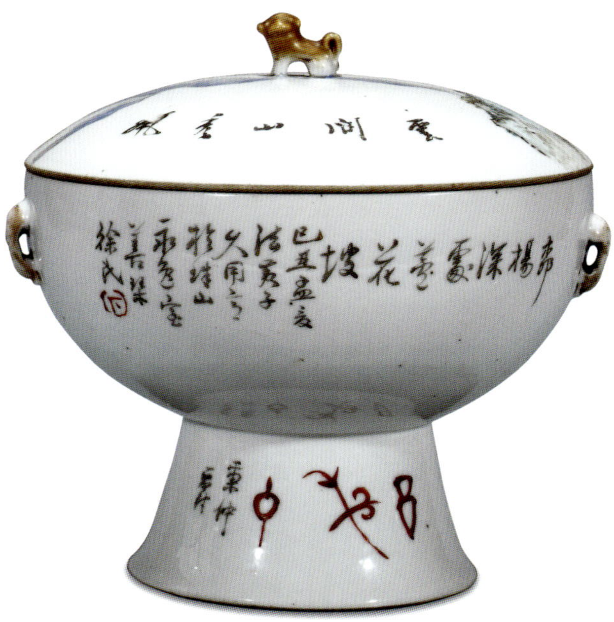

浅绛粉彩（复合型）花鸟纹高足锅

作者　马庆云

年代　光绪二十五年（己亥年，1899年）

尺寸　口径13.2厘米　底径8厘米　高13.8厘米

点评

1. 马庆云，作者简介见144页。

2. 此锅小巧玲珑，做工精细，釉光脂润，市面少见。

3. 它是可遇不可求的作者写意写生花鸟纹瓷画佳作。你看牡丹花——花红叶茂，绽放一张张笑脸，画面十分热闹；翠鸟独立枝头——曲颈弯腰，神情专注，似在赏花，又像在寻觅小虫，简直把花、鸟画活了。再看锅足那几枝修竹，似乎不经意几笔，竟也勾出了神韵，充满生机和活力。这应是大家的神来之笔吧！

4. 具有较高的文化品位及艺术观赏、研究、收藏和投资价值。

浅绛彩花鸟纹一品锅

作者　魏子珍

年代　光绪三十年（甲辰年，1904年）

尺寸　口径24.2厘米　高7厘米

点评

1. 魏子珍，江西景德镇人，晚清浅绛彩瓷画名家，署名常用子珍、魏子珍，擅画山水、花鸟，画工严谨，书法遒劲。

2. 此锅构图循法，布局严谨。树干、枝条、红果、小鸟，错落有致，恰到好处。你看两只小鸟，紧附枝头，各觅其果，互不相扰。那旁若无人的专注神情，那如饥不择食的逼真动作，简直令人捧腹。作品虽然着墨不多，却收到了较好的艺术效果。

3. 具有较高的观赏、研究和收藏价值。

浅绛墨彩（复合型）山水人物纹一品锅

作者　复茂

年代　宣统三年（辛亥年，1911年）

尺寸　口径28.8厘米　底径26.2厘米　高14.2厘米

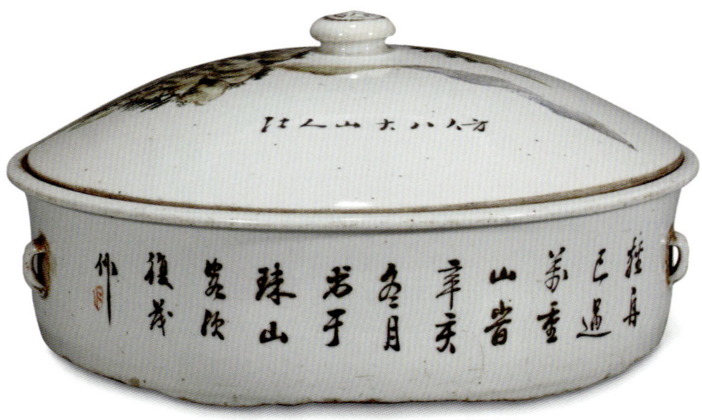

点评

1. 复茂，晚清至民国时期浅绛彩瓷画师，擅画山水、人物。

2. 此锅器身及盖面所绘均为山水人物图，两者画意、画风及画法皆一致，较为协调。其特点是，构图虽繁，但密而不乱；施彩较重，但浓而不艳。画中，万山叠翠，层林尽染，怪石嶙峋，楼阁隐现；一水穿越，轻舟飞渡，高士倚杖，群侠聚首。好一个“轻舟已过万重山”的光辉彼岸和理想境界！

3. 具有较高的文化品位及艺术观赏、研究、收藏和投资价值。

浅绛彩牧童图火锅

作者　佚名

年代　光绪至民国早期

尺寸　口径24厘米　底径15厘米　高20.5厘米

点评

1. 此火锅铜心瓷身，质地坚硬，器形规整，画工精美。

2. 锅盖绘的是牧童图，牧童一边放牛，一边吹笛，神态机灵，憨厚朴实。锅身绘的是教子图，稚童持花，乃父教导，互相逗趣，其乐融融。特别是当全家围坐在一起“叹”火锅时，要的正是这种氛围。

3. 这是集观赏与实用于一体，让家人在享用食物大餐的同时亦分享文化美餐，立意独特，市面少见，具有较高的文化品位及艺术观赏、研究、收藏和投资价值。

（二）罐盅类

浅绛彩山水纹瓜棱鼓形盖罐

作者　南轩香阁

年代　光绪十二年（丙戌年，1886年）

尺寸　口径14.2厘米　底径10厘米　高15厘米

点评

1. 南轩香阁，其真实姓名及生卒年不详，作者具有较高的文化艺术素养，擅画山水、人物，书法亦精，存世作品较少。

2. 此盖罐形如腰鼓，器身以瓜棱、鼓钉装饰，新颖别致，市面罕见，且画艺高超，书法精湛，保存完好。

3. 具有较高的观赏、研究、收藏和投资价值。

浅绛彩花鸟纹瓜棱形盖罐

作者　汪藩（汪介眉）
年代　光绪十四年(戊子年，1888年)
尺寸　口径16.2厘米　底径11.4厘米　高16.2厘米

点评

1. 汪介眉，作者简介见192页。

2. 此瓜棱形盖罐的罐身与罐盖是“拉郎配”，并非原器（其身有瓜棱，而盖却无），也不完全契合，但喜的是，它们确实又都是汪藩（介眉）所作，且皆为花鸟纹题材。所画花鸟，工写兼用，细腻传神。花、枝干及叶子画得很随性，很写意，生意盎然。两只红绶鸟，则细笔具状，动作机敏，神态各异，毫羽毕见。

3. “梅开五福”及其他题字，词以达意，书写流畅，颇具功力。

4. 具有较高的观赏、研究、收藏和投资价值。

浅绛彩仕女图西瓜形罐

作者　三多五福蛙山

年代　光绪早期

尺寸　口径9.3厘米　底径13.7厘米　高24.2厘米

点评

1. 三多五福蛙山，作者真实姓名及其生卒年不详。应是光绪年间浅绛彩瓷画名家或高手，文化底蕴深厚，绘画技艺高超。

2. 此罐构图突出以倚靠在盘曲大柳树上的两仕女为视角中心，布局巧妙，定位准确，疏密有致，层次分明。你看两仕女身材窈窕，婀娜多姿；脸庞俊俏，含情脉脉。作者用笔老到，率性而为，笔简形具，得之自然。仕女服饰以淡蓝色、浅红色、浅绿色为基调，与衬景的山石、栏栅、柳树、花卉的颜色互相呼应，相得益彰。

3. 整个画作大气、舒朗而典雅，仕女端庄、聪颖，俨然是纸绢上一幅带有浓郁的海派画风和文人韵味的仕女图之精品佳作，具有较高的观赏、研究、收藏和投资价值。

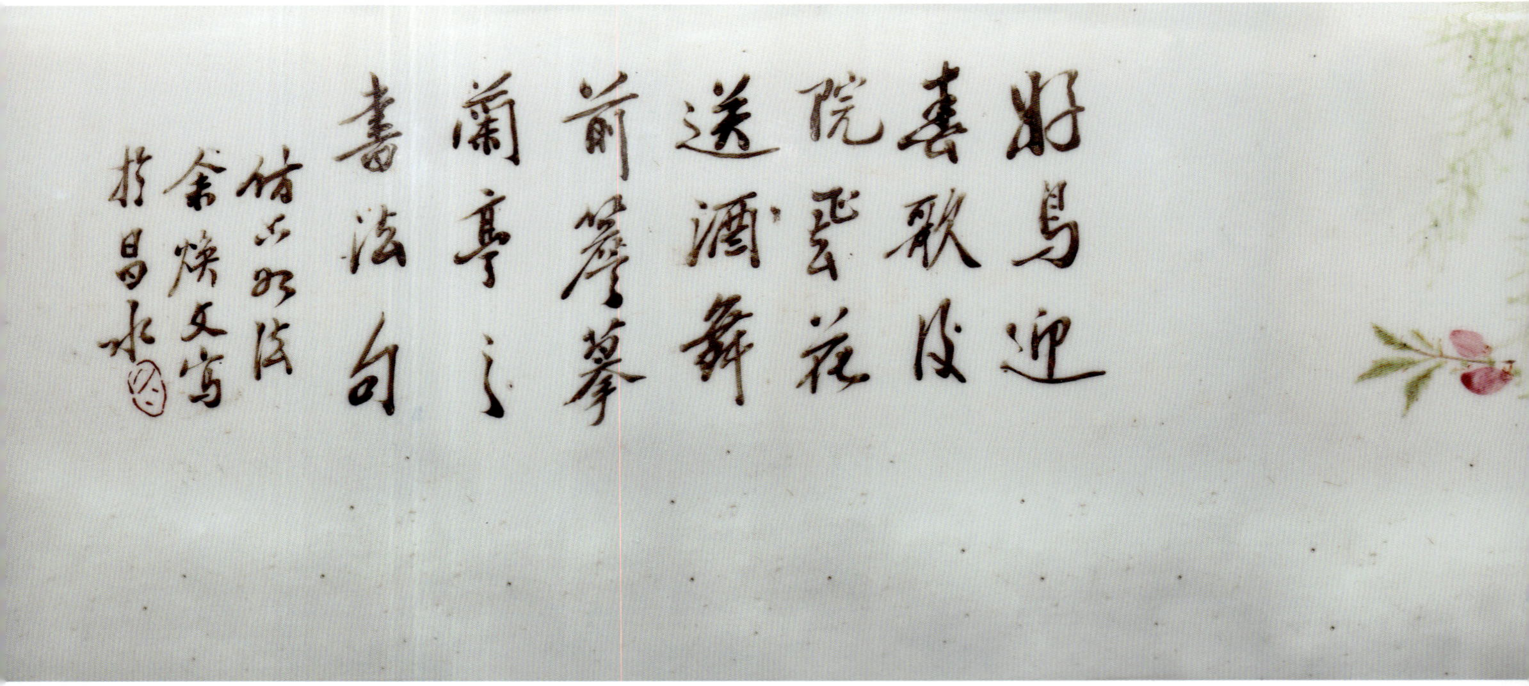

浅绛彩好鸟迎春图盖罐

作者　余焕文

年代　光绪

尺寸　口径18.7厘米　高15.8厘米

点评

1.余焕文，作者简介见168页。

2.此罐构图饱满，布局循法，密中有疏，繁而不乱。老树逢春，枝干新发，绿条轻拂，红花烂漫。两只春燕，也许是为了便于私语，相邻而栖，亲密无间。突然，它们不约而同地把身体扭向右侧，惊奇地在张望着什么，那机灵警觉的目光，多么独特，多么传神，极具艺术震撼力和感染力。

3.具有较高的观赏、研究和收藏价值。

浅绛彩香绕美人图盖罐

作者　金山氏

年代　光绪二十五年（己亥年，1899年）

尺寸　口径13.7厘米　高17厘米

点评

1. 金山氏，光绪中晚期浅绛彩瓷画家，工山水画、人物画，尤擅仕女图，传世作品少见。

2. 此罐盖与罐身均绘仕女图，满工满彩，线条流畅，设色靓丽。两仕女体态丰满，面庞圆润，双双盘腿并坐于平整的大石板上，周边假山错列，花卉丛生，香气袭人。两人正聚精会神地捧卷诵读，两双眼睛直盯着卷面，完全不被周边缭绕的花香所扰，极为专注，也许是书中所散发出来的“香气”更具吸引力吧！作品书画互衬，情景交融，浑然一体；且有佳句点题，“香绕美人”，耐人寻味！

3. 具有较高的观赏、研究和收藏价值。

浅绛彩花鸟纹西瓜形罐

作者　喻春

年代　光绪二十七年（辛丑年，1901年）

尺寸　口径9.6厘米　高28.8厘米

点评

1. 喻春，作者简介见82页。

2. 此罐器形美观，状如西瓜，瓷胎厚重，釉面脂润。

3. 所绘花鸟图，采用泼墨式大写意手法，将红黄相间的牡丹花及枝叶展现在人们眼前。枝头上一只白头翁昂首挺立，眼睛向上，朝天放歌，神态奇特，灵动可爱。明代大家八大山人曾以“白眼向天的鸟”，表达明室遗民面对朝代更迭、国破家亡的愤懑之意。现作者应绝无此意，而是大力倡导“修福”，以达到富贵白头的正果。他画风写意，用笔豪放，精到老辣，而且诗亦配得好，耐人寻味，书法更如行云流水，奔放洒脱。

4. 这是一幅典型的瓷器上中国文人写意花鸟画之珍品，颇具观赏、研究、收藏和投资价值。

浅绛彩仕女纹盖罐

作者　高心田
年代　光绪三十年（甲辰年，1904年）
尺寸　口径18.3厘米　高20厘米

点评

1. 高心田，作者简介见167页。

2. 此盖罐不仅器形硕大，而且品相完好（盖原配），是殊为难得的高氏浅绛彩瓷之完美器物。

3. 罐盖及罐身所绘均为仕女图，盖身构图协调，整器画风相契，浑然一体，蔚为雅观。罐盖绘的是一仕女正仰头赏花，如痴如醉；罐身绘的也是与花相关的题材：只见三仕女一起劳作，一仕女扬锄“扫”落英（花），一仕女提篮集残花，另一仕女在一旁指指点点，像是拿主意、发差事的女主人呢！三人着装有别，举止不一，神态各异，十分符合各自的身份，尤其是三仕女脸部的刻画，精准而逼真，细腻而传神。作者的题诗亦别具深意：“万点情怀花艳落，一堂围聚月精神！”面对“落英缤纷”“残花散尽”，仕女们没有惆怅，心如止水，她们眼下之举——葬花培英，辛勤劳作，难道不是为了等待新的春天，迎接新的轮回吗？！

4. 作品意涵深刻，器物品相完好，是不可多得的作者浅绛彩仕女图之精品力作，具有较高的观赏、研究、收藏和投资价值。

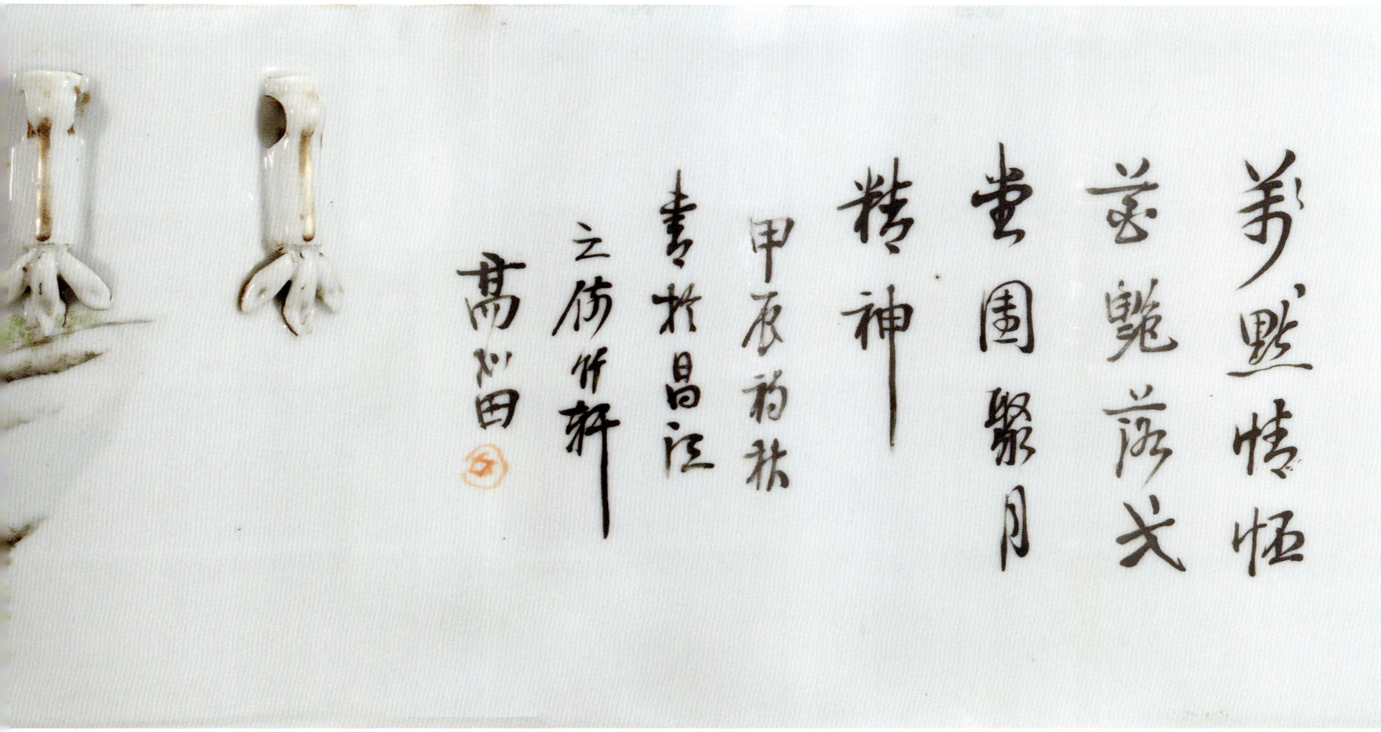

浅绛彩羲之爱鹅图盖罐

作者　高心田

年代　光绪三十年（甲辰年，1904年）

尺寸　口径13.7厘米　高12厘米

点评

1. 高心田，作者简介见167页。

2. 此罐为作者创作于光绪晚期的浅绛彩瓷画作品。罐面光亮，瓷质细腻。盖非原配，画面完好，图案清晰。画中：持扇者，风度翩翩，十分儒雅，猜他便是“不贪价宝，唯爱其鹅”的买鹅人王羲之。旁边抱着宝物箱的一定是他家的佣人或书童。他们要以宝物换鹅，代价确实有点高。佣人面带难色，不敢擅作主张。他向主人递去了眼神，正等着发话呢！卖鹅的小伙子则急催紧促：“换，还是不换？不换——走人！”王羲之似乎胸有成竹，不紧不慢地回答：“那好吧！成交！”整个画面布置紧凑，环环相扣，视点突出，画意鲜明。作者写画解文，以巧妙的构思和高超的画技，生动地诠释并演绎了王羲之爱鹅的民间故事，感人至深，久久难忘！

3. 具有较高的观赏、研究和收藏价值。

浅绛彩仕女纹盖罐

作者　潘植南
年代　光绪三十一年（乙巳年，1905年）
尺寸　口径18.5厘米　底径15厘米　高19.5厘米

点评

1. 潘植南，作者简介见108页。

2. 此画是潘氏采用工笔与写意、浅绛与粉彩相结合的手法绘制而成。仕女与稚童刻画细致，神态各异，生动传神。衬景布局，繁而不乱，自然和谐。配诗切题，诗以诠画，书法亦佳。

3. 保存较好，画面清晰，具有较高的观赏、研究和收藏价值。

浅绛彩教子读书图八棱瓜形盖罐

作者　又卿

年代　光绪三十四年（戊申年，1908年）

尺寸　口径7.5厘米　高10.2厘米

点评

1. 此罐呈八棱瓜形，盖带兽纽，品相完好。

2. 所绘为教子读书图，一侧是乃父在讲解课文，另一侧是两位对坐的稚童在翻阅书本，那场景氛围之肃静，人物神情之专注，都表现得相当精准，十分到位，尤其是人物形象因人而异，各具个性。

3. 这是一件超乎同类题材、有深度、高品位的教子读书图瓷画佳作，具有较高的观赏、研究、收藏和投资价值。

浅绛彩人物纹五弦罐

作者　求新

年代　光绪至民国

尺寸　口径182.厘米　高15.9厘米

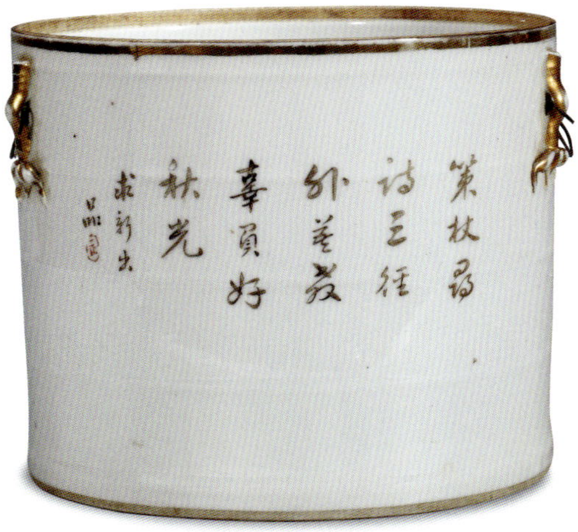

点评

1. 求新，应为光绪晚期至民国早期一家瓷业公司，其他情况不详。

2. 此罐瓷质玉白，釉面脂润，器形规整，制作精良。器身上有五道弦纹，口沿及四系描金，更显得其高贵典雅。

3. 画工精湛，用笔老辣，施彩淡雅。人物面部刻画细腻，形体线条简约流畅，衣服皱褶自然飘逸。老少三人，有帮拿拐杖的，有手捧花篮的，更有聚精会神地在寻诗的，皆符合各自身份，无不形神兼备，个性鲜活，风韵俊逸。且题诗亦绝，与所要表达之画意，互相交融，至善至美。作者若非丹青高手兼诗人而甚难为之，故落款“求新珍品”乃实至名归。

4. 具有较高的观赏、研究和收藏价值。

浅绛彩仕女纹瓜形盖罐

作者　唐子桢

年代　民国五年（丙辰年，1916年）

尺寸　口径11厘米　高19厘米

点评

1. 唐子桢，光绪至民国时期浅绛彩和粉彩瓷画名家，尤擅仕女图，有“美女画大师”之称。

2. 此罐器形优美，制作规整，胎质细腻，釉光如玉。

3. 所绘仕女图采用浅绛与粉彩相结合的手法，布局紧致，赋彩明艳。只见几案上高高堆放的诗书，一朵盛开的莲花探出了花器，两侧的仕女侃侃而谈，许是对话闺中秘事，许是交流读书心得，侍童不时殷殷奉茶，仕女神态端庄优雅，其发髻及衣领还以进口料彩做点缀，显得特别贵气。画作全然是书香门第的一个生活缩影。题款“华色含英雅，诗书可爱人”，既是点睛之笔，亦令人物精神和文化层面得到了升华。

4. 作为“美女画大师”的唐子桢精品之作，且品相完好，具有较高的观赏、研究和收藏价值。

浅绛青绿彩（复合型）山水清音图盖盅

作者　汪友棠

年代　民国七年（戊午年，1918年）

尺寸　口径10.1厘米　底径7.2厘米　高13.4厘米

点评

1. 汪友棠，作者简介见46页。

2. 此盖盅瓷质细腻，釉色脂润，比例适中，品相完好，尤其是盖和盅的口沿分别以两道粗细不一的描金线为饰，显得格外贵气而雅致。

3. 盅盖及器身均采取浅绛与青绿山水相结合的手法绘山水人物图，构图上下协调，施彩沉艳老辣。画面：蓝天白云，一望无际；群山连绵，无以穷尽；碧水绕弯，流向远方；房舍错落，绿树掩映……盅盖绘一垂钓者，盘腿而坐，长竿低垂，神态闲适；器身绘一叶扁舟，上坐一逸士，轻楫小桨，任舟漂流。他们过的正是远离喧嚣与尘埃的隐居生活。题款“山水有清音”，乃点睛之句。它出自魏晋诗人左思《招隐二首》，前一句为“何必丝与竹”，意思是何必非要弹奏箫管与丝弦乐器呢，山水自会发出清雅美妙的声音，即大自然就是最美好的乐章。作品以诗诠画，诗画交融，意涵深刻，精妙绝伦，不愧为名家汪氏的经典之作。

4. 具有较高的观赏、研究和收藏价值。

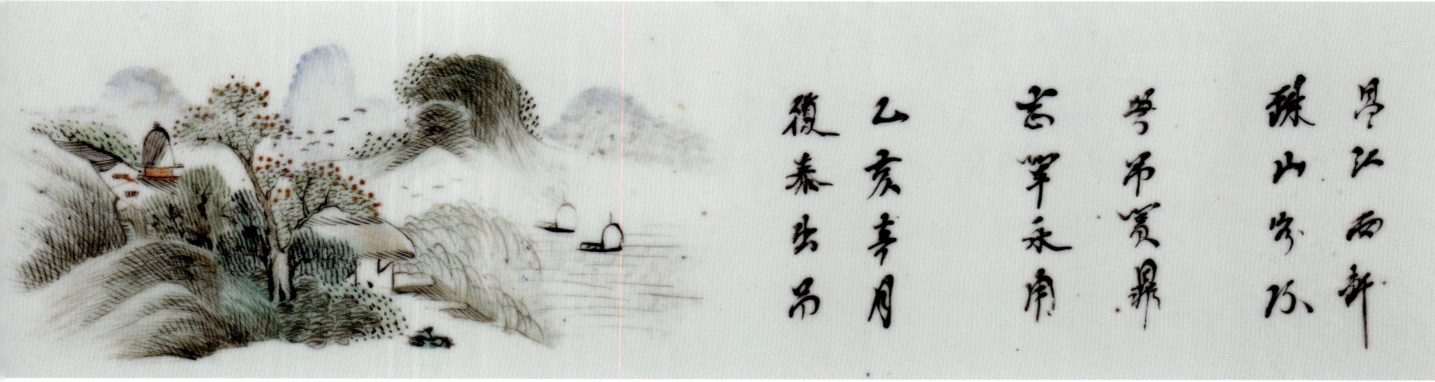

浅绛青绿彩（复合型）山水纹六方形茶叶罐

作者　复泰

年代　民国二十四年（乙亥年，1935年）

尺寸　口径3.5厘米　棱边6.2厘米　高14.1厘米

点评

1. 复泰，光绪晚期至民国时期浅绛彩瓷画名家。落款常用复泰氏，擅画山水、花鸟。

2. 此罐为六方形，器形美观，制作高难，品相完好，市面少见。

3. 尤其难得的是画工精湛，俨然一幅带有明显浅绛画风和画法的中国文人写意青绿山水瓷画。你看远山近水，山清水秀；晴空万里，飞雁成行；林木葱郁，桃红柳绿；房舍错落，渔舟穿行；好一派江南水乡的旖旎风光，令人流连忘返。

4. 具有较高的文化品位及艺术观赏、研究、收藏和投资价值。

（三）杯类

浅绛彩山水人物纹竹节耳六方形把杯

作者　蒋玉卿
年代　光绪八年（壬午年，1882年）
尺寸　口径（对角）9.2厘米　高7.1厘米

点评

1. 蒋玉卿，作者简介见132页。

2. 这只方杯器形特别，耳为竹节状，杯呈六方形，制作精美，品相完好。

3. 器身所绘为跨越六扇小平面的长卷式山水图。作者表现的是风雨过后的“三山两岸”即景写意，具有浓郁的书卷气息。构图巧妙，布局疏朗，用笔老到，泼彩自如。你看雨过天晴，天高云淡，山岩嶙峋，林舍错落，人坐屋内，舟竞水面。远山近水，近物远景，一览无遗，尽收眼底。杯子虽小，竟容下了天地之大，足见作者匠心独运和高超的艺术造诣。

4. 器美画精，具有较高的观赏、研究、收藏和投资价值。

浅绛彩英雄独立图高足杯

作者　方少溪
年代　光绪十四年（戊子年，1888年）
尺寸　口径10.5厘米　高8.4厘米

点评

1. 方少溪，作者简介见212页。

2. 此杯瓷质脂润，器形美观，杯沿施酱色釉，尤显尊贵。所绘花鸟图不仅寓意好，而且画工佳。一只雄鹰独立枝头，目光炯炯，傲视环宇，英姿勃发。古人常“以鹰（‘英’的谐音）言志”，饮用此杯，怎不令人引发英雄气概、豪情倍增呢？！

3. 品相完好，传世稀少，极具文化品位及艺术观赏、研究、收藏和投资价值。

浅绛彩山水纹高足杯一对

作者　佚名
年代　光绪
尺寸　口径9.1厘米　高7.4厘米

点评

1.此对高足杯，器形美观，瓷质玉白。杯口及腰部描金，更显得其身份高贵。

2.所绘山水图，用笔老到，挥洒自如，十分写意，是一幅具有文人韵味的浅绛彩山水纹瓷画之经典作品。

3.品相完好，且为对装，市面少见，具有较高的文化品位及艺术观赏、研究和收藏价值。

浅绛彩芭蕉仕女图把杯一对

作者　潘植南

年代　光绪

尺寸　口径6.4厘米　高5.6厘米

点评

1. 潘植南，作者简介见108页。

2. 此两杯画的是芭蕉仕女。仕女侧坐于书案前，仪表端庄，举止典雅，作相思状，含情脉脉。蕉树临窗伫立，仕女朱颜，显得分外妖娆，而窗外那蕉蕾正含苞待放，恰似仕女怀春之情，十分含蓄，颇富诗意。

3. 品相完好，且为对装，具有较高的文化品位及艺术观赏、研究和收藏价值。

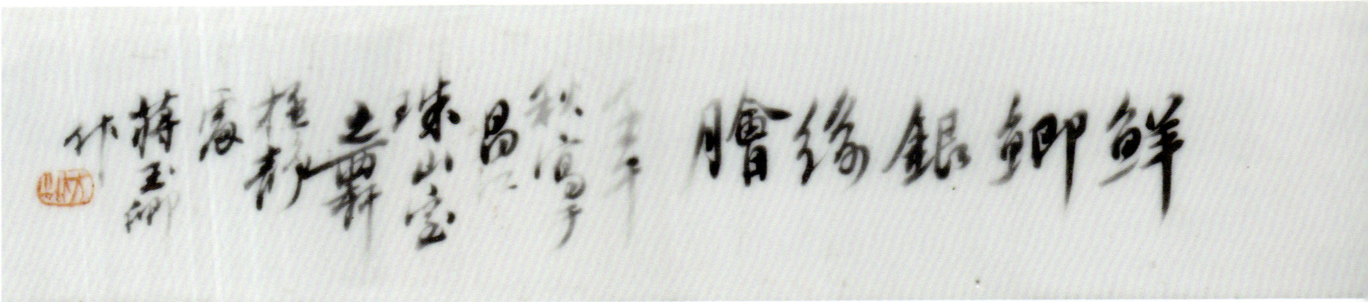

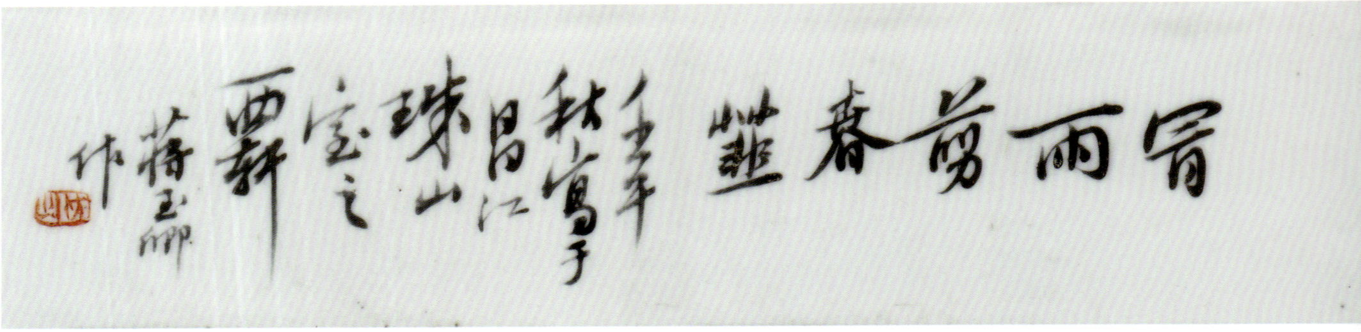

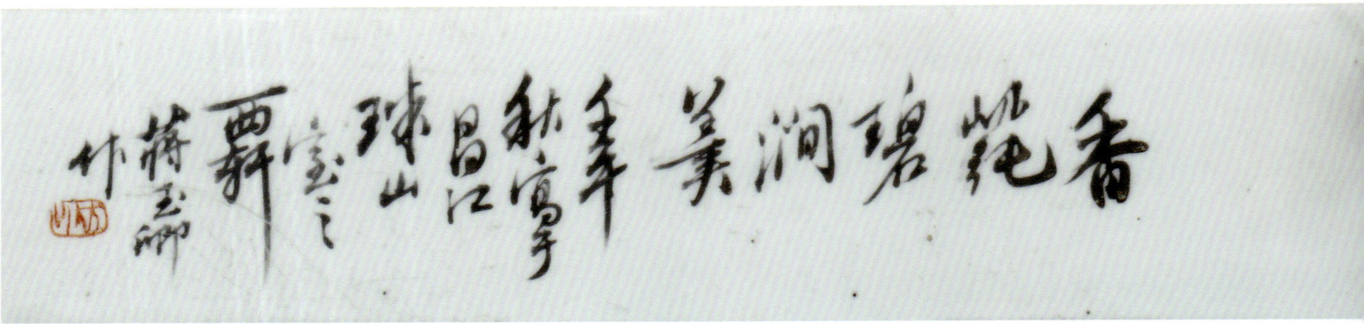

（四）盒类

浅绛彩山水人物纹盖盒

作者　蒋玉卿
年代　光绪八年（壬午年，1882年）
尺寸　口径16.8厘米　高15.6厘米

点评

1.蒋玉卿，作者简介见132页。

2.此整套盒以妙游五岳归来为题材，盖盒制作规整，瓷质细腻洁白，画工精到老辣，是作者创作于光绪早期的一套典型而精美的浅绛彩山水人物纹组画。第一幅，五岳归来。这是此套组画中的点题之作或曰主题画。取景虽小，以小见大，气势恢宏；人物闲逸，文气十足，内涵深刻。第二幅，两岸青山，一衣带水，激流竞舟，力争上游；游人如鲫，各觅其乐，千姿百态，栩栩如生。第三幅，冒雨剪春韭。危岩耸立，古木参天，楼宇错落于绿荫；游人登岳，尽心赏景，兴致勃勃在崖顶。第四幅，香莼碧涧美。由近及远，由深入浅；层次分明，色彩高雅；游人闲适，飘然欲仙；景物壮观，美不胜收。整套瓷画，虽非长卷，但人物众多，画意隽永。

3.整套盒（缺一件），画工精美，是不可多得的作者浅绛彩瓷山水人物纹精品力作，具有很高的观赏、研究、收藏和投资价值。

浅绛彩花鸟纹碗

作者　李瑞山
年代　光绪八年（壬午年，1882年）
尺寸　口径11.3厘米　高6.6厘米

点评

1. 李瑞山，作者简介见34页。

2. 此碗为作者早期浅绛彩瓷画作品，器形俊美，画工精湛：勾皴点染，笔简意赅：老树劲挺，红叶缤纷：小鸟唤友，跃然枝头。整个画面疏朗、明快、活泼、奔放，俨然就是一幅画在瓷器上的、带有浓郁海派画风的文人小写意花鸟画之精品佳作。

3. 具有极高的观赏、研究、收藏和投资价值。

浅绛彩“过墙”梅花纹八方形碗

作者　梁肯堂

年代　光绪七年（辛巳年，1881年）

尺寸　口径（对角）17.3厘米　底径10.5厘米　高7.2厘米

点评

1. 梁肯堂，作者简介见133页。

2. 此碗为八方形（制作工艺难度极高），口沿描金，器形规整，品相完好。尤其难得的是所绘“过墙”梅花，从碗外直翻“墙”而入碗内，枝干苍劲挺拔，数不清的梅苞争相绽放，一派生机勃勃。作者勾勒皴擦点染，笔走龙蛇，收放自如，颇见功力。配诗亦佳，书法遒劲。

3. 这是一幅堪比纸绢书画的、十分难得的浅绛彩花鸟纹瓷画精品力作，且制作工艺高、难度大，传世珍罕，具有极高的研究、观赏、收藏和投资价值。

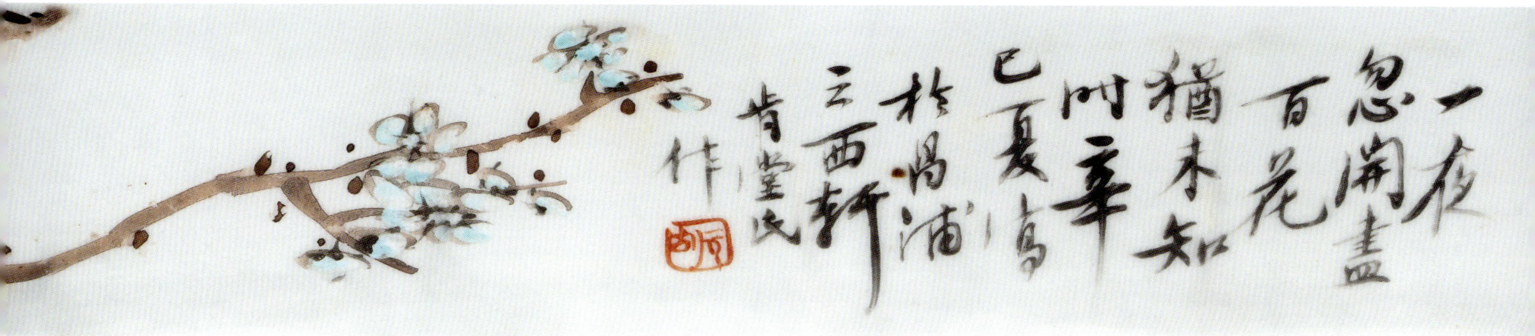
一夜忽開盡
百花猶未知

浅绛彩千峰万壑图六方形碗

作者　王岐山

年代　光绪七年（辛巳年，1881年）

尺寸　口径（对角）21.6厘米　底径（对角）13.8厘米　高7.5厘米

点评

1. 王岐山，作者简介见215页。

2. 此碗为六方形，器形美观，釉面脂润，所绘山水图巧借碗面凹凸曲折之变化来展示千峰万壑蜿蜒起伏的宏伟气势，令人视野大开，心旷神怡。

3. 品相完好，且绘画、题诗、书法俱佳，是不可多得的作者浅绛彩山水人物纹瓷画之精品力作，具有极高的观赏、研究、收藏和投资价值。

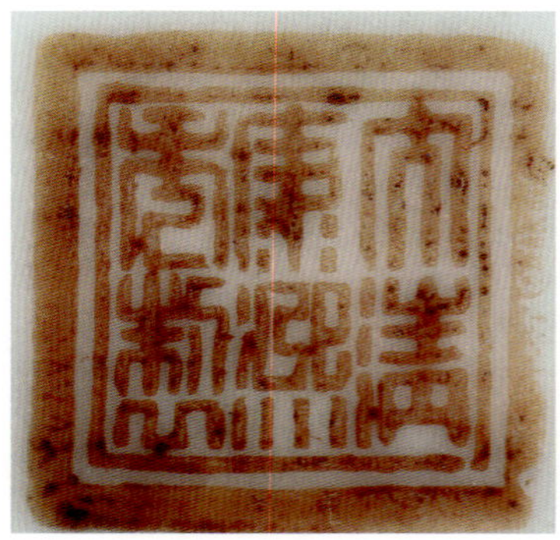

千峰
萬壑一
溪流
五嶽
歸
來此好遊
辛巳冬
寫
昌江
王岐山
作

浅绛彩人物山水纹八方形碗

作者　棲梧氏

年代　光绪十一年（乙酉年，1885年）

尺寸　口径（对角）12厘米　高5厘米

点评

1. 棲梧氏，即江棲梧，作者简介见140页。

2. 此碗器形特别，为八方形，美观典雅，市面少见。

3. 所绘为书生勤读图，只见一书生手捧书卷，全神贯注地在强记书中的内容，旁边还摆着一摞书卷和行囊，也许是进京赶考途经此地，在歇脚的空隙再抓紧重温一下功课。有趣的是，此碗为八方形，可能暗喻八面逢源，考场高中，八方来贺，与画的主题十分契合，故亦借此祝愿书生顺风顺水，心想事成，金榜题名！

4. 这是一件作者率性创作的但颇有内涵和文气的人物山水纹瓷画作品，具有较高的观赏、研究和收藏价值。

外浅绛彩花鸟纹内青绿矾红彩鱼藻纹花口碗

作者　凌云

年代　光绪十九年（癸巳年，1893年）

尺寸　口径（对角）26.3厘米　高6.8厘米

点评

1.凌云，光绪中期、晚期浅绛彩瓷画名家，工山水画、人物画、花鸟画，书法亦精，传世作品较少。

2.此碗呈花瓣形，器形较大，绘制特别，为外浅绛彩，内青绿矾红彩，且品相完好，较为鲜见。

3.所绘鸟鱼灵动可人，栩栩如生；花卉写意，极富生气；书法亦遒劲洒脱，是不可多得的作者浅绛彩瓷花鸟画精品力作。

4.具有较高的观赏、研究、收藏和投资价值。

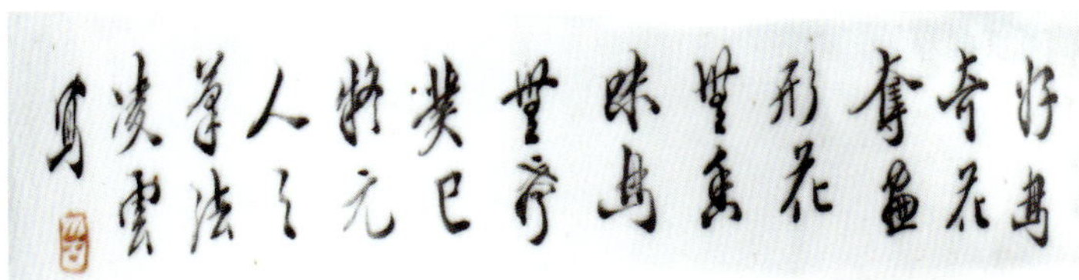

浅绛彩花鸟纹碗一对

作者　喻春

年代　光绪二十五年（己亥年，1899年）

尺寸　口径12.1厘米　高6厘米

点评

1. 喻春，作者简介见82页。

2. 此对碗比例适中，造型美观，瓷质洁白，釉色脂润。所绘花鸟，技法娴熟，运笔老到，蘸料厚重，施彩靓丽。两小鸟矗立枝头，一只仰望远方，作呼朋唤友状；另一只似在思春，显得沉寂，但均神态逼真，充满灵性。至于花卉则随意点染，花艳欲滴，亦无不生机盎然。

3. 这是作者浅绛彩花鸟纹经典作品，碗内虽各有一道细微小冲纹，但不影响画面，故仍具较高的观赏、研究和收藏价值。

浅绛彩蕉窗仕女图碗

作者　潘植南
年代　光绪二十七年（辛丑年，1901年）
尺寸　口径10.7厘米　高6.4厘米

点评

1. 潘植南，作者简介见108页。

2. 此碗所绘为作者经典之仕女图。仕女身材苗条，脸庞俊美，身穿一袭浅蓝色的裙子，上配紫红色的衣衫，显得十分得体和华贵，一定是个大家闺秀。她侧身靠在窗内的沙发上，婀娜多姿，楚楚动人。她眉头紧蹙，低首凝思，似乎愁绪绵绵，心事重重。窗外，蕉树临风，蕉花不时送来阵阵沁人的香味。她似乎不为花香所扰，还沉浸在无穷的忧伤和思虑之中。她在忧啥，想啥？谁也猜不着，每位读者一定会有自己的解读方式和答案。这也许正是作者创作之初衷和该作品画意之所托吧！

3. 品相完好，画工上乘，具有较高的观赏、研究和收藏价值。

浅绛彩山水人物纹盖碗

作者　余焕文

年代　光绪

尺寸　口径10.9厘米　高5.9厘米

点评

1. 余焕文，作者简介见168页。

2. 此碗构图峻奇，法度严谨。图中写景，美景如画；画面开阔，气势恢宏；山环水绕，无以穷尽；远山近水，悉收眼底；亭榭楼台，错落有致；渔牧耕读，各得其乐。其牍虽小，其容乃大，颇具“四王”之遗风。

3. 品相完好，画工上乘，具有较高的观赏、研究和收藏价值。

浅绛彩婴戏图碗

作者　马庆云

年代　宣统元年（己酉年，1909年）

尺寸　口径10.6厘米　高9.5厘米

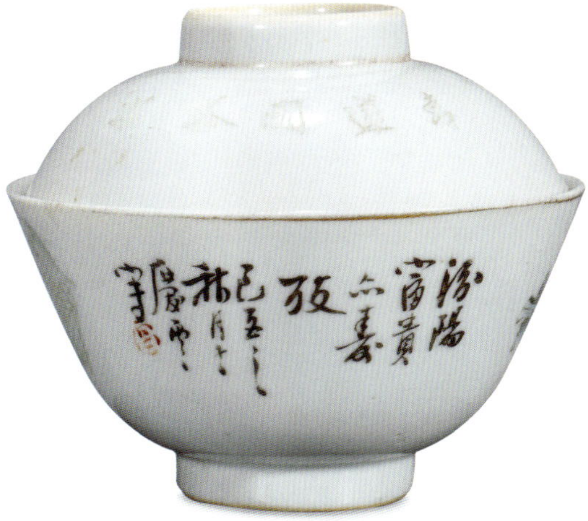

点评

1. 马庆云，作者简介见144页。

2. 此碗所绘婴戏图为作者所创作的文人写意人物画小品。构图饱满，画风写意，娃娃肥硕，头大如斗，动作稚趣，憨态可掬。画中景物，花木蕉石，布局得体，错落有致，烘托自然，题诗书法，亦丝丝入扣，令人赏心悦目。

3. 品相尚好，画工上乘，具有较高的观赏、研究和收藏价值。

浅绛彩秋收图碗一对

作者　汪照藜

年代　民国四年（乙卯年，1915年）

尺寸　口径10.2厘米　高5.6厘米

点评

1. 汪照藜，作者简介见175页。

2. 这是一对民国时期坊间典型的小碗，胎薄瓷细，尤其是碗沿还留有两道清晰的描金线，凸显出了它与众不同的贵气。

3. 所绘为充满农村浓郁生活气息的秋收图，只见一农夫高举簸箕，顺风扬谷，未成熟的干瘪的谷壳及杂物纷纷扬扬，随风飘远，留下丰满、厚实的谷粒在场上堆积成山；另一农夫负责铲谷，以供筛扬，配合默契。他们的脸上无不洋溢着丰收的喜悦，充满了劳动的激情，足见作者对农耕生活体验之深切。作品真实可信，给人以劳动之美的艺术享受。

4. 碗底钤有“照藜监造”四字红地白文印款，确为汪照藜作坊所造（不一定是汪氏本人亲笔），但仍具较高的观赏、研究和收藏价值。

浅绛彩荷花图碗一对

作者　洪轩

年代　民国八年（己未年，1919年）

尺寸　口径11.8厘米　高15.8厘米

点评

1.洪轩，生卒年及简历不详。画作和书法均有相当的功力。

2.此对碗为作者自制，瓷质脂润，器形规整，画工上乘，画风迥异，书法遒劲，品相完好，特别是碗沿描金，更显金贵，一定是大户人家之用瓷，且书有私家款，堪称孤特品。

3.具有较高的观赏、研究和收藏价值。

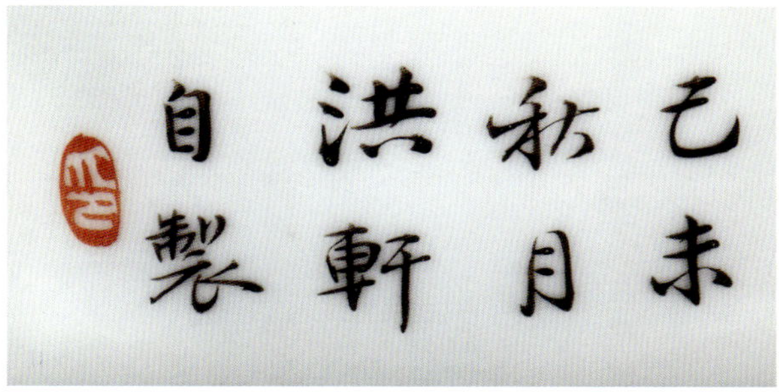

（六）盘（盆）类

浅绛彩山水人物纹盘

作者　旸谷

年代　光绪

尺寸　口径13.4厘米　底径8厘米　高2.8厘米

点评

1. 旸谷，本名罗旸谷，名炳坤，字旸谷，光绪御窑厂画师、浅绛彩瓷画名家，擅画山水、人物、花鸟，功力深厚，笔墨精妙。

2. 此盘构图巧妙，布局得体，远虚近实，层次分明，动静结合，浓淡相宜。远处群山连绵，与天相接；中景高塔耸立，山舍错落；近处树木葱郁，路人蜿行。整个画面清新淡雅，神采飘逸。虽是笔简色轻，却达到了令人赞叹的艺术境界。

3. 品相尚好，具有较高的观赏、研究和收藏价值。

浅绛彩花鸟纹花口盘

作者　山樵氏

年代　光绪十二年（丙戌年，1886年）

尺寸　口径（对角）22.5厘米　高6厘米

点评

1. 山樵氏，晚清浅绛彩瓷画名家，擅画花鸟，功力深厚，书法亦自成一格。

2. 此盘所绘为典型的文人写意花鸟纹瓷画作品。构图大胆，运笔率性，技法娴熟，笔走龙蛇，如在纸绢上任意挥洒，看似随意涂鸦，却是很有章法，把遭雨淋的山鹰倒挂金钩、梳理乱羽之“乱”态勾出“神”来。再配上龙飞凤舞的书法，极为相契，颇有韵味，不愧为大手笔也！

3. 品相完好，画工上乘，具有较高的观赏、研究、收藏和投资价值。

十二、虽残亦珍的残缺品

浅绛彩竹林七贤图双狮耳瓶

作者　佚名
年代　同治至光绪
尺寸　口径20厘米　高61厘米

点评

1.此瓶所绘为竹林七贤图，是一幅将人物与山水巧妙结合得高度完美的成功之作。画面由两组题材构成。一组绘七贤中的三贤正在弈棋或观棋，神情专注；另一组绘四贤正在争相赏画，交流心得；还有两名侍从在附近煮茶，忙得不可开交，三位稚童则自玩自耍，自得其乐。整幅人物群像，用笔疏简，设色浅淡，造型严谨，形神俱佳。山水衬景，特别是竹林山石，布局疏朗，构图和谐，色彩雅致，画面清新。

2.作品气势之恢宏，运笔之高妙，似受王少维画风和技法的影响，至少也是有相当功力的瓷画家所绘，而绝非一般画师所能企及（待考）。

3.瓶口及颈虽有磕冲，但未伤及画面主体，仍具较高的文化品位及艺术观赏、研究和收藏价值。

浅绛彩牡丹纹粥罐

作者　樵人（胡炎）

年代　光绪四年（戊寅年，1878年）

尺寸　口径14.6厘米　高11.2厘米

点评

1. 樵人，即胡炎，皖南人，号赤山樵、赤山樵子、南岳樵、南岳樵生、樵炎居士、翠园村樵，为晚清御窑厂画师，功力深厚，画艺高超的早期浅绛彩瓷画名家，在瓷画界有“一支好笔”之称。擅画人物、花鸟，人物画仿大家沈周，花鸟画效新罗山人华嵒，传世作品较为罕见。

2. 此罐器形特别，口略收，平腹，两只辅耳左右对称，显得格外美观典雅，应是官宦或富贵人家所订制。

3. 题款“抚卣公作文王尊彝见亚形”，书法遒劲，乃樵人（胡炎）于光绪四年（1878年）孟秋月写于昌江客次。所绘牡丹，花开富贵。只见红黄两朵率先绽放，还有众多花蕾含苞待发，显得十分热闹，生机盎然，既养眼，又颇富内涵，可谓大手笔也。落款署“云谷写意”，云谷是否即樵人，抑或另有其人，待考。

4. 此作品无论是樵人独自创作，还是与他人合作，极其珍罕，具有较高的观赏、研究和收藏价值。

浅绛彩山水人物花鸟纹水仙盆

作者　张子英

年代　光绪

尺寸　长18厘米　宽11厘米　高6厘米

点评

1. 张子英，作者简介见51页。

2. 此水仙盆一面为典型的浅绛彩山水人物画，似学明代大家沈周笔法，构图简约，设色淡雅，运笔自如，皴擦有度。远山近水，柳绿花红，亭榭倒映，渔舟竞渡，好一派江南水乡之绚丽风光。

3. 因作者浅绛彩山水人物题材的作品传世较少，故这一小品，亦可珍矣！另一面乃典型的浅绛彩花鸟图，一只小鸟，高立枝头，像在鸣春，召唤着爱侣，又似在舒展歌喉，迎接春天使者的到来。几枝垂柳，数丛花卉，亦紧跟春的脚步，应时报到。但见垂柳迎风飘扬，红花迎春绽放，一切的一切，都在编织着一支美妙的春天进行曲。多么富有诗情画意。寥寥几笔，着墨不多，内涵丰富，寓意深刻。这也许就是真正的艺术魅力吧！

4. 此盆虽有瑕疵，但毕竟是名家之作，传世稀少，具有较高的观赏、研究和收藏价值。

浅绛彩大富贵寿考图瓷板

作者　汪介眉
年代　光绪十一年（乙酉年，1885年）
尺寸　长38.3厘米　宽27厘米

点评

1.汪介眉，作者简介见192页。

2.此瓷板所绘为坊间常见的传统题材——大富贵寿考图，但不常见的则是作者构图和技法比较特别。画中一老一少，刻意工描，老者鹤发银须，面容慈祥，一手拄着拐杖，一手似欲接花；少者捧着一盆象征大富贵的红牡丹，毕恭毕敬，作献花状。身后以两棵象征长寿、伟岸挺拔的苍松作衬托，以物言志，画意突显。

3.作者落笔雄健而敷彩简淡，以形写神，不仅人物形具而神生，而且两棵苍松亦于形似中见风采。这也许就是作者所追求的艺术造型之终极目标吧！

4.画面有一条冲纹，仍具较高的观赏、研究和收藏价值。

浅绛彩花鸟纹琮式瓶

作者　友苏氏（余履昌）

年代　光绪十二年（丙戌年，1886年）

尺寸　口径4.1厘米　底径5.5厘米　高13厘米

点评

1. 余履昌，常用友苏氏，晚清颇负盛名的浅绛彩瓷画家。其传世作品多出现在光绪早期、中期，表现出很高的文学素养和高超的艺术创作能力与技艺技巧，颇受收藏界和市场的青睐和追逐。

2. 瓷器琮式瓶是仿照新石器时代玉琮形状加以改良、烧制而成。它美观典雅，怡神养眼。据传，它最早出现于北宋时期，被誉为古瓷重器之一。

3. 此瓶两面绘花鸟，两面写书法。花鸟图布局疏朗，画眼突出，展现了小鸟有情、花儿有意的生动画面，正如题款所言："此鸟因何故，时向花中啼？"文韵十足，意涵深刻，是不可多得的作者有内涵、高品位的文人花鸟纹瓷画精品之作。

4. 此为珍稀之器，其瓶上花鸟画乃名家所作，虽身上有多处旧磕伤（均不在画面），仍不失为十分难得之器物，具有较高的观赏、研究和收藏价值。

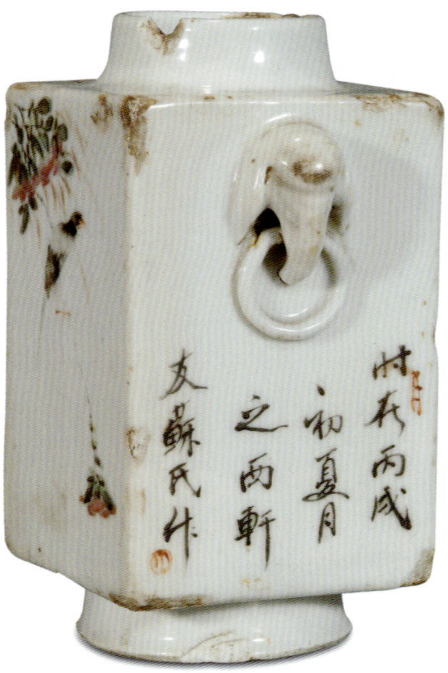

浅绛彩花鸟纹文房清供图锅

作者　筱园

年代　光绪十九年(癸巳年，1893年)

尺寸　口径18厘米　底径8厘米　高9厘米

点评

1.“筱园”及“筱园珍藏”款瓷器因与浅绛彩瓷开山鼻祖暨浅绛彩瓷三大家之首的程门有关，一直是收藏界尤其是文人瓷画收藏群体密切关注和追逐的标的。筱园究竟为何人？筱园珍藏到底是谁的作品？学术界有两种意见，一种认为不是程门原作；另一种认为是程门作品，是属于程门晚期与其前期画风、书风迥异的具有“筱园”风格的作品，这一观点已被越来越多的收藏界朋友所接受和认同。在圈内，“筱园”及“筱园珍藏”款的瓷器已然成为人们“约定俗成”的程门作品。

2.此锅缺盖，底残，但底款幸存：“光绪十玖年，樾堂主人制 ”。这10个柔中带刚的行书红字，赫然入目，吸人眼球。这里的“樾”字关乎树，“筱”字通于竹，其义相合。“樾”与“筱”都有遮阴、庇护的含义，若比喻人则有高贵、正直、端庄、儒雅之意涵，故揣测筱园和樾堂主人可能就是同一位作者，即程门。在程门作品中山水题材居多，而花鸟鲜见，故这一具有明确“筱园写意”及“樾堂主人制”题款的花鸟纹文房清供图残锅，可为研究“筱园”风格的瓷器提供珍贵的历史资料，并有助于进一步解开“筱园”的奥秘。

3.该锅瓷质细腻、洁白，釉色光亮，锅身虽有一道冲纹，所幸不在主画面上，对总体观赏效果影响不大。器上所绘，前面一幅为花鸟纹：牡丹大写意，泼墨潇洒，画意尽显；鸟儿则工写相兼，刻画细腻。一对形影不离的恋鸟相栖于牡丹枝头，一只似欲展歌喉，以在情侣和众鸟面前“显摆”；另一只侧身投以深情的目光，似乎在说：我挺你，你最棒！画面生动，十分传神，饶有情趣！后面一幅为文房清供图：古器、花瓶、书卷、烛台、鲜花，一应俱全，琳琅满目。画的虽是静物，却以静寓动，彰显了主人文化状态及对精神生活的高尚追求——读书、写字、作画、赏古、会友，这一切都充满了勃勃生机，活灵活现，足见作者功力之深厚。

4.此锅虽残亦珍，历史底蕴深厚，文化内涵丰富，具有较高的学术研究、文物鉴赏及其历史、文化和收藏价值。

浅绛彩山水人物纹笔筒

作者　余元昌
年代　民国五年（丙辰年，1916年）
尺寸　口径9.2厘米　高9厘米

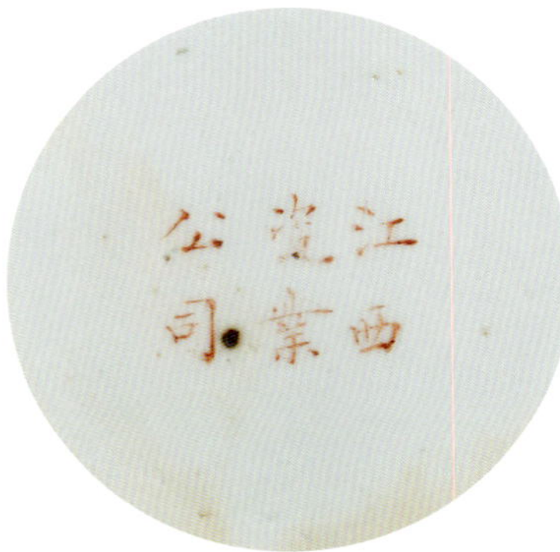

点评

1. 余元昌，即余远生，号元昌。生卒年不详，清末民初浅绛彩、粉彩瓷画名家，主要活跃于光绪至民国前期，工山水人物画，尤擅仕女图，对绘制瓶、尊、壶瓷器技法尤佳，曾独创“水粉彩绘”瓷器新品种，对当时业内影响较大。

2. 这是一只被截口、打磨的“改装”笔筒，所幸筒身所绘山水人物图保存完好，画面靓丽。此画构图大器，气势恢宏，施彩淡雅，雅致清新。只见山川全景，一幕幕展开，精彩纷呈，美不胜收：将镜头推远——群山叠翠，连绵不断，直接云天，无以穷尽；拉近一点——绿树掩映，房舍错落，拱桥横架，江鸥飞翔；再拉近一点——怪石嶙峋，波涛拍岸，曲径通幽，闲人信步；侧近——河水漫涨，芦苇半淹，岸柳低垂，渡艇赶潮……面对此情此景，作者按捺不住心中如潮水般涌动的诗情，咏道：“秋水才添四五尺，野航恰受两三人！”好诗好诗，语出“雷”人！

3. 此笔筒虽为截口残器，但画面完整无缺，且为名家瓷绘精品之作，具有较高的观赏、研究和收藏价值。

媒体报道（选登）

按语：自程浩浅绛彩瓷专著《瓷器上的中国文人书画——陶趣斋藏浅绛彩瓷及相关彩瓷鉴赏》《龙芽齿留香 浅绛画韵长——陶趣斋藏浅绛彩百壶品鉴》先后举行首发式后，又陆续举办了多场个展、联展和论坛，计有《广州日报》《羊城晚报》《南方都市报》《华夏古董报》，以及广东电视台、雅昌艺术网、古玩元素网、大洋网、凤凰网站、南粤古玩圈及中国最权威的中央官方新闻网站——人民网“文化论坛”“人民瓷坛”，新华网“文化闲谈”，还有著名商业门户网站——新浪网的国内品牌、优雅生活、伊人课堂、休闲生活、时尚先锋，以及新浪微博、新浪博客等百余家媒体先后做了大量的有深度的报道，引起了社会特别是文化艺术界、古玩收藏界和陶瓷界的广泛关注和反响。本书因限于篇幅仅做了部分选登，且选登时为避免内容过多重复，故对原文和插图作了调整和订正，特此说明，同时向相关媒体和作者致谢并致歉。

藏界奇人
——访“多栖”学者型收藏家程浩

◎ 江粤军

“游目骋怀二层更上，山光水色四望皆通。”

这是与程浩有机缘故事的实力派书法名家黄在伟先生日前书赠程浩的一副联句，祝贺他继两部浅绛彩瓷专著出版之后，又一部浅绛彩瓷专著即将付梓并整套浅绛彩瓷“三部曲”亦将功告于成。联句以游目骋怀，两层更上一层，即两书又添一书，比喻程浩浅绛彩瓷“三部曲”所达到的学术高度，给人以远眺山光水色四望皆通、心旷神怡之意境，高度概括了程浩浅绛彩瓷收藏与研究的华彩人生及卓著成就，贴切又中肯。

作为一位学者型的资深浅绛彩瓷收藏家，作为中国收藏家协会会员、广东省收藏家协会理事、广州市书画艺术鉴赏交流学会副会长，程浩素有岭南地区收藏与研究浅绛彩瓷领军人物之称，同时他也是一位阅历奇特、故事撩人的“多栖”收藏家，堪称“藏界奇人”。

因撰写一篇批判林彪的文章，被军代表相中，把自己“请”进了宣传部门；

因一句未经深思的“豪言”，激发他完成了编写港史的任务。

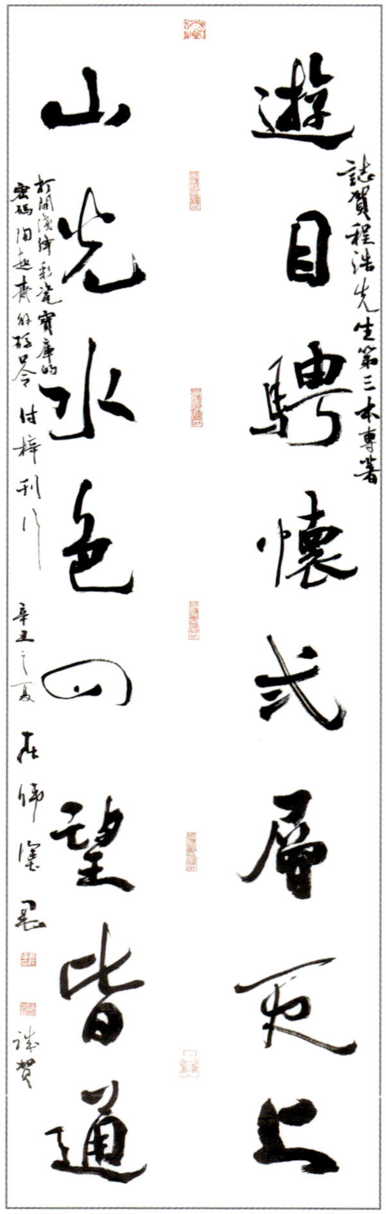

书法名家黄在伟日前书赠程浩的一副联句

程浩于1965年考入上海海运学院(今上海海事大学)水运经济与组织专业。上海海运学院有交通部“黄埔军校”的美誉，为国家交通水运事业培养了大批优秀的带“长”字或带“师”字的管理干部和专业人才。1970年7月，程浩毕业后被分配到广州黄埔港，初时被抽调搞专案工作。

1971年，林彪坠机事件发生以后，全国掀起了批判热潮，程浩也写了一篇批判林彪的文章，备受称道，被推荐到广东省港务管理局革委会组织的千人批判大会上发言。当时，该局机关有位领导觉得程浩的普通话不够标准，担心他发言影响批判效果，想另找一位普通话说得好的同事代程浩宣读文章。性情耿直的程浩据理反诘，说，这是批判会，不是普通话朗诵比赛，怎么能找人顶替呢？领导听了觉得有道理，就同意让程浩上台。结果程浩一“炮”打响，一“批”成名，被军代表相中，直接把他调进了该局革委会宣传办，从此，程浩便踏入宣传战线。

他负责该局的宣传报道（有时也兼文秘）工作。程浩一支笔写开了花，成为众多媒体，包括《人民日报》《工人日报》《中国交通报》《中国水运报》《南方日报》《羊城晚报》《广州日报》及《中国港口》杂志、《航海》杂志、《航海技术》杂志及电台、电视台等媒体的通讯员或特约记者，每年平均被采用稿件达一百多条，许多稿件还被评为好消息、好通讯。譬如他和《南方日报》记者何少英合作撰写的有关阿曼仿古木帆船“苏哈尔号”访问广州的报道，在《人民日报》刊登以后，被评为当年的全国好新闻奖。后来程浩还以“苏哈尔号”历险为主题撰写了一篇报告文学《天方古舟重飞渡》，由上海《航海》杂志刊发，在全国航海界、港口界产生了很大反响。“由于得益于工作上的方便，我是通过港口外事和船舶调度部门，从‘苏哈尔号’一起航就一直‘跟踪’，‘盯住’它的一举一动，适时搜集其沿途的历险故事和趣闻，尤其是‘苏哈尔号’抵港后，我们又参与了接待工作，所以很顺利地独家采访了船长。”程浩道。

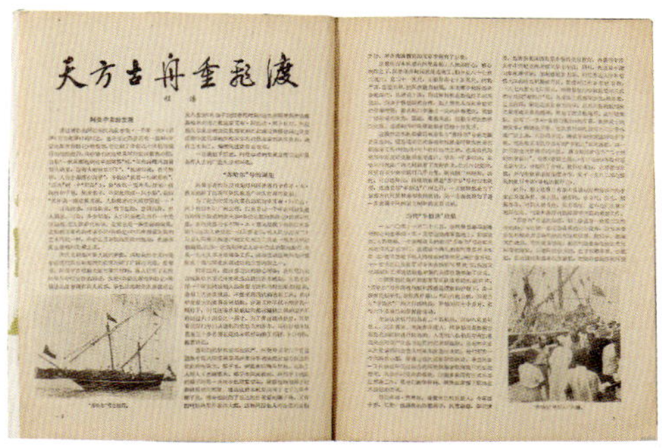

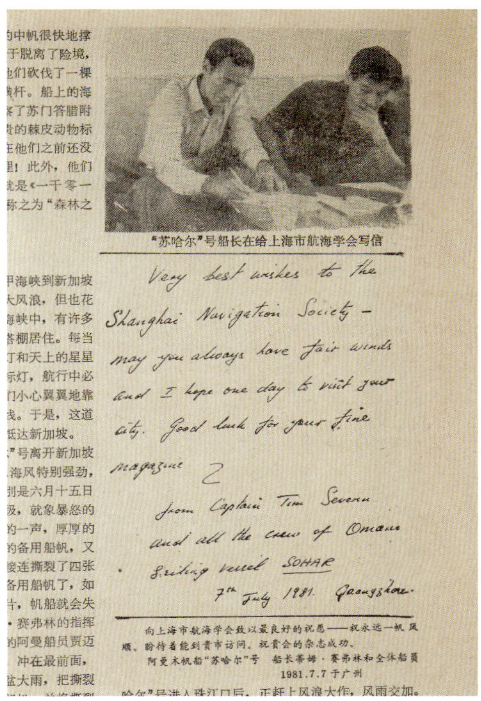

“苏哈尔”号船长在给上海市航海学会写信

Very best wishes to the
Shanghai Navigation Society –
may you always have fair winds
and I hope one day to visit your
city. Good luck for your fine
magazine
from Captain Tim Severn
and all the crew of Omani
sailing vessel SOHAR
7th July 1981. Guangzhou.

向上海市航海学会致以最良好的祝愿——祝永远一帆风顺。盼待着能到贵市访问。祝贵会的杂志成功。

阿曼木帆船“苏哈尔”号 船长蒂姆·赛弗林和全体船员

1981.7.7于广州

能写会说的程浩，自然是深得领导的赏识。1982年的某一天，广州港务管理局党委书记陈学忽然跟他说，要带他回福建老家走一走。程浩满心欢喜。不过他的家乡在福州，陈学带他去的其实是厦门，而且是去参加一个全国性港口编史工作会议并领任务——交通部布置各港编写港史。

会议期间小组讨论，程浩也发了言，谈了看法，表了决心，竟被负责总抓全国航海史、港口史编写工作，刚刚退居二线的交通部部长、海军上将彭德清看上了。会后，彭部长把陈学和程浩一起找去，对陈学说：“能不能把这个一等兵调给我用？”陈学迅速反应过来，笑道：“且请等一等——我们回去后完成部里下达的这项编写港史的光荣任务要落在这个一等兵身上，等他完成任务后再说。”

回到广州后，初生牛犊不怕虎的程浩没有一丝推诿就接下了编写《广州港史（近代部分）》的任务，只提了一个条件：“给我一年时间，其他啥事我都不用干，专心致志写港史，我保证完成任务，达到出版要求。”

后来一了解，程浩才知道这句豪言壮语其实是不知天高地厚。“我接触了中山大学历史系教授、广东省社科院研究员，他们都说专业人员都不敢夸下这个海口，你可真够胆大。编史工作不是吃豆腐，不是那么容易，你一无研究，二无资料，三不是学历史科班出身，况且一年写出一本书来，还要达到出版水平，谈何容易？我说已经没有退路了，已向领导立了‘军令状’，军中无‘戏言’，这回‘死’都得弄出来！”

动脑子找捷径，成全国港口界个人编写出版港史第一人；
因为老部长慧眼识人，从副主任科员一下子升为宣传部部长。

因为编史任务艰巨，港务局还给程浩配了一名助手，协助他查资料。不过程浩很快发现助手还要兼顾原科室的工作，并非“全身心”地帮他找资料，而且所找资料也亦不完全符合他对日后编史的要求，于是，他干脆连助手也不要了，自己撸起袖子加油干。

当时，交通部还下达编写澳门港史的任务，他推荐中山大学历史系黄启臣和广东省社科院港澳研究所邓开颂两位学者接受了这项任务。澳门港史涉及的主要也是近代历史，程浩就和他俩一起找资料。经一番寻索，当他们得知，当时粤海关档案材料都被堆存、闲置在广东外语外贸大学的仓库里面，很是兴奋。于是，程浩每天都可以从积满厚厚灰尘的一摞摞档案中翻出一本本实录广州口岸（港口）历年对外对内贸易及港口码头情况的粤海关关册，并将其有用的包括中英文内容一一复印下来（英文内容，回单位找人翻译出来）。这样一天下来就可以“搜集”到几十万字甚至上百万字，几个星期就积累了数千万字有用且十分珍贵的资料。真可谓“‘巧’觅捷径”呀！加上在两位同样承担编写港史任务的学者朋友的帮助和启发下，很快还从其他渠道搜集到了大量有用的第一手港史资料。

在这本独立成书的《广州港史（近代部分）》里面，程浩大量采用了粤海关关册资料（之前它是被视作伪海关档案材料，没有人敢大胆地引用、更遑论系统地引用）。在这方面，程浩亦“胆识过人”，敢于第一个“吃螃蟹”，所以他所撰的这本书竟首开了系统运用粤海关档案材料证史、述史的“窗门”，并“无意中”填补了近代广州港史学术研究的空白。

交通部布置各港编写的港史是一部经济技术发展史，要求揭示港口各个时期经济技术兴衰起伏、呈波浪式演变的规律及其原因，即什么时候上升，什么时候下坡，为什么会上升，为什么走下坡路？程浩依据海关关册资料和统计数据，加上其他相关的档案资料和口述历史，进行综合分析、研究，较为精准地描绘出了这一演变的历史轨迹，并较为系统、详尽、科学地阐述了这段历史，向交通部和港口职工交出了一份令人满意的答卷。

为了避免史书出版走弯路，中途推倒重来，程浩又很有“心机”地采用了

“巧办法”——搜集完资料后，他先写提纲，把整本书的框架结构搭好，把观点和论据摆明，把港口经济技术发展的轨迹勾勒出来，然后由单位请交通部、广东省乃至全国相关的知名专家一起前来“会诊”，给提纲“把脉”。各路专家经会审后，深表赞许，一致认为提纲写得很好，架构合理，史路清晰，层次分明，观点正确，材料翔实，立论有据，可以进入写作阶段。

会后，程浩循着提纲一章章往下写，一鼓作气，顺利时，一天就完成了一两万字初稿，所以不用几个月时间，他就基本完成了整本书稿，且送审也很顺利地获得通过。于是，32万字的《广州港史（近代部分）》很快便由中国海洋出版社出版了。程浩又做成了一件轰动的事，他成为全国独自编写港史及最早完成交通部下达编史任务第一人，并被广东省社科院老院长金应熙称为“编史奇人”（意即不是学历史科班出身，也不是专职社科从业人员，一年时间完成一部史书，而且获奖）。

1985年，这本《广州港史（近代部分）》获得了1984－1985年度广州地区社会科学优秀研究成果二等奖，为该年度历史类专著的最高奖项，并被列为1985年度全国历史地理研究成果之一，后又获得全国交通系统“中国水运史丛书”优秀图书一等奖。程浩也成为名副其实的港史专家，后担任过中国航海史研究会委员、中国海外交通史研究会会员、大连海运学院（今大连海事大学）航海史特约研究员等职务。

获悉《广州港史（近代部分）》出版，在青岛举行的一次全国水运史编写工作交流会期间，彭德清老部长又一次把陈学和程浩叫到面前。他开门见山就问：“老陈呀，这回你这个一等兵可以给我用了吧？”估计陈学是有备而去的，马上答道：“彭部长，真对不起，这个一等兵我们现在已经给压了担子，暂时动不得了。”当时程浩心里还很疑惑：我不就是个一等兵吗？结果一回到广州，程浩从副主任科员马上被转成副科长，旋即被破格提拔为宣传部部长，连升三级，三十来岁就当上了正处级干部，并一直干到2006年退休。这几十年间，他经常获评交通部、广东省、广州市及本系统的优秀宣传干部、优秀政工干部、优秀党务工作者、优秀政研工作者等，还连续担任了5届的广州市高级政工师评委会评委。此外，程浩曾连续两届（共10年）担任广州地区出版物新闻工作者协会会长及担任多届广东省和广州市新闻工作者协会理事、常务理事。

一种奇特的“缘分”，使他与中山舰三位幸存者结成了忘年之交；

因为撰写《中山舰传奇》一书，台湾原国民党退役的海军将领专门来广州拜访。

在查找《广州港史（近代部分）》一书史料的过程中，程浩翻阅到不少有关中山舰的资料，他顺手积累起来，探究的兴趣也越来越浓厚。恰好中山舰幸存者中有两位关键人物就在港务局工作。一位是胡应球，是港务局下属单位——广州港监的一名高级工程师，原为永丰舰（中山舰前身）的二副，直接参与护卫孙中山先生；还有一位叫吕叔奋的工程师也在广州港监工作，曾任中山舰最后一任副舰长，是幸存者中职务最高的。程浩对他俩进行了深入访问，并结成了忘年之交，同时，通过吕老认识了福州马尾造船厂的离退休干部魏振基，他是中山舰最后一任枪炮长。

为了寻访魏振基，程浩去了三次福州。第一、第二次都未能谋面，好在他也顺便探了亲。第三次经多方打听，依然没能找到魏振基的地址，程浩看希望渺茫，便买了回程车票，打包好了行李，准备当天晚上返回广州。结果突然间接到一个电话，说找到了魏振基的住处，程浩马上拎起行李直奔魏老家去，不想他到澡堂泡澡去了。“福州人泡澡往往有泡一整天的习惯。”于是他又拎着行李直上澡堂去，跟工作人员讲明缘由，希望能帮忙找一找。好心的工作人员用高音喇叭真把魏振基“喊”出来了，他一听程浩是来了解中山舰的，非常激动。

根据搜集的资料和三位老人的口述实录，程浩写出了《中山舰传奇》。这本薄薄的小册子，又获得了广泛的社会好评，香港《文汇报》《广州日报》等十多家媒体都刊登了评论文章或报道。

小册子还传到了台湾地区，被另一位中山舰幸存者原国民党退役将领陈鸣铮看到了。陈鸣铮当时已是台中港务局局长。有一年在纽约举行的全世界港口协会年会上，他找到了广州港务局局长吕同埙打听程浩的消息，并表示要到广州来见面。“过了一两年，陈鸣铮老先生真的到广州来了。并邀我到广州江湾酒店见面，我采访了他。陈老先生说，他也经历了金口战役的全过程，《中山舰传奇》中这部分的内容还不够充实，可以再给我提供资料。回台湾以后那年春节，他给我寄来了贺年卡，里面同时装着一份他和另外三位幸存者合写的有关中山舰的书面回忆材料。”

程浩表示，当年他答应陈老先生《中山舰传奇》若再版，会把这些新的资料补充进去。前段时间他无意间翻阅到这些资料，想到今年既是中国共产党成立100周年，又是辛亥革命110周年，《中山舰传奇》从1990年出版至今也有31年了，是时候再版了。现在他已整理好了书稿，一旦条件成熟

图为程浩在广州江湾酒店与陈鸣铮老先生（左一）合影

就会推出。

程浩还在业余时间创作了大量小品、杂文、诗歌、散文、游记，尤其是编写了《古代航海术——过洋牵星术》《奇特的缝合造船术》等诸多科普类文章；既在报纸杂志上刊载，也有由中国文联出版社结集出版的《广州港口话沧桑——从海上丝路到亿吨大港》等七八部专著、图书及逾千万字的各类文章，曾为广东省科普作家协会会员，小传入编《中国科普作家传略》，是一位有一定名气的业余科普作家。但没有加入作协……尽管如此，程浩也完全可以称得上是“有冕科普作家”和“无冕”作家了。

一个“海上瓷路”观点的考证，使他滑入了“古海”，迷上了浅绛彩；

小外孙子的一句童言稚语，激励他撰写浅绛彩瓷专著，并完成了鸿篇巨制的三部曲。

《广州港史（近代部分）》就像一个热力原点，让程浩的人生不断焕发光彩——除了撰写广州港史的“副产品”——《中山舰传奇》外，更让程浩迷上了古瓷收藏，迷上了浅绛彩。

在编史查找资料的过程中，程浩发现广州港在汉唐时期是海上丝绸之路，到了宋元时期，也出口大宗瓷器，到了明清时期，又加上大宗茶叶的出口，因此，他提出了广州港在历史上既是海上丝绸之路，后来也是海上瓷器之路，再后来还是海上茶叶之路，到现在则可谓是集装箱之路……为了深入考证海上瓷路的来龙去脉及前世今生，程浩做了大量调查研究，并一发不可收拾地迷上了瓷器收藏。他从收藏宋代瓷器开始，上溯汉唐乃至两晋南北朝，下至元明清，最后将目光锁定在当时别人尚未过多关注的浅绛彩瓷。

浅绛彩瓷越收越多，前来观赏和交流的同道、朋友也越来越多，每次程浩都会滔滔不绝地给大家讲解什么是浅绛彩瓷，怎么鉴别，如何收藏……当时他的小外孙八九岁大，正在读小学二、三年，但每次都要在旁边凑热闹。有一天，他跟程浩说：“姥爷，我现在还不懂这些东西，你能不能写成书，等我长大了可以看？”小外孙的一句童言稚语一下子击中了程浩的心——写成书，不仅小外孙长大后可以看，喜欢收藏的人也都可以看。

念头一萌发，行动力极强的程浩马上就动起笔来。他先

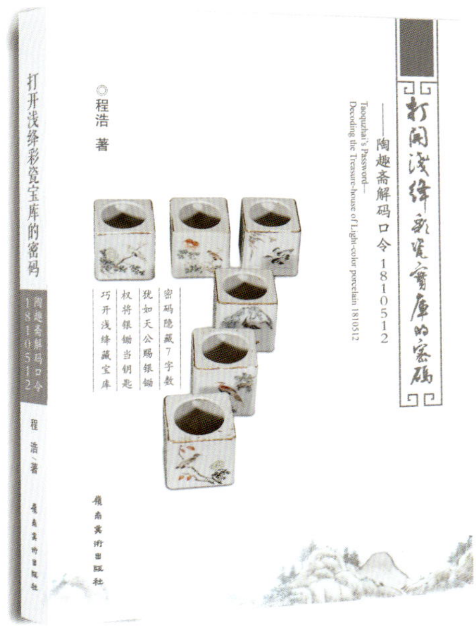

浅绛彩瓷“三部曲”最后一部封面设计稿

是写出了以浅绛彩瓷探源为主题的《瓷器上的中国文人书画——陶趣斋藏浅绛彩瓷及相关彩瓷鉴赏》，在收藏界获得了良好的反响；这又激励他推出了以在浅绛彩壶天地觅趣为主题的《龙芽齿留香 浅绛画韵长——陶趣斋藏浅绛彩百壶品鉴》。

“两本浅绛彩瓷专著出版后，一些读者，特别是初入行的收藏者反映，这两本书固然很好，一本思辨性、学术性比较强，一本品鉴性、文艺性比较强，很适合有一定收藏和文学基础的同志阅读，希望我能再写一本适于初入行者学习的、更为通俗、更接地气、更加实用的浅绛彩瓷收藏与投资的专业书籍。”程浩表示，“随着浅绛彩收藏的日渐升温，其市场上难免泥沙俱下，出现了不少赝品，如何甄别与收藏，很多新手都会被弄得晕头转向，甚至一些经验老到的藏友也不能幸免‘误踩地雷’。所以我觉得这个建议挺好，而且还可以圆自己有关浅绛彩瓷‘三部曲’的梦，于是，紧接着，我又推出了《打开浅绛彩瓷宝库的密码——陶趣斋解码密令1-8-10-5-12》一书。”

经了解，这本书具有较强的实际指导意义，是浅绛彩瓷市场的淘宝指南，它有的放矢地解决了初入行者的疑惑并送

十多年前程浩专程参观、考察北京观复博物馆，并与馆长、收藏大家、著名古董鉴赏家马未都（左）合影留念

2002年12月，程浩（左二）与同道、藏友赴景德镇考察瓷器，拜会江西省陶器研究所所长、著名陶瓷专家、书画家刘翮天（中），并合影留念

上了“入门钥匙”。书的封面采用一套程浩收藏的同治年间制、本朝款浅绛彩诗文花鸟纹水盂，排列成锄头和钥匙的形状，隐喻着“开矿寻宝”和“解锁入门”。这个标题还揭示了程浩著书的“初心”——他将浅绛彩瓷比作一座宝库，通过一个解码口令，引导大家深入把握收藏与投资的要领，并与众分享收藏知识与经验。解码密令1-8-10-5-12，每一个或两个数字代表了某方面的“通关”内容：“1”代表的是一句话，即“瓷器上的中国文人书画”，这是程浩给浅绛彩瓷所下的通俗易懂、颇接地气的简明定义；“8”就是要扫除浅绛彩瓷收藏与投资中的“八大盲点”；“10”就是浅绛彩瓷的“十看甄鉴法”；“5”就是要彻悟浅绛彩瓷的五重价值；“12”就是收藏与投资浅绛彩瓷必须遵循“器艺结合、重在画艺”的12个重点选项。同时还纠正了“浅绛彩瓷是文人瓷”的不够精准、不够科学的提法。程浩认为，浅绛彩瓷既是瓷，更是画；其要害不是瓷，而是画（瓷只是载体，而画才是主体），是文人瓷画，是文人在瓷器上所创作（确准地说是“写”）的画和书法，即“瓷器上的中国文人书画”或可表述为“瓷本书画”或“瓷上丹青”。

这样一本趣味性和实战经验十足的书，自然是让人充满期待的。程浩表示，未来“三部曲”还会整合结集出版，并推出电子版，那必定又将成就一段收藏界的佳话了。

而集“多栖”专家角色于一身的程浩，未来还会“制造”什么样的轰动事件，实不可测也。

（本文作者江粤军曾是《广州日报》的知名记者，任职多年。在本文的基础上，她还与《广州日报》记者李巧蓉联合采写了一篇题为《收藏家程浩浅绛彩瓷专著“三部曲”将收官》的报道，分别刊发于2021年5月1日的《广州日报》文化专版及其新媒体上。与此同时，本文于2021年5月7日在“雅昌艺术网”上全文刊登。

2019年，97岁高龄的国家文艺泰斗陈柏坚教授为程浩《龙芽齿留香　浅绛画韵长——陶趣斋藏浅绛彩百壶品鉴》一书作序，图为程浩与陈老先生（右）合影

跟随“壶痴”程浩　走进浅绛彩壶世界

《广州日报》2019－08－04　记者江粤军（原标题《浅绛彩壶天地大　艺多精美韵尤长》）

宋人徐玑有句名言：“诗清都为饮茶多。”被誉为岭南地区收藏与研究浅绛彩瓷领军人的程浩，正是由于饮茶而渐入浅绛彩壶专题收藏天地，所藏浅绛彩壶达到120多把，在岭南地区可谓首屈一指。

作为一名学者型的藏家，程浩欣赏之不足，又苦心孤诣地研究，深深沉醉于浅绛彩壶精致的器形、精美的画工、精到的诗文和精湛的书法中。因此，继两年前推出《瓷器上的中国文人书画——陶趣斋藏浅绛彩瓷及相关彩瓷鉴赏》之后，程浩又将于8月底出版新作《龙芽齿留香　浅绛画韵长——陶趣斋藏浅绛彩百壶品鉴》。该书深入浅出地阐述浅绛彩壶的历史沿革和蕴含的文人雅趣，尤为难能可贵的是，他还为每把壶配小诗一首，诠壶释画解意，可谓“诗兴皆为壶而发”。被文化部授予“文艺泰斗”称号的97岁老先生陈柏坚也忍不住为该书作序。

如此，就随记者走近程浩的浅绛彩壶世界吧！

浅绛彩山水人物纹六方形温酒壶

品茗渐得乐赏　著作更添机趣

因为《瓷器上的中国文人书画——陶趣斋藏浅绛彩瓷及相关彩瓷鉴赏》一书，早就知道程浩喜欢收藏研究浅绛彩瓷，其藏量达到600余件。但他致力于浅绛彩壶的专题收藏，却是这次才得以一窥堂奥。

浅绛彩花鸟纹双流提方形梁壶

程浩表示，玩壶、赏壶、藏壶、咏壶，始于喝茶。20年前，因为公务繁忙，身心压力较大，为了给自己减压，从不喝茶的他开始学会啜茶。退休以后，因为有余闲又有收藏同道，每每邀三五知己，品茗雅集。因为品得多了，竟渐渐地就成了“茶翁”，不仅陆羽的《茶经》百读不厌，而且意已不限于茶，对浅绛彩茶壶日益着迷。于是，从最初的喜茶，到“瘾”茶，再到“茶迷”，进而“沦”为“壶痴”，并经多年日积月累，竟“集壶成塔”，收藏了120多把做工精美、书画相生的浅绛彩壶，当中不乏孤品罕器。因此，这又激发了他深入研究写作的兴趣。

75岁，站立了近一年时间，程浩终于完成了《龙芽齿留香　浅绛画韵长——陶趣斋藏浅绛彩百壶品鉴》一书。说他早就领今天办公潮流之先，那是一点不虚的。就在他鉴赏浅绛彩瓷的高台上，搁着一台笔记本电脑，几年来，他已经站着完成了三本专著，除了姊妹篇的两本浅绛彩瓷专著，还有此前的一本海上丝路的专著。“因为有高血压，坐着不好，在太太的提醒和监督下，就一直都是站着写。”程浩笑道。或许正是这一“高招”，使他驻颜有术，根本看不出来已到耄耋之年了。

浅绛彩花鸟纹僧帽式提壶

站着完成三本著作

《龙芽齿留香　浅绛画韵长——陶趣斋藏浅绛彩百壶品鉴》一书，共收录了程浩收藏的浅绛彩壶111把，其中晚清至民国时期109把，20世纪50年代初2把，名家名人作品约占三分之二。程浩表示，浅绛彩壶最早出现应该是道光年间，他藏有一把。但发展到高峰期，是在同治、光绪年间。这个时期的浅绛彩壶，艺术成就最高，产量也比较大。“浅绛彩瓷的审美核心在于‘瓷器上的文人书画’，不是工匠之作，不是流水线作业，从构思到完成都是一个人完成的，饱含个人情感及思想，浅绛彩壶作为其中的独特品类，其文人特征更为突出，体现在两大方面：一是工艺上，品种多样，造型独特，不少为馈赠亲朋好友而专门创作；二是在书画上，字和画都非常有文化气息，底蕴深厚。”

在程浩的收藏柜子里，可以看到几款比较基本的壶型：

一、僧帽壶，像夏天的僧人戴的帽子，盖子的沿超过了口，所以也叫草帽壶。“这种壶产生在同治到光绪年间，只要是真品，根据壶型就可以断代。”

二、钟形壶，主要出现于光绪年间，宣统年间还有一些品相不错的，民国初年的就不怎么样了。

三、瓜形壶（有棱的叫瓜棱壶），多数是西瓜形的，少量为冬瓜形的。

四、方形壶，有四方形、六方形等形状。

五、手执壶，奇的是有的壶有左右对称的双抓手（把柄）。

六、筒形壶，比较接近当代坊间常见的壶。尤其令人眼球发亮的是各式各样的异型壶，它们就更为珍贵了。

浅绛墨彩（复合型）山水纹双流双柄酒壶

壶上可窥世风　一把情义无价

拿起每一把异型壶，程浩的眼里都溢满温情，口中则滔滔不绝。像浅绛彩山水花鸟纹半月瓦当形壶，就是极为罕见的，目前程浩还没见到同款，只知道紫砂壶中有类似器型。这一件半月瓦当形壶的把手和壶盖都没有了，属于残缺品，但程浩参考了紫砂壶型资料，请人以纯银复原了壶把与盖，以呈现其完整样式，修旧如旧。

浅绛彩山水花鸟纹半月瓦当形壶

还有浅绛彩逸士鹤鹿纹六方形温酒壶，六角形的壶身就不容易做了，这件作品还有内胆。壶身上的字画和壶胆的画出自清代后期两位浅绛彩名家胡炎、罗旸谷之手，也是极难得的。壶身上共有三幅画作和三幅书法，为了释文不出差错，程浩请了全国诸多专家帮忙解读把关，尤其是文字学方面的专家，反复考订核实。

浅绛彩逸士鹤鹿纹六方形温酒壶

而程浩特别珍爱的，当属浅绛彩刘海戏金蟾纹龟形壶。这一由光绪年间御窖厂画师及书法大家王昭明创作的作品，小巧玲珑，匠心独运，壶身呈六棱龟背形，乌龟的头部夸张变成壶的流，龟的短尾巴夸张变形为把，烧制难度极高。“一般的浅绛彩壶，出窑率只有百分之四五十，这个就更低了，只有百分之十几。因为这个无法拉胚而成，要一片一片衔接在一起，烧制过程中容易变形开裂。可以说代表了当时手工制瓷业的最高生产力水平。”

另外，壶身所绘为王昭明最喜爱和擅长的故事题材——刘海戏金蟾。但他笔下的刘海，跟人们所熟悉的憨态可掬已大异其趣。他把刘海处理成猪八戒的样子，尤其是粗大朝天的鼻孔，让人忍俊不禁。“当时社会上流行好逸恶劳、不劳而获之风，王昭明通过作品讽刺了这一世情，很深刻，也很有超前意识。你看刘海痴呆呆地守在‘丝瓜井’旁，美滋滋地幻想着金蟾大把大把地为他吐钱呢！这个‘另类’的刘海形象，可谓入木三分，振聋发聩。”

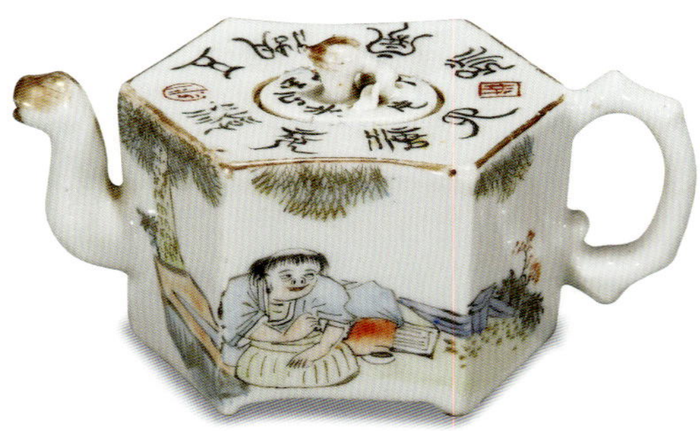

浅绛彩刘海戏金蟾纹龟形壶

这一把从器型到画面都别具一格的浅绛彩壶，估计全国都很难找到第二把了，所以，程浩将其用作书的封面。

还有一把是光绪年间瓷画家李明岚专为时年27岁的段祺瑞创作的浅绛彩花鸟诗文方形壶，也在孤品之列。这件仿青铜器的“天圆地方”壶，含四平八稳之意。画面上的花瓶、云梯、书山、果实等，隐喻以书为径，读书做官，平步青云，必得善果。诗文“腹稿抽丝捷，心花斗色妍”，虽溢美而文辞优雅。因此，该壶也极具历史、文化、艺术价值。“这件作

浅绛彩花鸟纹方形壶

品上面有火漆印，说明经过文物商店后才进入藏家手里，到我这里时，是用早年收的一件晚期官窑盘子加上一些现金才换来的。”

至于光绪年间御窑厂画师李蕴辉为岳父大人祝寿专做的浅绛彩山水人物纹方形提梁壶，更可谓情义无价了。

李蕴辉画工精湛，所绘人物常用“逸笔法”，该壶上就画有一幅“李白一杯人影月”，隐喻喜欢喝酒的岳父酒量堪比太白，而且诗才敏捷，构思奇巧；另一幅为“老当益壮”，以老梅绽新蕾赞誉老岳父身体健硕。另外，题诗“夜半归来月正中，满身香带桂花风。流萤数点楼台静，孤雁一声天地空”也极潇洒飘逸，“西蜀子云斋”几个大字更是任性恣意，让人如见李蕴辉创作时的盎然兴致。

浅绛彩山水人物纹方形提梁壶

收藏自有准则　十条“准则”可循

浅绛彩壶具有如此高的工艺美术价值和文化艺术价值，在收藏上要秉持什么样的基本准则呢？

程浩表示，从画家名头上选择，一般来讲，大家优于名家，名家优于小名家，小名家优于普通作者；从绘画题材上选择，一般来讲，山水优于人物，人物优于花鸟，花鸟优于博古（文房清供）及其他，但也不绝对，要具体实物，具体分析，按质评级，择优论价；从使用对象上选择，一般来讲，供宫廷、贵族、士大夫、文人等使用的，优于供平民百姓通常使用的，供送礼用的礼品壶优于普通自用或民用的壶；从画风画法上选择，一般来讲，创作画优于工匠画，写意优于写生写实，写生写实优于临摹，动态优于静态，狭义（纯粹）型浅绛画法优于广义（复合）型浅绛画法等。此外，壶的使用功能越多，制作工艺要求越严，壶的颜值越高，绘画和书法水平越高，且存世量越少，其收藏和投资的价值和空间就越大。

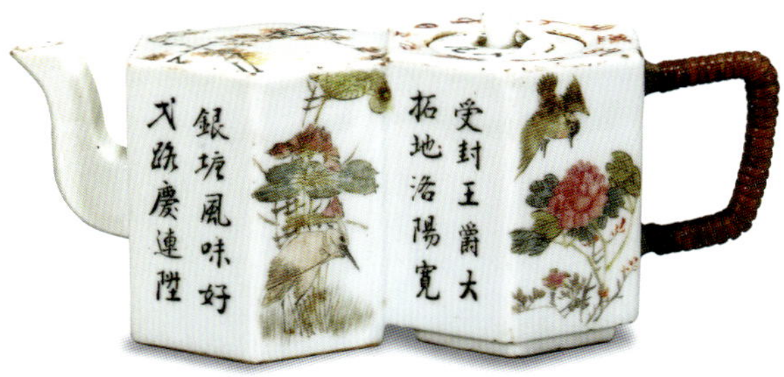

浅绛彩花鸟纹六方连体形壶

他给出了收藏浅绛彩壶应着重抓住的十大品类，具有非常强的指导性：

1．浅绛彩名家壶。2．浅绛彩孤品壶。3．浅绛彩早期壶。4．浅绛彩异型壶。5．浅绛彩双款壶（指壶具上既落有作者或赠壶人名款，又落有受赠人名款等）。6．浅绛彩礼品壶。7．浅绛彩全品壶。8．浅绛彩套装壶。9．浅绛彩文物壶。10．浅绛彩精残壶。

绿地浅绛墨彩（复合型）山水人物花鸟纹梯形壶

“壶痴”程浩浅绛彩百壶展览在广州文物总店盛大揭幕

原创古玩元素网新闻组古玩元素网2019－09－04　记者申鹏

本报讯　被誉为岭南地区收藏与研究浅绛彩瓷领军人物、学者型资深浅绛彩瓷收藏家、“壶痴”程浩题为“龙芽齿留香　浅绛画韵长——陶趣斋藏浅绛彩百壶展览”及其浅绛彩瓷新著（姊妹篇）首发式于9月3日上午在广州市文物总店二楼藏珍厅举行。展览至9月10日闭幕，为期8天。

图为首发式现场

这是一次面向广大观众、紧接收藏地气的公益活动。活动本着“因多样而交流，因交流而互鉴，因互鉴而发展”的精神而举办。并以展览为主轴，辅以新书发布、专题讲座、小型研讨会（座谈会）以及藏友交流互鉴等形式，较为系统地介绍了浅绛

图为“龙芽齿留香　浅绛画韵长——陶趣斋藏浅绛彩壶展览暨程浩浅绛新著”参加首发式的部分领导和嘉宾

广州市原常务副市长、市人大原常务副主任、广州市书画艺术鉴赏交流学会会长郭向阳致开幕辞

广东省收藏家协会副主席何文发致辞

彩壶的起源及其兴衰演变的历史轨迹和原因；浅绛彩壶的分类、特征、历史和学术地位、甄别方法、收藏要旨及市场投资；浅绛彩壶工艺美术和文化艺术的双重价值；浅绛彩壶及其画作在当今和未来中国古玩收藏中的地位与愿景。

这次展览共展出陶趣斋提供的包括狭义（纯粹）型和广义（复合）型的浅绛彩壶98把，其中狭义（纯粹）型浅绛彩壶85把，广义（复合）型13把，主要分为僧帽式壶（亦称草帽壶）、钟形壶、方形壶、瓜（棱）形壶、异型壶、手执壶、筒形壶七大类。其时间跨度自清道光年间至1949年，并特选了两把20世纪50年代初期的浅绛彩壶（说明中华人民共和国成立后还有传承和发扬），所涉及的浅绛彩瓷画家（作者）98人（次），包括实名作者91人（次）、集体（公司）作者4人、佚名作者3人；其中名家名人（包括御窑厂画师、一二三线名家）作品约占三分之二。不少藏品为早期的浅绛彩壶、精品壶、异型壶或孤品壶，弥足珍贵。有些藏品虽有瑕疵或修补，但画面完整，且均为浅绛彩壶发展过程中具有某一阶段性特征的器物，对于了解整个浅绛彩壶发展的历史及普及文物知识不无裨益，故一并展出。

这是该总店自创店以来有关浅绛彩壶专题展览的第一次成功举办，不仅展品数量多、品种齐，而且质量较高、可观赏性强。据了解，在岭南地区举办浅绛彩壶专题展览尚属首次。

本展览是由广州市书画艺术鉴赏交流学会、广州地区出版物新闻工作者协会、广东岭南美术出版社和雅昌文化（集团）有限公司联合主办，并由广州市文物总店具体承办。

作者程浩在展览开幕式的答谢辞

作者程浩致答谢辞

各位领导、各位嘉宾，女士们、先生们：

上午好！

能在广州市文物总店这一令收藏界仰望和流连的古玩殿堂迎来了这么多尊贵的领导和嘉宾，我十分兴奋，也非常感动。

我和广州市文物总店（当然还有广东省文物总店）有一种难以割舍的深深的情结。因为我的古玩收藏之路是从这里起步，我的古玩收藏的“方舟”也是从这里起航。

选择在文物店举办这次活动，对于我来讲意义特殊：

其一，它是我古玩收藏的启蒙之地和真正起步和入门的学堂。我是2000年参加广州市文物总店举办的中国古陶瓷鉴定培训班，是第二期学员（有人戏称它是广州古玩收藏界的“黄埔二期”，我也愿意接受）。当然，我是早于此前约10年就涉足于古陶瓷的收藏，并经历了艰苦的跋涉和摸索，但前10年的收效甚微。今天原定莅临大会因故未能到场的全国著名的文物鉴定专家赵自强先生和已故的古玩界知名专家曾土金先生等，都曾经当过我的老师，在座的还有我的师兄、师姐或师弟、师妹。今天大家有幸欢聚一堂，值得庆贺！

其二，这里是我古玩收藏——鉴赏古陶瓷的殿堂和寻宝经常停靠的“港湾”。平时有事没事，只要有空就会到文物店去转转，去观赏无须参观门票和隔着玻璃窗，就可以近距离观赏到的古陶瓷真品，有的还可以上手抚摸，有心仪的就买下（当然要根据自己荷包的情况）；在这里，有时你还可以听到各种有趣的收藏故事和来自古玩市场的第一手可以采信的商业信息。正是从这里，我获得了滋养，得到了启发，开阔了视野，历练了眼力，并将所学到的知识举一反三，从而更坚定地走自己的收藏路子。

其三，这里也是我浅绛彩瓷系列收藏的起步之地和最初借以开垦的处女地，自己就是从这里开始播种、耕耘直至有所收获。想当初，我是在浅绛彩瓷最不被看好和价值洼地的时段而切入的。当时它是最适于工薪阶层收藏的古玩品类，且因为价格低廉，没人造假，所以，最初也就没有什么假货。可以说，我今天提供展览的浅绛彩壶绝大多数就是直接购于或间接购于全国各地的文物商店。

今天，在这里举办我所收藏浅绛彩壶的个展，既是对自己30年收藏历程的一个侧面的小总结，也是向培训我、教我成长的“母校”交出的一份收藏心得和自我测试的答卷，虽然算不上什么优秀或优良，但我尽心了，也尽力了！因为作为曾经的工薪阶层和退休多年的社会普通一员，不可能拥有那种只有土豪才能在短时间拥有的用金钱堆积起来的辉煌，而只能靠自己平时脚踏实地年复一年的耕耘、长期辛勤劳作的汗水甚至是泪水（曾因在收藏过程不慎打烂过一件古瓷，伤心多少年至今不能释怀），经日积月累，才久而久之、不知不觉地“积沙成了塔”。

从这里也可以给人以两点启示：一是古玩收藏要脚踏实地，量力而行，从零开始，循序渐进；二是古玩收藏要认准方位，选对路子，跟紧良师，交好益友。

所以，在这里我要特别感恩广州市文物总店一贯的支持与关爱，特别是这次活动是属于公益性质的，所有展品是由参展者提供，只展不售，对于文物商店不可能有直接的经济效益，但广州市文物总店为了弘扬民族优秀的传统文化，普及文物及其收藏知识，并确保展出成功，做出了很大的牺牲和贡献，共腾出整整10天时间，下架了货架上日常销售的古玩商品来支持这次活动。这是一种多么崇高的社会奉献、职业操守和文化担当！

在这里，我要感恩这次参与主办的四家单位——广州市书画艺术鉴赏交流学会、广州地区出版物新闻工作者协会、广东岭南美术出版社和雅昌文化（集团）有限公司，没有你们的参与和努力，没有你们的携手合作，这次活动也不可能如此顺利地进行。

在这里，我还要感恩引领我入行并不断地启迪和帮助我成长的古玩界的恩师们——没有你们的谆谆教诲和无私的传授，也就没有我今天每一丁点的进步。没齿不忘报师恩呀！

在这里，我还要感恩互相勉励、一路相伴的收藏界各位挚友以及今天与会的各位领导和嘉宾——你们的相伴，你们的莅临，你们的捧场，是对我最大的关爱、鼓励、鞭策和支持，我将化这一切为动力，继续前行！

谢谢大家！

后　记

当作者进入本书写作的冲刺阶段，正值2020年新冠肺炎疫情、举国上下共同“战疫”之时，作者与国人一样“宅”在家中。从这年1月24日（年三十）至4月24日写后记之日，整整三个月时间双脚没迈出家门半步。

全国“战疫”激，“万马战犹酣”。“宅”家，既是个人对这场全国“战疫”所应采取的自觉行动和战斗姿态，同时也为自己写作本书争取到了宝贵的时间。其间，作者之所以能奋笔疾书，刻不容缓，便是疫情所激发出来的斗志使然，实在不足挂齿！

终于“舒”了一个口气（但绝不能松劲）。今天全国“战疫”已经取得了阶段性的胜利，国内疫情得到了有效的阻断和控制，并转入了“外防输入，内防反弹”的新的防控阶段，本书写作也基本告罄（但尚需继续修改和订正）。可以说，本书是在特殊时期、特殊情况、特殊环境下完成的，是值得纪念和在此捎带一笔。

本书在编撰的过程中得到了广东省收藏家协会、广州市书画艺术鉴赏交流学会、广州地区出版物新闻工作者协会、广东岭南美术出版社有限公司、国际美术家联合会、雅昌文化(集团)有限公司、广州市文物总店有限公司、广东省文物总店有限公司、广州市花地湾古玩城，以及郭向阳、陈绮绮、张学政、向东生、潘祖亮、吴显慧、林有能、顾涧清、刘宛子、梁秉江、陈汉强、梁嘉炽、区志明、金极权、何斌、陈柏坚、赵自强、曾波强、陈少湘、谢大跃、罗辉、沈咏梅、蒋斌、余乃刚、黄大钊、林锦辉、何文发、黄永源、郑树发、甄伟钢、谢观金、彭智勇、黄代飞、陈应骖、源焯华、邓永康、梁伟杰、黄明浩、姚伟胜、邓志芳、周丽华、罗惠英、李健军、谢海宁、李颖、周章胜、柳行衢、陈惠琼、江粤军、王中民、林南榕、林月英、陆小云、黄志红、林祝华、都云翚、吴子英、梁伟成、何伯昌、黄在伟、吴镇昭、古仕勇、张卫星、蒋丽君、黄燕红、叶洁瑜、杨湛友、王剑平、胡义成、王玉金、李碧瑜、黄建民、陈洪茵、许绍旺、梁永强、黄剑明、邓昭洋、刁国钧、钟东升、招华锐、卢世传、陈和平、陈光捷、高术森、伍兆泉、梁耀全、何健洲、徐国光、徐建平、付任辉、陆江平、何艳、阮庭方、高伟成、冯释潮、田丰、卢光、范笑容、林佩英、何飞跃、王伟光、王穗光、王英英、付彦勋、吴炆佳、程屹等同志的关心，帮助与支持。

特别是作者在浅绛彩瓷系列收藏、研究与著述的全过程中得到了吴显慧、梁伟成、江粤军、黄在伟、沈咏梅、蒋斌、吴镇昭、梁永强、王剑平、卢世传、陈光捷等同志的热情帮助和大力支持。

著名书法家陈秋明为本书题写书名；

实力派书法名家黄在伟向作者书赠联句；

张辉祥为本书装帧设计；

许旭芒为本书摄影。

在本书正式出版之际，一并致以崇高的敬意和由衷的谢忱。

程浩

2020年4月24日初稿、2021年6月18日二稿、2022年7月1日

定稿于广州市番禺绿茵岛陶趣斋

图书推荐

《瓷器上的中国文人书画——陶趣斋藏浅绛彩瓷及相关彩瓷鉴赏》

本书作者程浩在古玩圈内有岭南地区收藏与研究浅绛彩瓷领军人物及学者型、资深浅绛彩瓷收藏家之称。他所撰写的这本书于2017年3月由广东岭南美术出版社有限公司公开出版发行，全国新华书店经销，同年12月作者获广东省收藏家协会学术成果奖。

《瓷器上的中国文人书画——陶趣斋藏浅绛彩瓷及相关彩瓷鉴赏》是一部融浅绛彩瓷实物及其瓷器上的中国文人书画展示与浅绛彩瓷收藏实践总结，以及其学术研究于一体的普及文物和书画收藏知识的读物。

全书主要由凡例、序、概述、浅绛彩瓷图录、相关彩瓷图录、赝品辨析、记者采访和后记组成。较为系统地介绍了浅绛彩瓷的起源及其兴衰演变的历史轨迹和原因，浅绛彩瓷的分类、特征、历史和学术地位、甄别方法、收藏要旨及所应追求的最高境界，浅绛彩瓷工艺美术和文化艺术的双重价值，浅绛彩瓷画及其在当今和未来中国书画收藏中的地位与愿景，并提出了浅绛彩瓷与新粉彩瓷和醴陵釉下彩瓷堪称是中国瓷器发展史上的第四次高峰的学术见解。

全书内容丰富，叙述详尽，视角新颖，观点鲜明，图文并茂，通俗易懂。作者以自己长期收藏的600余件浅绛彩瓷藏品作为基础资料，在前人研究的基础上从新的视角对浅绛彩瓷做了进一步的探索和研究，作品有一定的深度，一些论述和观点有新的突破，是一部学术性和普及性兼容的浅绛彩瓷专著，对陶瓷界、美术界、收藏界有关人士、相关大专院校师生以及广大陶瓷和书画收藏爱好者可资借鉴、参考和帮助。

图书推荐

《龙芽齿留香　浅绛画韵长——陶趣斋藏浅绛彩百壶品鉴》

本书作者程浩在古玩圈内有岭南地区收藏与研究浅绛彩瓷领军人物及学者型、资深浅绛彩瓷收藏家之称。他所撰写的这本书于2019年8月由广东岭南美术出版社有限公司公开出版发行，全国新华书店经销，翌年1月作者再次获广东省收藏家协会学术成果奖。

《龙芽齿留香　浅绛画韵长——陶趣斋藏浅绛彩百壶品鉴》是一本关于浅绛彩壶的起源、发展、兴衰演变历史的书籍，也是一本关于作者收藏、研究和鉴赏浅绛彩壶的经验之谈以及普及酒文化、茶文化收藏知识的读物，并配有作者读壶感悟之诗作。它是作者继《瓷器上的中国文人书画——陶趣斋藏浅绛彩瓷及相关彩瓷鉴赏》一书出版后的又一新作及姊妹篇。

全书主要由序、概述、图录及其细目、藏路剪影、媒体报道（选登）及后记组成。较为系统地介绍了浅绛彩壶的起源及其兴衰演变的历史轨迹和原因；浅绛彩壶的分类、特征、历史和学术地位、甄别方法、收藏要旨及市场投资；浅绛彩壶工艺美术和文化艺术的双重价值；浅绛彩壶及其画作在当今和未来中国古玩收藏中的地位与愿景。

全书内容丰富，叙述详尽，视角新颖，观点鲜明，图文并茂，通俗易懂。作者以自己长期收藏的一百多把浅绛彩壶为基础资料，从新的视角对浅绛彩壶作了专题的探索、研究和品鉴，是一部学术性和普及性兼容的浅绛彩壶之专著，对于陶瓷界、美术界、收藏界有关人士、相关大专院校师生以及广大陶瓷、书画收藏和文学诗歌爱好者，特别是对壶具及其酒文化、茶文化收藏爱好者和研究人员可资借鉴、参考和帮助。